传统国学与社会人生

余全介　著

ZHEJIANG UNIVERSITY PRESS
浙江大学出版社

目　录

第一讲　传统国学导论

　　自 20 世纪 80 年代以来,"国学"在社会上,已经热了相当长一段时间,相关的学术讲座、电视节目、培训项目很多;大学里,国学类课程、国学类书籍也逐渐多了起来。当然,围绕国学这个概念,争议也有很多。赞赏国学者,认为国学是传统之学,是经典之学,是修身之学;否定者认为国学无本、无体且无用。从近年来国学类图书出版的角度来看,国学界做得最多的事情,大致可以分为四类。首先,编纂国学读本,各级各类读本方兴未艾,有企事业单位读本,有学校学生读本,有家庭家教读本。其次,整理国学讲座,各种场合、各种对象的讲座书籍层出不穷,有大学讲堂的讲座,有社区民众的讲座,有机关领导的讲座。再次,梳理国学历史,各个视角、各种线索的梳理国学历史的著作竞相呈现。最后,重版民国年间学者的著述,章太炎、梁启超等学者的著述被反复地讨论阐释,不断地重版发表。

第一节　国学溯源

　　事实上,国内学界和社会上在使用国学这个概念的时候,较为含糊不清。(1)有时候,国学指理论的学术研究,比如专门研究《红楼梦》的红学,研究《水经注》的郦学,研究《文选》的选学,研究《史记》的史记学,研究《资治通鉴》的通鉴学,都被称为国学研究。(2)有时候,国学又用来指代付诸实践的传统文化,比如把射箭、冠礼、婚礼、饮酒喝茶、穿传统服饰称为国学文化,甚至出现"国学六艺"之类的称号。(3)有时候,国学专门用来指代儒家的经学。(4)有时候,国学又用来指古代的一切学术文化,诗经楚辞、唐诗宋词、明清小说、佛道经典、蒙学著作,应有尽有,包罗万象。可见,学界使用国学概念实际上较为含混,使其内涵、外延都不确定,各种学术研究,各种文化现象都能称为国学,不知所云。

其实,国学原本指代中国古代的教育机构,相当于今天的大学。《礼记·学记》中讲:"家有塾,党有庠,术有序,国有学。"古代人聚族而居,二十五家为一里,设家塾。五百家为一党,设小学,称为庠。一万二千五百家为术,或称为遂,设学校,称为序;天子和诸侯设学校,称为国学。国学之所以称为国学,有两种说法,一种说法是国学就是国子学,国子是诸侯大夫之子,是贵族,国学就是贵族子弟的学校。这个说法并不可靠,专供贵族子弟上学的地方,古代叫做少学。另一说法是国学就是国中之学。古人以五十里为近郊,近郊以内称为国中,百里为远郊,远郊之外称为遂,远郊之内称为乡。乡学、郊学和遂学都是小学,与国学相对。党庠、州序、乡校等小学都在郊外,国学在近郊五十以内,故而称为国学。

按照清代礼学家黄以周的说法,周代天子的国学,称为辟雍,四周有水环绕。中间有陆地,分为五个学区;分别是东胶,也称东序;西雝,亦称瞽宗;北学,亦称上庠;南学,亦称成均;大学,亦称辟雍。各个学区,政教功能皆有不同:东序主要用于天子敬养国老,西雝主要用于天子祭祀先贤,北学主要用于天子礼敬尊贵高爵之人,南学主要用于天子考察学校教学,中间的大学辟雍则主要用于天子承师问道。各个学区的教学内容也不相同:东序主乐教,学习干戈羽籥;西雝主礼教,学礼者居之;北学上庠主书教,典书诏书者居之;南学主诗教,乐德、乐语、乐舞者居之;中间的大学最尊,学者不得居焉。国学中五个学区,都是大学,与郊学的党庠、州序、乡校都不同。其中,中间的大学尤为尊贵,天子所居,是国学中的大学,大学辟雍之名由此而得,可以称为大学中的大学。

第二节　国学教育

按照《周礼》的说法,大司徒职掌万民之教,教授内容是"乡三物":六德、六行和六艺。六德是仁义忠和知圣,六行是孝友睦姻任恤,六艺是礼乐射御书数。师氏、保氏职掌少学之教,教授对象是王侯贵族的公子,教授内容是三德、三行和六艺。三德是至德、敏德和孝德;三行是孝行、友行和顺行;六艺与万民之教相同。国学之教则由大司乐职掌，教授内容为乐德，共六目：中和祗庸孝友。其中，祗庸就是万民之教的知圣，少学的敏德；孝友就是万民之教的仁义，少学的孝德。

通过这些讲解，我们可以看出：(1)国学之教偏重德行，道艺属于少学与万民之教的重点，因此"国学六艺"的说法并不恰当。等到国学再来学六艺，已经晚了，就好像我们今天要等到大学，再来学习礼乐德行，怎么学也学不好。时间过了，"勤苦而难成"。(2)古人培养人才，德、行、艺兼顾，不培养口头的道德家，也不培养专门的艺术人才。这种全面的培养，从小进行，只是到了大学阶段，将以前的德行加以综合。(3)在万民之教与少学的体系中，孝为百行之先，却不能称为德，是行为习惯，是实践素养，却不需要高深的理论。到了国学阶段，孝开始跻身德的行列，成为孝德。此时不但要能保持孝的习惯，付诸行为实践，还要有思想和智慧，能够处理孝与敬、孝与忠、孝与名等关系。(4)古人对于忠和、仁义的教养一以贯之，自少学到国学，从未中断。

国学的教育更加偏重道德，而其道德教化往往依托经典教学进行。国学的乐德有六目，其中和之德，乃是知仁圣义的高级阶段，是极高深的境界，相当于孔子所言"中庸至德也矣"。其他四德：知仁圣义，皆依托经典进行。知德依托书教，在北学进行；仁德依托诗教，在南学开展；圣德依托乐教，在东学进行；义德依托礼教，在西学开展。

国学六德，为什么要叫做乐德？宋人叶时曾有一个解释，"夫以学政掌于乐官者，诚以教之以乐德，则可以淑人之心；教之以乐语，则可以和人之声；教之以乐舞，则可以善人之形。乐之为教，其入人也深，其化人也易。"司乐一职，本是大宗伯的属官，大宗伯是礼官的总领，可见司乐掌国学之教，实际上体现了古人以礼乐化育人才的理想。叶时认为："教人以礼，所以存养其未发之中；教人以乐，所以存养其已发之和；非中无以为和，非礼无以为乐。是故司徒则以中礼和乐而为教，宗伯则以中礼和乐而为防。礼之为教，与乐并行。"学子春天入学，首先舍采，祭祀先圣先师，激发并且保存敬心。"敬存则礼存，礼存则乐可合矣。"所以舍采，是兴礼，合舞是兴乐，礼乐二者，常常并行。

汉代以来，地方郡国推荐优秀人才到太常处，成为博士弟子。太常是礼官，掌管朝廷礼仪之事。太常的下属有太乐令。汉武帝下诏书，常说"劝学兴礼，其与太常议者"，正好见出汉代的学校教育掌于太常，犹有礼乐兼施的遗意，还懂得以礼乐育人的道理。可惜，在后来的教育制度中，"礼官自礼官,乐官自乐官,学官自学官,三者判不相属"。所养不由乎学校,所教不由乎礼乐,所以士不如古,人才培养,难以有成。

第三节　国学内涵

总结前面的分析,可以发现,传统社会的国学主要培养人的品德操行。国学是大学,教育对象与教学目标不同于万民之教,也不同于少学之教。因此,我们今天把什么教学内容都称为国学,实际上是不恰当的。

第一讲传统国学导论下

我们这个课程和教材叫做传统国学与社会人生,加上传统二字,以示区别,特指中国古代注重社会与人生内容的传统学术。简单地说,传统国学就是中国固有的以社会人生为中心的学术。

首先,传统国学是中国固有的思想学术。这一点区别于来自西方的,以物质对象为中心的科学技术。科学技术探究外部的物质世界,可以分科分专业进行,而国学则强调博学通贯,需要经史子集全面涉猎,需要义理考据辞章全面掌握。

其次,传统国学区别于现代学者对古代社会、古代事物进行研究的学问。现代学者的学术研究,遵循现代学术的准则,重视证据,重视学理,基本属于现代学术的范畴,以求真、求是为追求。而传统国学既有自己的研究对象,也有自己的研究方法和准则,以体道悟道、修己治人为核心,以求善、求用为追求。

最后,传统国学区别于以实物、行为为中心的传统文化概念,传统国学毕竟是中国的传统学术,属于传统文化当中较为上层精髓的那一部分,与日常的实物与行为尚有不同。不能说穿了一件传统服饰就叫国学,不能说举行一个成人礼就叫国学。

第二讲　经学总论

首先,我们来讲传统国学当中的经学。简单地讲,经学就是研究经书的学问。那么什么是经书呢?虽然今天的读者或有不知,但在中国传统社会,经书实为读书人最应读之书。自魏晋以来,中国古代的图书常分为四部,排第一位者即经部之书,然后才是史部之书,子部之书与集部之书。自唐代以后,这种格局逐渐定型下来。经部之书始终排在其他图书之前。直到新学兴起,这种情况才发生变化。

第一节　释经

什么是经呢?章太炎先生有个观点,认为经的本义是指线装书,与那些散篇的文章有区别。为什么线装?主要因为部头较大,容易散佚。其中的道理非常普通,并未有特别的深意。《说文解字》曰:"经,织也。"《玉篇》曰:"经纬以成缯布也。"可见,经本来是一个纺织术语,指纵向的线。经线一以贯之,布帛不会断裂,经线一以贯之,书籍不会散脱。章太炎先生的观点,容易让我们想到孔子读书"韦编三绝"的故事,读书太勤,导致编连简册的经线断绝。

第二讲经学总论上

值得注意的是,章太炎先生对于经书,总体上并未有太高的价值认同。在他眼中,《春秋》上不如老子韩非之书,下不及东汉仲长统所作。《尚书》不过史料,《周易》只能清谈,危害甚大。《仪礼》《周礼》虽有治国之效,但是价值有限。可见,章太炎先生对经的解释,实际上与其对经书的总体评价有关系。章太炎先生视经书为史料,当然不符合中国的学术传统,对于经学家而言,经书与史书当然不同。史书记载故事,讲述过去的人和事,虽有借鉴意义,但是毕竟与现实无直接关联,而经书所言则适合任何时代,适于古人,适于今人,属于过去,也属于现在,甚至属于未来,具有永恒的价值。史书讲述具体历史情境的事件,而经书所言则适合任何国度、任何情境。马一浮先生认为西方人也需要经学,经学也适用于他们的社会与人生。

不过,章太炎先生还不是最早持有这种观点的人。清代学者章学诚曾有一个非常著名的观点,叫做"六经皆史"。章学诚此言,今天已成常识。但是章学诚当初发此言,委实需要勇气。章氏有激于清代乾嘉学者经学考据之弊,主张文史会通,文史校雠,破除对通经明道的偏执。章学诚把经等同于史,在当时要承受较大的压力,并非今日想象的那么容易。

其实,关于什么是经,古代有一种观点,更为通行,被人接受。班固《白虎通义》曰:"经,常也,有五常之道,故曰五经。"五常即仁义礼知信,班固认为五经就是讲五常的典籍。人类社会变化不停,有些准则却是万世不改,五常即是如此。人之所以为人,人类所以区别于禽兽,正在于拥有五常。只要人类社会还存在,五常就不可废。五常不可废,那么讲述五常之道的五经也就不可废。后来郑玄在《孝经注》中说:"经者,不易之称。"经有不会改变之义。再后来刘勰也说:"经也者,恒久之至道,不刊之鸿教也。"不刊,就是不可删改,经是不可删改的道理与准则。

在前面的导论里面,我们知道,周代的国学依托经典进行道德教化。诗书礼乐四经培养知仁圣义四德(表2-1)。

表2-1　乐正四术四教

方位	时节	经典	德行
北学	冬	书教	知
南学	夏	诗教	仁
东学	春	乐教	圣
西学	秋	礼教	义

此后,《乐经》失传,而孔子删定的《春秋》与《周易》成为经典,仁义礼知信五常就与诗书礼易春秋相关了(表2-2)。

表2-2　五经与五常

五经	诗	书	礼	易	春秋
五常	仁	知	礼	信	义

过去有一种说法,经之所以具有经常、永恒的意义,与其出于圣人有关。这一点与宗教学派有点相似,佛经、《圣经》之所以成为经典,皆因出自教主。不过,将本学派重要书籍称为经,在中国却有着悠久的历史。墨家称自己的重要典籍为《墨经》,道家有《道经》,兵家有《兵经》,医家有《内经》,就连韩非子也将自己的著述称为"经"。

第二节 经书

与经相配者是传,经是圣人之言,传是对经典的注解。传的作用在于把经的微言大义发挥明白,在于维护经文大义不被曲解。《诗经》有毛氏所作的注解,叫做《毛传》;《尚书》有《大传》和所谓的《孔传》;《春秋》有《左氏传》《公羊传》《穀梁传》《邹氏传》与《夹氏传》;《仪礼》有子夏的《传》;《周易》有孔子的《易传》。

后来,有些传升格为经,经的数量也不断增加。先秦时期的六经传至西汉只有五经,其中《乐经》失传。东汉时期,五经加上《论语》《孝经》,变成七经。唐代五经扩充为九经,包括《易》《书》《诗》"三礼"和"三传"。后来,在九经的基础上加上《孝经》《论语》和《尔雅》,成为十二经。宋代随着《孟子》由子书升格为经书,增至十三经。今天比较通行的清代阮元校刻本《十三经注疏》即包括宋代以来的十三部经书。其中,《春秋》三传、《礼记》与《尔雅》原来只是传,后来升格为经。有些则是子部之书升格为经,比如《孟子》即是如此。

六朝时期,经书系统又增加一类新的书籍,叫做义疏。这类书籍既注解经,也注解传。在六朝义疏的基础上,孔颖达等奉命编定《五经正义》,前后历时30余年,参与者约50位著名学者。包括《周易正义》14卷,采用魏王弼、晋韩康伯注;《尚书正义》20卷,采用梅赜本汉孔安国传;《毛诗正义》40卷,采用汉毛亨传、郑玄笺;《礼记正义》70卷,采用郑玄注;《春秋左传正义》36卷,用晋杜预注。

随着经学的发展,后来不断有学者为经书作新注新解,也有新疏新正义。这其中以中华书局出版的《十三经清人注疏丛书》最为著名,包括李道平撰《周易集解纂疏》、孙星衍撰《尚书今古文注疏》、皮锡瑞撰《今文尚书考证》、王先谦撰《尚书孔传参正》、陈奂撰《诗毛氏传疏》、王先谦撰《诗三家义集疏》、马瑞辰撰《毛诗传笺通释》、黄以周撰《礼书通故》等著作,直到晚清还有孙诒让撰《周礼正义》,形成了蔚为壮观的经书系统。

除了经、传、疏三大系统之外,历代对经传疏进行研究的著作更为不胜枚举。训释字词,考证名物,讲明典制,发明微言,阐释义理,各家注说,层出不穷(见表 2-3)。

表 2-3 《四库全书》著录经书数目

类	著录部数	卷数
易	150	1737
书	56	650
诗	62	941
周礼	22	453
仪礼	22	344
礼记	20	594
三礼总义	6	33
通礼	4	563
杂礼书	5	33
春秋	114	1838
孝经	11	17
五经总义	31	675
四书	621	729
乐	23	483
训诂	12	122
字书	36	480
韵书	33	313
附录	1	2

古人讲"皓首穷经",今人研究经学,也常常苦于经书浩瀚无边。其实,在经、传、疏系统当中,经文最为重要,其次有些传特别有价值,像正义一类的著作,除非专门研究,通读已经非常困难。至于历代的研究著作,对于今人而言,往往只能在研究某一专题时加以梳理,平素读经仍当以经书为根本。

第三节　经学

经学是研究经书的学问，曾是中国传统社会最重要的学问。儒家经学在汉代达到最盛。当时，有一个叫夏侯胜的人，曾说："士病不明经术，经术苟明，其取青紫如俯拾地芥耳。学经不明，不如归耕。"夏侯胜曾经两为长信少府，专门给太后讲解经学，属于太后三卿之一。到了西汉末年，长信少府甚至比少府正卿地位还要高。可见，当时经学地位极高。汉代韦贤因为经学明习，被立为丞相；之后，其子韦玄成又被立为丞相。所以，邹鲁谚曰："遗子黄金满籯，不如一经。"这些都可以看出经学在当时的地位有多么崇高。

第二讲经学
总论下

当然，个人的命运起伏，除了学术造诣之外，其他种种偶然的因素也很重要。但是，经学在汉代地位极高，还有其他的例证。比如汉人把《诗经》当谏书，用《春秋》决狱，用《禹贡》治水。董仲舒曾用《春秋》决狱，免人于罪。甲没有儿子，收养了一个弃婴，作为养子乙。乙长大后杀了人，甲将乙藏起来。按照当时法律，藏匿犯人要受重刑。但是根据《春秋》大义，父子一方犯罪，互相隐藏，可以原宥。董仲舒认为他们既是父子关系，因此不能判甲有罪。后来，唐律明确规定了父子相互隐匿不属犯罪。汉代翟方进曾经引用《春秋》之义举劾司隶校尉涓勋，曰："《春秋》之义，尊上公谓之宰，海内无不统焉。丞相进见圣主，御坐为起，在舆为下。群臣宜皆承顺圣化，以视四方。勋吏二千石，幸得奉使，不遵礼仪，轻谩宰相，贱易上卿，而又讪节失度，邪诎无常，色厉内荏。堕国体，乱朝廷之序，不宜处位。臣请下丞相免勋。"通过这些事例，我们可以发现，经学已经走进汉代人的家庭生活、社会生活与政治生活。随着汉代政权的倒塌，经学的统治地位随之解体。此后虽然还有经学存在，但是已经成为考试、研究的对象，失去了汉代人通经致用的价值。经学也逐渐走下神坛，走进书斋。等到新式学堂成立，经学就直接被赶出了教室，赶出了学校。

然而，经学实有价值。中国古代的经学家常说经书所言具有永恒的价值，这个说法主要基于三个方面的原因。首先，经书所言符合社会生活，适应中国的传统社会。比如经书所言重视人伦，重视五常，重视道德。这种对人伦道德的尊重，与中国古代社会长期以家庭为本位，以血缘为纽带，以地缘为桥梁的社会特点较为符合。按照现代社会学的观点，中国传统社会处于社会化程度的初级水平,人与人之间保持最基础、最深入的联系,不像现代社会人与人之间的那种角色交往。按照费孝通先生的观点,中国传统社会基本上是熟人社会,彼此较为熟悉,关系往来较为稳定。在这种情况下,道德可以发挥巨大的作用,并不需要法制过多的防范与约束。中国传统社会在很长的时间内,基层需要自治,依靠道德风俗的力量并没有太多的政治资源予以干预。所有这些特点,都决定了经学之道与社会生活长期保持一种和谐的关系,得到人们的尊重,被赋予永恒的特质。

其次,经书所言符合中国古代的政治制度。今天有学者认为《春秋》学中含有民主政治的思想,有反抗君主政治的主张。这些看法虽然不是事实,但是经书确实多谈美政善政,主张道德、和谐与秩序,主张开明政治,敬畏权力,关心民瘼。这些见解对于政治改良,不能说没有启示和借鉴意义。经书固然没有民主革命的主张,但是对于政治改良,基本上保持一种温和的、渐进的、稳妥的意见。今天我们回过头来看,正是这种温和的改良意见,使得汉政绵延四百年,使得经学与政治之间保持一种较为和谐的关系。

最后,经书所言基本符合人心需要。《诗经》言人情,《礼经》节人情,《尚书》言敬畏之心,《春秋》使乱臣贼子惧,《周易》以神道设教,以吉凶悔吝展示人生哲学,让人免过。经学始终贴合人情人心,抚慰人心,其中所言,常能直达人心,产生共鸣。《诗经》讲雨中思乡,讲暝色起愁,讲情理异致,都符合人情人心的真实面貌。《尚书》讲敬畏方可无逸,讲人性从善为难,自若多般,知易行难,人心易动,都是至言道理。《春秋》讲所见异词,所闻异词,于其亲之死,戚怆于心,不愿闻其时地之详,这些都能直通人心,长久地唤起共鸣,得到后世的回应。

虽然,今天的事实已经说明经学永恒只是传统社会里人们的观念,并不能永远持续,但是经学对于社会人生的价值,却委实不能轻易抛弃。杜维明先生认为,六经中《诗经》代表人是感情的动物,《尚书》代表人是政治的动物,《礼记》代表人是社会的动物,《春秋》代表人是历史的动物,《易经》代表人是有终极关怀的动物。人类不能没有情感,不能离开社会政治,不能没有历史与终极关怀,所以只要人类还存在,经学就必定还有价值。

其实,《礼记·经解》中有一段话说得非常好,可以引用到这里。"其为人也温柔敦厚,《诗》教也。疏通知远,《书》教也。广博易良,《乐》教也。洁静精微,《易》教也。恭俭庄敬,《礼》教也。属辞比事,《春秋》教也。"经学之教,有益于道德修行,有益于智慧通达,有益于社会,有益于人生。在今后的章节里面,我们将依此进行讲解。

第三讲 《周易》选讲

《周易》是中国传统思想文化中自然哲学与人文思想的理论根源,被誉为"大道之源"。《周易》的思想内容极其丰富,对中国几千年来的政治、经济、文化等产生了极其深刻的影响。

第一节　洁静精微

学界谈到《周易》,常常誉其为"群经之首",或以为成书最早,人更三圣,世历三古,或以为义理至深,洁静精微。

一、易经定位

《周易》成为儒家经典,经历了一个曲折过程。《礼记·王制》云:"乐正崇四术,立四教,顺先王《诗》《书》《礼》《乐》以造士。春秋教以《礼》《乐》,冬夏教以《诗》《书》。"四术之中,并未有《周易》。《汉书·艺文志》曰:"及秦燔书,而《易》为筮卜之事,传者不绝。"直到秦朝,《周易》还被世人看作是卜筮之书,无关道德教化与政治伦理,因此不加禁毁。黄以周《礼书通故·学校通故》曰:"《易》为卜筮之书,《春秋》为鲁史,学士不之习。惟鲁兼重,是书藏诸故府。故晋韩宣子来聘,始见《易象》《春秋》,而叹周礼尽在鲁矣。自孔子赞《易》、修《春秋》,学者尊之,遂与《诗》《书》《礼》《乐》并列为六。《乐经》汉初已亡,于是号为五经。"可见,《周易》升格为儒家经典与孔子大有关系。

学界一般认为,孔子赞《易》,撰《易传》,扶翼《易经》。不过,皮锡瑞《经

第三讲《周易》选讲

学通论》却主张孔子系辞,是作卦辞爻辞,而不是专指《系辞传》。皮氏认为,卦爻辞皆出于孔子,而不是历来所说的文王和周公。"史迁、扬雄、班固、王充但云文王重卦,未尝云作卦辞爻辞,当以卦爻之辞并属孔子所作。盖卦爻分画于羲文,而卦爻之辞,皆出于孔子。"皮氏属于经学今文学派,主张六经皆来自孔子。按照皮氏之说,孔子作卦辞爻辞,又作彖象文言,是自作而自解。"圣人作易,幽赞神明,广大精微,人不易喻。孔子恐人之不能尽喻也,既作卦辞,又自作彖以解卦辞;既作爻辞,又自作象以解爻辞;乾坤为易之门,居各卦之首,又特作文言以释之。"汉代扬雄作《太玄》,恐人不解,自作十一篇解释其文,以示后人。扬雄自作自解,正是模仿孔子作《易经》,有卦辞爻辞,恐人不知,又自作《彖》《象》《文言》以示后人也。

《史记·孔子世家》曰:"孔子晚而喜《易》,序彖、系、象、说卦、文言,读《易》,韦编三绝,曰'假我数年,若是,我于《易》则彬彬矣'。"皮锡瑞据此认为,《周易》之教,直到孔子开始昭著,从此学士大夫尊信其书。"孔子以诗书礼乐教弟子盖三千焉,身通六艺者,七十有二人。盖《易》与《春秋》,孔门唯高才弟子乃能传之,于是学士大夫尊信其说。或论作《易》之大旨,或说学《易》之大用,或援《易》以明理,或引《易》以决事,而其教遂大明。"皮氏之论,前贤后学多有异议,不过《易》之为经,《易》教精微,却是事实。

郑玄《六艺论》曰:"伏羲作十言之教,曰乾、坤、震、巽、坎、离、艮、兑、消、息,无文字谓之易,以厚君民之别。"厚君民之别,尊卑有序,即是圣人之教。陆贾《新语·道基篇》曰:"先圣仰观天文,俯察地理,图画乾坤,以定人道,民始开悟,知有父子之亲,君臣之义,夫妇之道,长幼之序,于是百官立,王道乃生。"乾坤既是人道伦理,也有王道政治。班固《白虎通》发挥陆贾之说,"古之时未有三纲六纪,民人但知其母而不知其父,能覆前不能覆后,卧之詓詓,起之吁吁,饥即求食,饱即弃余,茹毛饮血而皮革,于是伏羲仰观象于天,俯察法于地,因夫妇,正五行,始定人道,画八卦以治下"。画八卦治天下,即是王道。焦循在陆贾的基础上,畅论易道教化,"学《易》者必先知伏羲未作八卦之前,是何世界?伏羲作八卦重为六十四,何以能治天下?神农尧舜文王周公孔子,何奉此卦画,为万古修己治人之道?孔子删书始唐虞,治法至唐虞乃备也;赞《易》始伏羲,人道自伏羲始定也。有夫妇然后有父子,有父子然后有君臣,伏羲设卦观象,定嫁娶以别男女,始有夫妇,有父子,有君臣。然则君臣自伏羲始定,故伏羲为首出之君。前此无夫妇父子,即无君臣"。所以学《易》者,尤当知晓伏羲之功,知道《易》教树立人道王道之功,"饮食男女,虽禽兽虫豸生而即知,然牝牡无定偶,故有母而无父,自伏羲画八卦而入道定。有夫妇乃有父子，有父子乃有君臣，孔子赞《易》，所以极称伏羲之功也。人道不定，天下大乱，何以得至一？故无伏羲画卦，则无夫妇，无父子，无君臣"。焦氏发明伏羲画卦之功尤畅，画卦之功首在厚男女之别，次在树立人伦之道，亲亲而有序，终在建立君臣王道，有治而无乱。

二、德行智慧

洁静精微之教，见于《礼记·经解》，"《易》之教，洁静精微"。后世学人从各个角度对此进行阐释，说法虽有不同，但是大都兼顾德智两方面的教益。孔颖达《礼记正义》曰："《易》之于人，正则获吉，邪则获凶，不为淫滥，是洁静。穷理尽性，言入秋毫，是精微。"孔氏之意，《易经》公正无私，易道坦荡明白，精深入微，从德智两方面对人施以教化。《礼记集说》引长乐刘氏曰："夫《易》极深而研几，尽性以至命，其德之洁静也，如空虚之不可污；其化之精微也，如阴阳之不可究，则民不敢自欺于幽隐矣。"刘氏之意，洁静之德，精微之化，足以使人修身慎独而臻于至善。这也是从道德智慧两个方面总结《易》教。郝经《陵川集·密斋记》曰："濯去物欲，洁静精微，斋戒其心，慎而不出，退而藏焉，又何失身害成之有乎？故易之为教，亦皆本于密，乃道之刑书，凛凛哉，严乎其可畏也。"少私寡欲，洁静精微，藏身于密，方可永保安吉。寡欲可以修德，慎密可以成教。

郑元庆《礼记集说》引山阴陆氏曰："洁，不停污也；静，不妄动也；精，纯一不杂也；微，隐藏不露也。易建天地阴阳之情，顺性命神明之理，故其教如此。"陆氏之意，洁来自变，静来自中，精来自一，微来自隐。动静守中，唯精惟微，陆说背后隐含三代危微精一传心要诀的痕迹。清儒孙希旦曰："洗心藏密，故絜静；探赜索隐，故精微。"孙氏之意，洁出洗心，静因藏密，探赜故精，索隐则微。絜同洁，有净义，密出于谨慎。洁静与德性相关，精微与深思睿智有关。孙氏之言同在道德智慧的范围。

三、易不犯手

朱熹之说与前人有异，以为"洁静精微"道明易道特质与易理逻辑。"洁静精微是不犯手"，"洁静精微是不滞着一个物事"。不犯手，不滞着，是说易理悬空，不落实到具体的事物上。朱子对此曾有非常形象的描述，"所谓洁静精微之谓易，自是悬空说一个物事在这里，初不惹着物事，熹尝谓说《易》如水上打球子相似，是这头打来那头又打去，都惹不着水方得，而今见人说都打入水里去了"。易之为道，遗落世事，独立人间，道家思想后来受《易》教影响很大，"洁静精微之谓易，自是不惹着事，只悬空说一样道理，不比似他书各着事上说,所以后来道家取之,与老子为类便是,老子说话也不就事上说"。易之为理,不黏连事物,故而空灵运通,随物流转。圣人通达,周流无限,易道易理,亦是如此,随来人之善恶,各有应对,"感而遂通,感着它卦,卦便应它,如人来问底善,便与说善来,问底恶便与说恶"。事实上,朱熹对程颐易学的驳议,正基于这种不犯手的认定,"盖《易》之书诚然是洁静精微,它那句语都是悬空说,在这里都不犯手,而今如伊川说得都犯手势,引舜来做乾卦,乾又那里有个舜来,当初圣人作易,又何尝说乾是舜?"易不犯手,在朱子看来,是因为易之为物,立象以尽意,因象以推数,象数本是暂代虚指,并非实有物事,不可凿实黏连。因此,程颐坚持用舜来解释乾卦,在朱子看来,就违背了洁静精微的易教精神。"看《易》须是看他卦爻未画以前是怎模样,却就这上见得他许多卦爻象数是自然如此,不是杜撰也。且《诗》则因风俗世变而作,《书》则因帝王政事而作,《易》初未有物又是悬空说出,当其未有卦画,则浑然一太极。在人则是喜怒哀乐未发之中,一旦发出来则阴阳吉凶事都在里面,人须是就至静虚中见得这道理,周遍通彻方好,若先靠定一事,说则滞泥不通了,此所谓洁静精微《易》教也。"因为易本悬空,有感而发,犹如内心之中,感而已发。从某种意义上讲,朱子以不犯手解释洁静精微,与他的理学思想有关,与未发之中、已发之和相关。从这个角度讲,根本之物,应当虚静。唯其虚,故可广大无限,应物无穷,唯其静,故而感而遂通,应之若神。

四、易道如雪

刘因《榠菁记》曾以太极、无极解释洁静精微,"洁静云者无极也,而精微则太极也"。家铉翁《则堂集·雪庵记》曾以雪为喻,发挥洁静精微的无极而太极的意蕴。"夫无极而太极,易之所从来也。"家氏以为,无极是阴阳不分、纯朴一体的状态,洁静也是这种纯朴未分的状态。"方其冲漠无朕,不可以象形窥,不可以声臭测,一而不二,纯而不杂,谓之洁静,岂不然乎?"无极而太极,阴阳而四象,四象而八卦,八卦相荡而六十四别卦,天地万物,洪荒细微,无所不臻。太极二仪之后的世界,生生不息,众彩纷呈,精微即描述此样态。"迨夫两仪既分,四象既立,乾坤索而成六子,三画动而为六画,方以类聚而天地水火风雷山泽各居其方,物以群分而八重卦互相为索而成六十有四,衍而至于千万,推而极于毫发,天下之至微而至精,孰有加于此者乎?"太极二仪之后的精微复杂,离不开无极的洁静纯朴。家铉翁认为,雪之为物,恰好可以描述这种由洁静到精微的推衍过程。"譬之雪焉,远而眺之,高下散殊,一目千里,即而玩之,飞者为六出,堕者为粒,繁而不紊,密而不泪,其寓物而成形也。方中乎矩,圆中乎规,小成其小,大成其大,千态万状,自然天成,其精也不离乎洁,其洁也所以为精。雪乎易乎,是可得而浅窥之乎?"易道如雪,洁静而精微,其精则一目千里,千万情状,其洁则六出为粒,始终不变,保持纯一。其变化无穷,起于不紊不乱,其千变万化,起于中规中矩。由静而微,由洁而精,由不变而万变,恰如无极而太极。上文所论可以表列如下(表 3-1):

表 3-1　无极、太极相对表

无极	雪花	不紊不乱	中规中矩	洁	静	不变	纯一
太极	雪景	变化无穷	千变万化	精	微	万变	万千

纵观历来论述,《周易》经传既来自圣人,而圣人又设教,故而《易》为经书,设教化,不言而喻。如果说前人多从道德智慧的角度探讨"洁静精微",发明其教化的价值,那么朱熹就是探讨易道本身的特点以及易理流转的逻辑,与其易学探求《周易》之本义相符。如果说前人都在探讨《易》教的影响与特质,那么刘因、雪庵等人套用无极而太极的模式探讨《易》教的成因。从道德智慧的层面来讲,《易》教给人以寡欲、守中、谨慎的启示。从易道易理本身来讲,空虚灵动,流转无穷,由隐入显,是其特质。

第二节　易道体系

那么到底是什么因素促使《易》教洁静精微成为可能呢?我们需要回到《周易》的思想体系本身。

其实,《周易》之名已经暗含某种线索。《周易正义》论三代易名,提到周字有两义,"神农一曰连山氏,亦曰列山氏,黄帝一曰归藏氏。既连山、归藏并是代号,则《周易》称周,取岐阳地名,毛诗云'周原膴膴'是也。又文王作《易》之时,正在羑里,周德未兴,犹是殷世也。故题周别于殷,以此文王所演,故谓之《周易》,其犹《周书》《周礼》,题周以别余代"。《周易》之"周",既是姬周,朝代之名,与文王演卦有关,却也有周遍之意。《周礼注疏·大卜》即以周匝释"周"字,"《连山》《归藏》,皆不言地号,以义名《易》,则周非地号。以《周易》以纯乾为首,乾为天,天能周匝于四时,故名《易》为周也"。皮锡瑞《经学通论》补足此意,"郑以周易为周普,亦以义名。盖本《系辞传》:易之为书也,周流六虚。贾疏之"周匝",就相当于前人之"言入秋毫""探赜索隐"与"无往不成",是在说易道广大,无所不包,无往不至。

至于"易"字，历来易学家大都主张易有三义。郑玄《易赞》即持此说，"易一名而含三义，易简一也，变易二也，不易三也"。《系辞》云："夫乾确然示人易矣，夫坤隤然示人简矣，易则易知，简则易从"，此言易简。《系辞》又云"为道也屡迁，变动不居，周流六虚，上下无常，刚柔相易，不可为典要，唯变所适"，此言变易。《系辞》又云"天尊地卑，乾坤定矣，卑高以陈，贵贱位矣，动静有常，刚柔断矣"，此言不易。变易与不变，相反相成。动出于静，变出于不变，有参照才有移易，不变才见出变。变有快慢显隐，变彰显不变。变易屡迁是易道的本质，不易有常是易道的限度，简易则是易道持久的条件，"乾以易知，坤以简能。易则易知，简则易从"。

然而，易之变易实由时、位、为三者交互作用而成。首先，易道重时，八卦相荡之后，六十四卦各代表一个特定的时代。《周易》上经三十卦，乾坤之后，云雷屯卦，阴阳始交，万物始生，郁结充盈。山水蒙卦，物生必蒙，蒙昧稚嫩，待教而成。水天需卦，需指等待，万物培植，尤须等待。天水讼卦，上刚下险，违行不和，争斗辩讼。师卦讲军事，涉及军政；比卦讲比众，涉及系民。小畜讲积蓄，履卦讲礼道。泰卦时当太平，否卦则指天地隔绝，不相交通。同人卦讲分辨异同，大有卦讲遏恶扬善。谦卦主张衰多益寡，豫卦主张顺时而动，安和以乐。随卦从时，蛊卦作为。临卦保民无疆，观卦观民设教。噬嗑使用刑法，贲卦谈论文质。剥卦小人道长，君子道消；复卦阴极阳复，刚长无疾。无妄实在，大畜蓄正。颐卦自养，大过涉难。坎卦重险，离卦重明。《周易》下经三十四卦，同样各自代表不同的时代。其中有蹇难、明夷、困顿、逃遁之时，有大壮、晋进、升迁、相遇之时；有旅居之难，有涣解之快；有小过之时，有俭节之事；有革故鼎新，也有损益上下；有渡险之功，也有不济之事。时代不同，吉凶各异，悔吝不同。

其次，易道重位，如果卦代表时代，那么爻就代表处位。《周易》各卦的初、二、三、四、五与上爻，皆表示隐而显、卑而高、微而巨的进展与趋势。乾卦六爻，分别表示在渊、在田、在地、在天的情形，有渐次升高之势。比如初九潜龙勿用，荀慈明曰："气微位卑，虽有阳位，潜龙在下，故曰勿用也，阳在下也。"吴幼清曰："六画之卦，初二为地。二，地之上；初，地之下也。阳画在初，犹龙之潜伏于地下，而未出见也。用，谓用之以作事。凡事皆不可作为，故曰勿用。"九二见龙在田，郑玄曰："二于三才为地道，地上即田，故称田也。"九三终日乾乾，干令升曰："阳在九三，以人事成天地之功者，在于此爻焉。"九四或跃在渊，王辅嗣曰："去下体之极，居上体之下，乾道革之时也。近乎尊位，欲进其道，迫乎在下，非跃不可及。欲静其居，居非所安，持疑犹豫,未敢决志。"九五飞龙在天,郑康成曰:"五于三才为天道。天者,清明无形,而龙在焉,飞之象也。"上九亢龙有悔,《九家易》曰:"阳当居五,今乃居上,故曰盈也。亢极失位,若太上皇也。"

此外,需卦六爻,分别表示在郊、在沙、在泥、出穴、入穴的进展。师卦六爻分别表示出师、师中、交战、驻次、凯旋、论功等阶段。比卦六爻分别表示比之自内、比之匪人、比之异国、比之万物等境界。同人卦六爻分别表示在门、在宗、在莽、在城、在郊的场景。咸卦六爻分别表示脚大拇趾、小腿、大腿、背部、牙床骨、面颊和舌头等身体部位的情况。与之相似,艮卦六爻分别表示脚部、腿部、腰部、胸腹部、面部和头部等身体部位。渐卦六爻则分别表示鸿雁走进山涧,走上涯岸,走上陆地,飞上树木,飞上山头,飞上大山,渐次升高。处位不同,德行智慧的标准不同。

最后,易道重为,卦时爻位,是行为选择的外在条件和时势,爻体阴阳则是刚柔、仁义、进退、作止的分殊。比如屯卦描述了混乱草创时期的情形,不过处屯经纶的能力却有高下,功业得失也有不同。初九以阳刚处卑位,其为困险,自不待言,不过也因此接近民众,易得拥戴。六二以阴柔之身处于屯难之世,安分守己于扰乱之世,其中困顿,可想而知。六三,阴柔之身,本非济屯之才,欲求财货,却不得时势之助,若能见好即收,善于自持,倒也没有大碍。如果一意孤行,则后果不堪设想。六四之吉,若不求济屯之志,一味追求婚媾,以其处位,亦可以如愿。扰乱之世,处得其位,不务奔波,求田问舍,自保平安,亦可如愿。九五以刚健有为之才,处屯难之时,极为不易,天下扰乱,君主惟观。上六之困屯,亦可想象,生当屯难之世,却无济屯之才,加之处于衰微境地,因此难有作为,不得安适。处屯之事,随刚柔济屯之才而有高下祸福之异。

又如讼卦,讲述因不和而起争讼之事。人生世上,争讼亦难尽免,然而讼卦主张争讼之事有五个基本的准则:第一有孚,不为无谓、无理、无据之争讼。第二窒惕,不以争讼为乐事。第三中吉,不求称王称霸,不求击溃对方,不求大获全胜。第四利见大人,不可拉拢小人成事,不可凭借邪恶势力。第五不利涉大川,不可凭借争讼成就功业,不能将利益建立在争讼之事上。讼卦初六,"不永所事,小有言,终吉"。初六基本上不能贯彻讼道,违背正当的争讼原则。按照讼道,有不公正、非理之事,可以正当合理、节制谨慎地进行争讼,维护自己的利益,但是初六基本上放弃这种努力。不过处于底层的地位,如此放弃也无可厚非。可以说,初六的行为与其身份地位比较吻合,所以终获吉利。既然生当底层,所争者亦小,"小有言",亦足以明其事,不似上层争讼涉及复杂的利益,非小有言可以澄清者。九二,"不克讼,归而逋其邑人三百户,无眚"。九二是执行争讼原则的人,限于地位,适可而止。当然,九二所为并非争讼的最高境界。对于九二而言,适可而止只是无奈的结果,并非主动的审慎的选择。因为地位处境限制,只能如此。尽管这样,九二依然无咎,单就结果而言,并未造成较大灾害,说明适当的争讼还是必要的。六三,"食旧德,贞厉,终吉。或从王事,无成"。《周易》的思想,博大精深,不会简单地禁止人们争取自己的利益,也不会简单地说争讼一定不好。六三爻正是因为不能挺身而出,争取自己的正当利益,因而遭遇不善,犯有过错。幻想依靠旧资,放弃争取,其结果必然是穷困异常。不当的争讼包括两种类型:一者争而不知节度,一者放任而不争,都是不好的类型。六三爻属于后一种,而上九属于前面一种。九四,"不克讼,复即命渝。安贞吉"。程正叔曰:"四阳刚而不中正,本为讼者也。承五履三而应初。五,君也,义不克讼。三柔而不与之讼。初正应而顺从。四虽刚健,不克讼也。能克其刚忿欲讼之心,复即就于命,变而为安贞,则无失矣。"六三的选择并非最佳,九四这种有理、有度的争取,却可以守贞,加以持续。比较而言,六三的选择,虽然获吉,但是需要付出巨大代价,冒有风险。九五,"讼元吉"。九五代表争讼的最高境界,适度守中,德位相符。上九,"或锡之鞶带,终朝三褫之"。《小象》传曰:"以讼受服,亦不足敬也。"

易道重时,德行智慧皆有时势的因素,卦时不同,则吉凶悔吝不同。因为时变,所以应当破除僵化固执,灵动应变。小过之时,用财开支必然异于俭节之时;天下太平之时,行为选择必定异于天地隔绝不通之时。塞难之时,反身修德是上策,天下交通之时,开物成务,方能不负时代。易道重位,所以进退行止当与处位相符。随处位升迁降黜,各有准的。同一刚健有为,随人生处位不同,而有吉凶悔吝之异。易道重为,所以刚健有为、智慧睿德与昏昧不通,自然不同。

第三节　神道设教

《周易》出于圣人编著,有教化之益。不过,易本卜筮,寓于象数,以神道设教。后世对于《周易》之书,有各种研究学派,层出不穷。

孔子说易见于《论语》者,有两条记载,其中一条勉无过,"加我数年,五十以学易,可以无大过矣"。可见,易书讲述人生智慧,可以避免主观上犯错误。另一条记载戒无恒,"南人有言曰:人而无恒,不可以作巫医。善夫!不恒其德,或承之羞。子曰:不占而已矣!"引《易经》之言,警戒无恒,讲明开物成务之要义,亦切人事而言。

汉世说易,虽有象数之学,仍然以义理之学为主。如《淮南子·缪称训》引屯卦"即鹿无虞"之辞,以明君子小人之惧不同。又引"乘马班如,泣血涟如"之辞,以明小人在上,不可长久之理。贾谊《新书·春秋篇》引中孚卦"鸣鹤在阴"之辞,以明出尔反尔之义。董仲舒《春秋繁露·精华篇》曰:"其在易曰:鼎折足,覆公𫗧。夫鼎折足者,任非其人也,覆公𫗧者,国家倾也"。引鼎卦之言,以明任贤之义。可见汉人说易,亦主义理,切人事,有教化之益。

汉人易说之变始于孟京,《汉书·儒林传》曰:"(孟)喜好自称誉,得易家候阴阳灾变书,非古法也。"孟氏有卦气之说,"分六十卦更直日用事,以风雨寒温为候"。孟康注曰:"分卦直日之法,一爻主一日,六十四卦为三百六十日,余四卦震离兑坎,为方伯监司之官,所以用震离兑坎者,是二至二分用事之日。"至于京房,自言受易于梁人焦延寿。而焦延寿又尝从孟喜问易。所以京房之易,可以归本于孟氏学,但是这中间疑窦丛生。"至成帝时,刘向校书,考易说,以为诸易家说皆祖田何、杨叔、丁将军,大谊略同,唯京氏为异,党焦延寿独得隐士之说,托之孟氏,不相与同。"

此后,象数之学丛杂。黄宗羲《易学象数论序》曾对九流百家之学窜入易学领域,颇有悲叹:"夫易者,范围天地之书也,广大无所不备,故九流百家之学,俱可窜入焉。自九流百家借之以行其说,而于易之本意反晦矣。《汉书·儒林传》孔子六传至菑川田何,易道大兴。吾不知田何之说何如也?降而焦京,世应、飞伏、动爻、互体、五行、纳甲之变,无不具者。吾读李鼎祚《集解》,一时诸儒之说,芜秽康庄,使观象玩占之理,尽入淫瞽方技之流,可不悲夫!"汉儒之后,宋儒又兴起图书先天之说,过于重视象数之学。王弼、程颐之易,在黄宗羲看来代表易学正途,其他学派皆属障碍。

朱熹曾曰:"谈易者譬之烛笼,添得一条骨子,则障了一路光明,若能尽去其障,使之统体光明,岂不甚好?"但是在黄宗羲看来,朱子自己已经添了骨子,"斯言是也,奈何添入康节之学,使之统体皆障乎?"黄宗羲如此评议朱熹,跟朱子推崇邵康节的易学有关。

《朱子语类》载其论邵子易数曰:"康节易数出于希夷。他在静中推见得天地万物之理如此,又与他数合,所以自乐。今道藏中有此卦数。"又曰:"盖其心地虚明,所以推得天地万物之理。其数以阴阳刚柔四者为准,四分为八,八分为十六,只管推之无穷。有太阳、太阴、少阳、少阴、太刚、太柔、少刚、少柔。今人推他数不行,所以无他胸中。"又曰:"圣人说数说得疏,到康节,说得密了。"朱子推崇象数之学,故而认为孔子之易已非伏羲、文王之易,"易为卜筮作,非为义理作,伏羲之易,有占而无文,与今人用火珠林起课者相似,文王周公之易,爻辞如签辞,孔子之易,纯以理言,已非羲文本意"。周渔驳之曰:"然则孔子当日何用三绝韦编,而所称加年无大过者,岂终日把定一束蓍草耶?"平心而论,孔子以理说易,必然依托《周易》本有之基础,并非另起炉灶。皮锡瑞《经学通论》曾言孔子所发明之义理,即羲文之义理,并无二致。"孔子见当时之人,惑于吉凶祸福,而卜筮之史,加以穿凿附会,故演易系辞,明义理,切人事,借卜筮以教后人,所谓以神道设教,其所发明者,实即羲文之义理,而非别有义理,亦非羲文并无义理,至孔子始言义理也。"孔子系辞,乃是目睹时弊,返回易学正途。

确实,《周易》切人事,主义理。比如,《蒙卦》曰:"蒙:亨。匪我求童蒙,童蒙求我。"童蒙为什么可以亨呢?这已经是非常了不起的见解。《周易》很少用僵硬的、不变的眼光看待现实情形,而是辩证地进行观察和利用。蒙有亨义,确实深刻。蒙有蒙昧之意,本是落后迟钝,不明混沌,但是正因为蒙昧,才使得教育特别容易有成效。因为童蒙未开,未遭侵蚀,未有污染,未有世故,故而教化易行且有效。今天,我们知道儿童时期是学习的最好时机,效率特别高。儿童天然具有亲师性、向学性,他们单纯、专一、淳朴,最有学习的愿望。儿童的无知、无助、单纯,是世界上最宝贵的资源。正是这种无知、单纯、淳朴与无助,使得他们对于知识、能力有着由衷的渴求,使得他们对于正确的教诲特别容易接受。懵懂和幼稚在这里是最好的,能带来亨通的资源和资质。启蒙之后的少年,渐渐有了独立性,教育就不再那么容易执行了。

又如《恒卦》讲述恒久之道,纵观中外先进思想文化,大凡能够传之久远者,皆因其具有中庸性质,中庸方能持久。因此,君子对于恒久不易之事尤为谨慎,大凡欲其长久者,皆当中庸守之,切不可邪枉、过中与激诡。逢场作戏、敷衍潦草、朝三暮四,皆不可用于毕生事业与永久关系。有了这一层认识,再来看《恒卦》,对于其中的义理就比较容易理解。成功树立恒道,需要各种条件同时具备。首先德行要正,不可邪枉。其次有德亦须守中,不管何种德行,若不能守中,皆不可长久。最后,树立恒久之道,尚需外部条件,时局艰危,环境恶劣,亦难以持恒。初六之低俗刻深,必不可恒,"浚恒,贞凶,无攸利"。何楷《周易订诂》曰:"浚,深也。初居地下,巽性善入,故有浚象。始谓卦之初画,犹妇归夫家之始也。始归而即求夫之深,不以巽为道,凶其宜矣。人臣中如京房、刘蕡辈,亦可谓浚恒者也。相知未深,而相求太激,只自塞其向用之机耳,何利之有?"九二:"悔亡。"《象》曰:"九二悔亡,能久中也。"《程氏易传》曰："所以得悔亡者,以其能恒久于中也。人能恒久于中,岂止亡其悔,德之善也。"九二之德,依以守中,自是恒者的代表,久中是恒的根本。九三:"不恒其德,或承之羞,贞吝。"九三虽有德有位,却过中,不能持久,终有欠缺。朱子曰:"位虽得正,然过刚不中,志从于上,不能久于其所,故为不恒其德,或承之羞之象。"九四有德,却不得位,难以持恒,守恒亦需要恰当之外部条件。孔颖达曰:"有恒而失位,田猎而无所获。"六五:"恒其德,贞,妇人吉,夫子凶。"焦竑《易筌》曰:"二、五皆久于中者也,二悔亡而五凶,何也?居下宜固守,而居上当制义,始当坚守,而极当变通,位与时不同也。《易》于恒而发此义,以见久于其道乃为恒,非执一不通之谓。"在某种程度上,六五亦属善爻。上六:"振恒,凶。"王弼曰:"静为躁君,安为动主,故安者上之所处也,静者可久之道也。处卦之上,居动之极,以此为恒,无施而得也。"程颐曰:"振者,动之速也,如振衣、振书,抖擞运动之意。居上之道,必有恒德,乃能有功;若躁动不常,岂能有所成乎?居上而不恒,其凶甚矣。"上六是诸爻中最为凶险者,甚于初六。上六既无德行可观,又无守中之行,加之更无外在利势,其凶自不待言。

第四节　易学演变

按照通行的说法,圣人所作称为易经,释经之作称为易传,后世研究易学思想文化之作称为易学。

四库馆臣以为易之为书,推天道以明人事。后世易学形成两派六宗,日起争端,"《左传》所记诸占,盖犹太卜之遗法,汉儒言象数,去古未远也,一变而为京焦,入于礼祥,再变而为陈邵,务穷造化,易遂不切于民用。王弼尽黜象数,说以老庄,一变而胡瑗程子,始阐明儒理;再变而李光杨万里,又参证史事,易遂日启其论端"。两派六宗,互相攻驳。其中象数派以西汉孟喜、焦延寿、京房,东汉荀爽、郑玄,三国虞翻,唐代孔颖达、李鼎祚,宋代邵雍、刘牧、蔡文定、陈抟、周敦颐,明代来知德、方以智,清代焦循等人为代表。孟喜创卦气说,用十二个卦来代表十二月,再用六十卦来说明一年的变化,以卦象包罗天文历法,卦象是《周易》之根本。焦延寿于《周易》自称学于孟喜,其学生京房也认为"延寿易即孟氏学",而孟喜正传弟子瞿牧、白生对于这个师承,皆加以否定。其实,焦延寿之学得诸隐士之说,托之孟氏,实不相同。焦延寿之说,长于灾变,"分六十四卦,更直用事,以风雨寒温为候,各有占验"。这些思想后来被其弟子京房继承和发展。

自孔子以来,《周易》之书重在义理思想,教人免过,教人守恒。《周易》以神道设教,其阴阳对待、时位相合、与时俱进以及消息起伏诸种思想,对于为人处事、立政安民皆有启发教诲意义。《周易》的价值,正在于通过象征的、模拟的方式描摹和揭示宇宙人事的道理,而这种道理投射到现实的社会人生,即有借鉴和启发意义。《周易》可以占卜,可以预测吉凶,但是自孔子以来这种预测的效用逐渐淡化。儒家安身立命之处,在于道德修身,在于大道彝伦,而不是方术小道。然而,京房之易学却偏重于吉凶预测。《周易》之学,重在流变。由泰至否,由剥至复,由既济而未济,皆有物盛而衰之变意,而京房之易学偏重于卦爻各安其位,扮演固定的角色以指代宇宙人事。将《周易》六十四卦的卦爻排列给具体的节气、时间和方位,用以估测灾害。京房的易学已经成为后世方术易学的肇始。

京房主张因变以察吉凶,内在机理正建立在各有所司的基础上。只有六十四卦之卦、爻各司其职,才能将天变、时变落实到人事上来。京房受到自己易学思想的影响,在政治上主张考功课吏之法。卦、爻各司其职、各有指代,与官吏各守本分、各有职掌十分相似。京房于是从《周易》中发现一套政治策略。清代王夫之曾经认为京房的考课法,肯定不能奏效。在王氏看来,人事变化起伏,乃是根本规律,京房不能因人而异,不能因时而异,不能与时俱进,其考课法必定成为约束和沉重的负担。从事后的结果来看,王夫之一语中的。

京房八宫图(表3-2),将每卦都固定在特定的位置,然后可以糅合阴阳五行学说、观气天象之学进行吉凶的预测。

表 3-2　京房八宫图表

世应	乾宫金	震宫木	坎宫水	艮宫土	坤宫土	巽宫木	离宫火	兑宫金
本宫上世	乾	震	坎	艮	坤	巽	离	兑
一世	姤	豫	节	贲	复	小畜	旅	困
二世	遁	解	屯	大畜	临	家人	鼎	萃
三世	否	恒	既济	损	泰	益	未济	咸

续　表

世应	乾宫金	震宫木	坎宫水	艮宫土	坤宫土	巽宫木	离宫火	兑宫金
四世	观	升	革	睽	大壮	无妄	蒙	蹇
五世	剥	井	丰	履	夬	噬嗑	涣	谦
游魂	晋	大过	明夷	中孚	需	颐	讼	小过
归魂	大有	随	师	渐	比	蛊	同人	归妹

郑玄《周易注》九卷,见于《隋书·经籍志》记载,宋以后开始散佚。四库馆臣以郑玄易学实为正脉,学有本源,"玄注多言互体,并取《左传》《礼记》,《周礼》,《正义》中论互体者八条,以类附焉。考玄初从第五元先受京氏易,又从马融受费氏易,故其学出入于两家。然要其大旨,费义居多,实为传易之正脉"。张惠言则对郑玄未得消息之用,加以批评。《周易郑荀义》曰:"爻象之区既隘,则乃求之于天。乾坤六爻,上系二十八宿,依气应宿,谓之爻辰。若此则三百八十四爻,其象十二而止,殆犹濂焉,此又未得消息之用也。"焦循对于郑玄的爻辰之说,也不认可,"爻辰自为郑氏一家之学,非本之《乾凿度》,亦不必本于月律也。然以离九三为艮爻,位值丑,丑上值弁星,弁星似缶,坎上六爻辰在巳,蛇之蟠屈似徽缰,临卦斗临丑,为殷之正月,以见周改殷正之数,谬悠非经义。至以焚如为不孝之刑,女壮为一女当五男,尤非圣人之义也,余于爻辰无取焉尔"。郑玄《易》说,最有价值的地方在于以礼说《易》,张惠言曰:"其列贵贱之位,辨大小之序,正不易之伦。经纶创制,吉凶损益,与诗书礼乐相表里,则诸儒未有能及之也。"

荀爽以升降消息说《易》,张惠言曾有公允的评价,"荀氏之说消息,以乾升坤降,万物始乎泰,终乎否。夫阴阳之在天地,出入上下,故理有易有简,位有进有退,道有经有权,归于正而已。而荀氏言阳常宜升而不降,阴常降而不升,则姤遁否之义,大于既济也。然其推乾坤之本,合于一元,云行雨施,阴阳和均,而天地成位,则可谓得易之大义者也"。

虞翻以消息旁通说《易》,多遭后人批评。钱大昕《潜研堂答问》认为虞仲翔说《易》之卦,"有失其义者,有自紊其例者"。陈澧《东塾读书记》认为,"虞氏《易注》多不可通,所言卦象尤多纤巧"。张惠言云:"虞氏虽传孟学,亦斟酌其意，不必尽同，然则虞氏间有违失，而非必尽出于孟矣。虞氏引《参同契》日月为易，又言梦道士饮以三爻，则其学杂出于道家，故虞氏虽汉易大宗，亦有当分别观之者。"此外，孔颖达以象为体，以理为用，认为卦象在模拟物象。孔颖达将象分为两类：实象和假象，前者为可见之象，如水、火、木等，后者为不可见之假象，如遁卦天在山中，复卦雷在地下等。义理来自象，以象示义。陈抟继承《周易参同契》的传统，创三类图象：先天太极图、龙图与无极图，以图式代替文字解易，说明炼丹之道。

　　义理派的易学著作以王弼《周易注》、程颐《程氏易传》为最著。孔颖达疏以为，王弼《易注》，独冠古今。程颐认为，学易当先看王弼《易注》。《程氏易传》不论象，不论卦变，皆采用王弼的观点。陈澧认为，王弼《易注》，丽辞溢目，以格言警句取胜，"如《大有·六五》注云：不私于物，物亦公焉，不疑于物，物亦诚焉。《颐·初九》注云：安身莫若不竞，修己莫若自保，守道则福至，求禄则辱来"，造语都非常精致。不过陈氏以为，"辅嗣所为格言，是其学有心得，然失汉儒注经之体，乃其病也"。皮锡瑞《经学通论》对王弼《易注》的价值得失，颇有体认，"孔子之易，重在明义理，切人事，汉末易道猥杂，卦气、爻辰、纳甲、飞伏、世应之说，纷然并作，弼乘其敝，扫而空之，颇有摧陷廓清之功，而以清言说经，杂以道家之学，汉人朴实说经之体，至此一变。宋赵师秀诗云：辅嗣易行无汉学，可为定论"。四库馆臣对王弼易学也有公允的评议，"弼之说易，源出费直。直易今不可见，然荀爽易即费氏学，李鼎祚书尚颇载其遗说。大抵究爻位之上下，辨卦德之刚柔，已与弼注略近。但弼全废象数，又变本加厉耳。平心而论，阐明义理，使易不杂于术数者，弼与康伯深为有功。祖尚虚无，使易竟入于老庄者，弼与康伯亦不能无过。瑕瑜不掩，是其定评。诸儒偏好偏恶，皆门户之见，不足据也"。

　　程颐《易传》四卷，不信邵雍之数，专言天理，关切人事。程子认为，"易，变易也。随时变易以从道也，其为书也广大悉备，将以顺性命之理，通幽明之故，尽事物之情，而示开物成务之道也"。程子以为《周易》是一部讲解变易的经典著作，关系到性命、事物与成务，可以之从道。如程子解屯卦"阴阳始交，未能通达。及其和洽，则成雷雨，满盈于天地之间，生物乃遂"，融通《大象》《彖传》与《序卦》之意，发明阴阳始交、渐进和洽之义。程子解蒙卦曰："山下有险，内险不可处，外止莫能进，未知所为，故为昏蒙之义。"以昏蒙解释蒙卦之义。其解六四曰："蒙之时，阳刚为发蒙者。四阴柔而最远于刚，乃愚昧之人，而不比近贤者，无由得明矣，可吝之甚也！"发明求贤以解昏蒙之义。程子解需卦曰："以乾之刚健，而能需待不轻动，故不陷于险，其义不至于困穷也。刚健之人,其动必躁,乃能需待而动,处之至善者也。"以等待解需,以人性偏颇解释需卦之义。程子解兑卦曰:"阳刚居中,中心诚实之象。柔爻在外,接物和柔之象。说而能贞,是以上顺天理,下应人心。若夫违道不顺天,干誉非应人,苟取一时之说耳,非君子之正道。"以天道人心解释卦义。如果说王弼是以道家义理解释《周易》卦爻之辞,那么程颐就是以儒家义理进行解经。

第四讲 《尚书》选讲

《尚书》,本名《书》,是一部追述古代圣王贤臣言论事迹的典籍,包括《虞书》《夏书》《商书》与《周书》等内容。《尚书》被列为儒家重要经典之一,历代学者研习不辍。"尚"即"上",《尚书》就是上古的书。

第一节 疏通知远

今人谈到《尚书》,常以上古史书称之。《礼记·玉藻》曰:"动则左史书之,言则右史书之",郑玄注曰:"其书,《春秋》《尚书》其存者。"郑玄的意思是说,左史书动为《春秋》,右史书言为《尚书》。荀悦的说法与之相反,"古者天子诸侯有事,必告于庙,朝有二史,左史记言,右史书事。事为《春秋》,言为《尚书》"。从今天的角度来看,《尚书》确实多载言诰。荀悦左史记言的说法更加可信。《尧典》主要以对话的形式展开,《皋陶谟》是诸人讨论,《大诰》《多士》《洛诰》是面对众人讲话,《甘誓》《牧誓》是作战前的讲话,这些都是记言的体裁。翻开《尚书》,谠言高论,格言警句,美不胜收。

《尚书》记言,言为心声,言语是思想的载体,所以通过《尚书》所载,我们可以了解古人的思想观念,比如道德天命的观念、政治合法的观念等。言由人发,话言善语,出于德高望重,通过《尚书》诰诰谟誓诸篇所载,我们可以想见尧舜禹汤、伊尹周公诸人的为政风采。言以理事,言与事关,所以通过《尚书》所载,我们可以了解上古禅让推举、治水迁都、殷周革命、金縢顾命等事实情形。

第四讲《尚书》选讲上

　　刘知几《史通·六家》论史有六家,首列尚书家。刘氏从作史的角度,对《尚书》的体例颇有批评。"盖书之所主本于号令,所以宣王道之正义,发话言于臣下,故其所载皆典谟训诰誓命之文,至如尧舜二典直序人事,《禹贡》一篇惟言地理,《洪范》总述灾祥,《顾命》都陈丧礼,兹亦为例不纯者也"。皮锡瑞《经学通论》对刘氏之言,颇有回击,"刘氏所见过泥,遂以《尚书》专主记言,不当记事,敢议圣经为例不纯,此与《惑经》《甲左》诸篇,诋斥《春秋》,同一谬妄,由史家未通经学也"。当知,"圣人作经,非可拘以史例"。从作史的角度来说,体例应当统一,记载应该详尽;从经学教化的角度来说,则言、事、制、仪皆为寄托,得意可以忘言,借事可以立义,神道可以设教。要在有益于社会人生,而不必过于拘泥。

　　《尚书序》的真伪,后代多有讨论,其论《尚书》为经常大训,则颇理据。"伏羲、神农、黄帝之书,谓之三坟,言大道也。少昊、颛顼、高辛、唐、虞之书,谓之五典,言常道也。至于夏、商、周之书,虽设教不伦,雅诰奥义,其归一揆。是故历代宝之,以为大训。"其论孔子删定《尚书》以垂世立教为本,多得后人同意,"先君孔子,生于周末,睹史籍之烦文,惧览之者不一,遂乃定礼乐,明旧章,删诗为三百篇,约史记而修《春秋》,赞易道以黜八索,述职方以除九丘。讨论坟、典,断自唐虞以下,讫于周。芟夷烦乱,翦截浮辞,举其宏纲,撮其机要,足以垂世立教,典、谟、训、诰、誓、命之文凡百篇。所以恢弘至道,示人主以轨范也。帝王之制,坦然明白,可举而行,三千之徒并受其义"。

　　关于《尚书》的价值,《礼记·经解》有一个概括,"疏通知远,书教也",又曰:"书之失诬。"疏有稀少、稀疏之意,有开通、疏导之意,有隔离、疏远之意,《周礼·梓人》所谓疏勺则是刻画、雕饰之意。疏意多样,导致后人理解多元。孔颖达《礼记疏》以为,《尚书》记录帝王言诰,"举其大纲,事非繁密,是疏通。上知帝皇之世,是知远也"。孔颖达之言有两点值得注意,所谓帝王言诰,是说《尚书》记言,与《春秋》偏重记事不同;所谓事非繁密,是说《尚书》与寻常史书不同,不求详尽,只求典要。孔氏言疏通知远与《尚书》记载内容有关。《礼记集说》引长乐刘氏则偏重于性情开明通达,"二帝三王政治始末,诏诰精微,足以晓谕天下,俾知所适,则人人反情以复性,弃塞以就通,是疏通知远而不诬也"。《尚书》所载帝王政治诏诰,极有教化价值,使天下人恢复本性之善,睿智通达。如果说长乐刘氏之言兼顾性情智行,那么石林叶氏则偏于智行,"教者上所以勉下,经者所以助成其教也","书之纪述治乱,要使人考古验今而已,智之事也,故其教则疏通知远"。叶氏之言,基于古代国学教学的安排,礼在瞽宗,书在上庠,诗以教仁,书以教知。清人孙希旦

《礼记集解》则认为，"疏通，谓通达于政事，知远，言能远知帝王之事也"。取精用宏，稽古善政，是孙氏的要义。

　　至于《尚书》教化之失，诸家看法也不一致。孔疏以为，"《书》广知久远，若不节制，则失在于诬"，这与郑玄"《书》知远近诬"尚有不同。郑玄以为《尚书》多言远古之事，不为寻常人所知晓，故而常被视作诬而不信。孔疏之意则在于远古之事难尽知，智者适可而止，否则将流于诬妄。避免诬妄，最好的策略就是多闻阙疑。《礼记集说》引马氏曰"蔽于疏通知远而不知疑而阙之，所以为诬"，知远疏通终有止境，无本之言，就是诬妄。山阴陆氏曰："书之失诬，如孟子所谓以至仁伐不仁，何其血之流杵也？"孙希旦重提阙疑的价值，"失，谓不善学者之失也。蔽于疏通知远而不知阙疑，故至于诬"。深知疏通知远也有边界，则不至于进而不止，陷于诬失。

　　《尚书》教化之失容易让人想到秦汉政权给儒生定下的罪名：是古非今。汉宣帝在与汉元帝关于治术的对话中，提到是古非今这个罪名。"俗儒不达时宜，好是古非今，使人眩于名实，不知所守，何足委任？"汉宣帝为政在意时变，看重眼前功利，而儒生肯定古代，非议当今，迂阔于事，名实舛差，与其政治冲突。汉宣帝"是古非今"的批判，又容易让人想到秦朝丞相李斯对儒生的攻击，"今诸生不师今而学古，以非当世，惑乱黔首"。正是李斯的此次攻击，使得秦始皇失去了耐心，决定焚书。李斯认为儒生喜欢用三代旧事非议当代的政治，否定政令，削弱帝王权威，借此抬高自己，这与努力树立帝王威势的秦始皇发生冲突。

　　"是古非今"，用今天的话讲，就是根据古代的政治标准，对现实的政治进行批判。儒家学派"祖述尧舜，宪章文武"，带有浓重的复古倾向。孔子对于尧舜禹汤之政多有褒扬之词，此后孟子、荀子同样肯定三代政治。与其他关注现实、强调时势、看重近前功效的学派相比，儒家思想对于远大的、通行的、恒久的社会政治有着更为执着的坚守，"迂腐""迂阔于事""不识时务"等批评由此而生。儒生"游文六经"，以《尚书》为经典，尤为熟悉上古的明君善政，理解其中天下为公、道德至上的政治理想，因此他们容易导向以古律今。在儒生的肯定和向往中，寄寓着他们的政治理想和政治主张。当向往古代发展成为现实批判时，就变成了是古非今，从而冒犯当代的专制统治者。可以说，根据古代社会政治的标准，对现实的社会政治进行评判，是儒生的代代不息的传统，而这个传统与《尚书》之教有着密切的联系。

第二节　尚书真伪

关于《尚书》学的重大问题，四库馆臣曾有一个概括，"诸家聚讼，犹有四端：曰今文、古文，曰错简，曰《禹贡》山水，曰《洪范》畴数"。《禹贡》《洪范》与错简之学，较为专门，适合专书探讨，此处不便展开论述。这里集中关注今文古文的问题。

一、今文《尚书》

关于今文《尚书》，《汉书·艺文志》曾有简单的描述，"河出图，洛出书，圣人则之。故《书》之所起远矣，至孔子纂焉，上断于尧，下讫于秦，凡百篇，而为之序，言其作意。秦燔书禁学，济南伏生独壁藏之。汉兴亡失，求得二十九篇，以教齐鲁之间。讫孝宣世，有欧阳、大小夏侯氏立于学官"。汉兴求得《尚书》二十九篇，发生在汉文帝时期，晁错参与其事。史载："孝文时，天下亡治《尚书》者，独闻齐有伏生，故秦博士，治《尚书》，年九十余，老不可征。乃诏太常，使人受之。太常遣错受《尚书》伏生所，还，因上书称说。诏以为太子舍人，门大夫，迁博士。"晁错汉代人，生徒亦汉代人，必定使用汉代通行的隶书，是为今文尚书。可见，晁错才是汉代尚书学的第一位博士，比后来的欧阳高、大小夏侯更早。另外，《尚书》学设博士发生在汉文帝时期，并非汉武帝立五经博士之时。

汉初传《尚书》者，始自伏生。根据后世今文学家研究，伏生传经二十九篇：尧典一，皋陶谟二，禹贡三，甘誓四，汤誓五，盘庚六，高宗肜日七，西伯戡黎八，微子九，牧誓十，鸿范十一，大诰十二，金縢十三，康诰十四，酒诰十五，梓材十六，召诰十七，洛诰十八，多士十九，无逸二十，君奭二十一，多方二十二，立政二十三，顾命二十四，康王之诰二十五，费誓二十六，甫刑二十七，文侯之命二十八，秦誓二十九。此二十九篇据说由晁错从伏生处抄得，后立为官学教授生徒。王充《论衡·正说篇》云"至孝宣皇帝之时，河内女子发老屋，得《逸易》《礼》《尚书》各一篇，奏之宣帝，下示博士，然后《易》《礼》《尚书》各益一篇，而《尚书》二十九篇始定"，据此汉代今文《尚书》本二十八篇，至河内女子补一篇，始为二十九篇。根据孔颖达《尚书正义》的记载，汉武帝时太常蓼侯孔臧致书孔安国，提到汉人当时只知道二十八篇，"时人惟闻《尚书》二十八篇，取象二十八宿，谓为信然"。段玉裁认为孔臧书不可相信，王引之认为二十八篇之说，见于伪《孔丛子》。根据段玉裁、王引之之说，所谓今文二十八篇,实际上不可相信。

因为今文《尚书》,授受途径清晰,立为官学,天下通行,故而历代学者据为可信。后代学者甚至专门著书研究此二十九篇。黄式三《尚书启幪》曰:"东汉贾逵、马融及北海郑君,力振古文之绝学以行于世,而所注者止当时所立学官之二十八篇,加后得之《泰誓》一篇。而孔安国增多之篇,以无师法之授受,无今文之可校读,大儒如郑君亦不能为之注,其书遂亡矣。此伪古文、伪传之所由出也。伪书既行,贾、马、郑君之注亦遂亡,学者积非成是,罔识源流。自太原阎氏、东吴惠氏诸君子出,力斥古文伪书之杜撰。厥后江氏《尚书集注音疏》、王氏《尚书后案》、段氏《尚书撰异》、孙氏《今古文注疏》相踵而出,收辑汉儒散残之注,补所未备,穷经之儒,渔猎采伐,以为山渊,数千年所谓佶屈聱牙、苦于难读之书,至此文从字顺各识职矣。"江、王、段、孙诸家笃信今文《尚书》,考析注解,颇为用心。

二、古文《尚书》

关于古文《尚书》,《汉书·艺文志》也有一个简单的概述,"《古文尚书》者,出孔子壁中。武帝末,鲁共王坏孔子宅,欲以广其宫。而得《古文尚书》及《礼记》《论语》《孝经》凡数十篇,皆古字也。共王往入其宅,闻鼓琴瑟钟磬之音,于是惧,乃止不坏。孔安国者,孔子后也,悉得其书,以考二十九篇,得多十六篇。安国献之。遭巫蛊事,未列于学官"。孔子删书,必是秦以前文字,是为古文。孔门后学传书,早在先秦,仍为汉隶之前文字,还是古文。孔壁之书未必出自孔子手定,古文却不必质疑。

根据《汉书·景十三王传》的记载,河间献王刘德曾经见过古文《尚书》,"河间献王德以孝景前二年立,修学好古,实事求是。从民得善书,必为好写与之,留其真,加金帛赐以招之。由是四方道术之人不远千里,或有先祖旧书,多奉以奏献王者,故得书多,与汉朝等。是时,淮南王安亦好书,所招致率多浮辩。献王所得书皆古文先秦旧书,《周官》《尚书》《礼》《礼记》《孟子》《老子》之属,皆经传说记,七十子之徒所论。"献王好古,所得《尚书》,也极有可能是古文本。

此外,还有西汉张霸伪造的古文《尚书》。《汉书·儒林传》:"世所传《百两篇》者,出东莱张霸,分析合二十九篇以为数十,又采《左氏传》《书叙》为作首尾,凡百二篇。篇或数简,文意浅陋。成帝时求其古文者,霸以能为《百两》征,以中书校之,非是。霸辞受父,父有弟子尉氏樊并。时,太中大夫平当、侍御史周敞劝上存之。后樊并谋反,乃黜其书。"

《隋书·经籍志》又提到杜林的古文《尚书》,"后汉扶风杜林,传《古文尚书》,同郡贾逵为之作训,马融作传,郑玄亦为之注。然其所传,唯二十九篇,又杂以今文,非孔旧本。自余绝无师说"。

孔安国的古文《尚书》虽然没有立为学官,但是通过比较曲折的途径,在汉代还是得到一定程度的流传。《汉书·儒林传》曰:"安国为谏大夫,授都尉朝,而司马迁亦从安国问故。迁书载《尧典》《禹贡》《洪范》《微子》《金縢》诸篇,多古文说。都尉朝授胶东庸生。庸生授清河胡常少子,以明《穀梁春秋》为博士、部刺史,又传《左氏》。常授虢徐敖。敖为右扶风掾,又传《毛诗》,授王璜、平陵涂恽子真。子真授河南桑钦君长。王莽时,诸学皆立。刘歆为国师,璜、恽等皆贵显。"孔安国的古文《尚书》通过司马迁的史学著作得到传播,通过都尉朝、庸生、胡常等人得到流传。据《汉书》记载,孔安国这个收为中古文的《尚书》,后来发挥了重要的校勘价值。"刘向以中古文校欧阳、大小夏侯三家经文,《酒诰》脱简一,《召诰》脱简二。率简二十五字者,脱亦二十五字,简二十二字者,脱亦二十二字,文字异者七百有余,脱字数十。"

不过,真正发挥较大影响的还是杜林古文《尚书》。《后汉书·杜林传》云:"林前于西州得漆书古文《尚书》一卷,常宝爱之,虽遭难困,握持不离身。出以示卫宏、徐巡曰:林流离兵乱,常恐斯经将绝。何意东海卫子济南徐生,复能传之。是道竟不坠于地也。古文虽不合时务,然愿诸生无悔所学,宏巡益重之,于是遂行。"所谓"遂行",是指贾逵、马融、许慎、郑玄等人以杜林古文为本,以作传注,振兴古文也。

三、伪古文《尚书》

《汉书·艺文志》载《尚书》类著作,除欧阳、大小夏侯经传章句之外,还有《尚书古文经》四十六卷,五十七篇,但是并未言及有传注之学。至《隋书·经籍志》已言孔安国隶定作传之事,"(孔)安国并依古文,开其篇第,以隶古字写之,合成五十八篇。其余篇简错乱,不可复读,并送之官府。安国又为五十八篇作传,会巫蛊事起,不得奏上,私传其业于都尉朝,朝授胶东庸生,谓之《尚书》古文之学,而未得立"。但是这本署名孔安国传的《古文尚书》,不断遭到质疑,皮锡瑞说:"其书至晋豫章内史梅赜始奏于朝,唐贞观十六年孔颖达等为之疏,永徽四年长孙无忌等又加刊定。孔《传》之依托,自朱子以来递有论辩,至国朝阎若璩作《尚书古文疏证》,其事愈明。"

这里提到的朱子关于伪古文《尚书》的论辩,见于《朱子语类》。朱子基于常理,曾经质疑孔安国传是伪书,"某尝疑孔安国书是假书,如毛公诗如此高简,大段省事,汉儒训释文字多是如此,有疑则阙,今此却尽释之,岂有千百年前人说底话,收拾于灰烬屋壁中,与口传之余,更无一字讹舛,理会不得"。朱子又曾从思想观点、出现时代的角度,质疑孔安国古文《尚书》,"孔安国解经最乱道,看得只是《孔丛子》等做出来,某尝疑孔安国书是假书,孔书至东晋方出,前此诸儒皆不曾见,可疑之甚"。受到朱子启发,蔡沈也曾对此书持有疑义,"今文多艰涩,而古文反平易,伏生倍文暗诵,乃偏得其所难,而安国考定于科斗古书错乱摩灭之余,反专得其所易,则又有不可晓者"。此后,吴澄对此书真伪,也有疑义,"伏生书虽难尽通,然词义古奥,其为上古之书无疑,梅赜所增,体制如出一手,采辑补缀,虽无一字无所本,而平缓卑弱,殊不类先汉以前之文。夫千年古书,最晚乃出,而字画略无脱误,文势略无龃龉,不亦大可疑乎?"此后,归有光与梅鹜愈推愈密,至阎若璩与惠栋考证更精,最终定为伪书。

这其中以阎若璩《尚书古文疏证》,尤为精密。阎若璩沉潜三十余年,尽得伪古文《尚书》症结所在,作《尚书古文疏证》八卷。阎著在前人研究的基础上,从篇数、篇名、典章制度、历法、文字句读、地理沿革和古今行文异同等多方面考证,并引用《孟子》《史记》《说文》等书作为旁证,得出东晋梅赜所献《古文尚书》及孔安国《尚书传》是后世伪作的定论,解决了千百年来学术史上的一大疑案。

四、孔传之善

虽然经过长期的考辨,孔传古文《尚书》为伪书终成定谳,但是孔传之善仍然得到学界重视。焦循《尚书补疏序》曾经缕举孔传之善,今试表列如下(表 4-1):

表 4-1　焦循述孔传之善表

《尚书》	孔传	郑注、《史记》	评析
曰若稽古帝尧,曰若稽古皋陶	顺考古道	同天	"同天"二字,可加诸帝尧,不可施于皋陶
四罪而天下咸服	先殛鲧而后举禹,舜征用之初,即诛四凶	禹治水毕,乃流四凶	为禹之勤劳,足使父致殛,舜将失五典克从之义
尧舍丹朱,以天位授舜	以为禹之言	"无若丹朱傲"上加"帝曰"	自禹言之则可,自舜言之则不可
盘庚三篇	盘庚为王时作	上篇乃盘庚为臣时作	阳甲在上,盘庚公然以臣假君命,此莽操师昭之事

续　表

《尚书》	孔传	郑注、《史记》	评析
微子问父师少师，父师答之，不云少师	少师于此不见，明心同省文	郑以为少师比干志在必死	顾大臣徒志于死，遂不谋国以出一言，非可为忠
我之不辟	辟为法，居东即东征，罪人即指禄父管蔡	辟读为避，谓周公避居于东；罪人斯得，为成王收周公之属官	殊属谬悠，说者多不以为然
明堂位以周公为天子	周公不自称王而称成王之命以诰	周公称王	汉儒用以说大诰，遂启王莽之祸

对于宋元以来的学人而言，伪孔《古文尚书》，虽已知其伪，而犹相承不废，以其言多近理。《大禹谟》"人心惟危，道心惟微，惟精惟一，允执厥中"，宋儒以为道统相传，视为三圣传心，极为重要。王应麟曰："《仲虺之诰》，言仁之始也；《汤诰》，言性之始也；《太甲》，言诚之始也；《说命》，言学之始也；皆见于商书。"《商书》四篇，皆出伪孔古文。宋儒讲性理，故于伪古文虽知其伪，仍须从中获得滋养，故而不能遽加废弃。阮元曰："《古文尚书》孔传出东晋，渐为世所诵习，其中名言法语，以为出自古圣贤，则闻者尊之，故宇文周主视太学，太傅于谨为三老，帝北面访道。谨曰：木从绳则正，后从谏则圣，帝再拜受言。唐太宗见太子息于木下，诲之曰：木受绳则正，后从谏则圣，唐太宗自谓兼将相之事。给事中张行成上书，以为禹不矜伐，而天下莫与之争，上甚善之。唐总章元年太子上表曰，书曰：与其杀不辜，宁失不经，伏愿逃亡之家，免其配役，从之。"此皆君臣父子之间，得陈善纳言之益，是知其伪，而欲留之，以为纳言之益。

龚自珍述庄存与之言曰，"昔者《大禹谟》废，人心道心之旨、杀不辜宁失不经之诫亡矣。《太甲》废，俭德永图之训坠矣。《仲虺之诰》废，谓人莫己若之诫亡矣。《说命》废，股肱良臣启沃之谊丧矣。《旅獒》废，不宝异物贱用物之诫亡矣。《冏命》废，左右前后皆正人之美失矣"。伪孔传《古文尚书》虽然被证伪，其思想价值却不容轻易否定。

第三节　道德天命

今天我们接着来讲《尚书》中"德"的思想内涵。前面讲过，《尚书》虽然源于左史记言，但是在漫长的中国传统社会，一直被视为经书。从历史演变来看，《尚书》在后世确实也发挥了垂世立教的影响，尤其是"德"的思想，对后世的道德观念、政治思想、学术文化等都产生了深远的影响。"德"在《尚书》中反复出现，经过初步梳理，大致有四个方面的思想内涵。

一、德与命

命是指天命，《尚书》中的"天"，基本上是指有意志，有好恶，主宰世间祸福的神。命是天的意志和指令，德是人的作为和表现。上天奖励有德，厌弃不德。世间的祸福，自然的灾害，政权的存亡，无一不受天命控制。人要达成所愿，必须得到天的应允和福佑。德，是人与天进行沟通的桥梁，是人类向上天乞求福佑的凭借和资质。

益曾经直截了当地告诫大禹，德可以感动天，没有距离的限制，"惟德动天，无远弗届"。既然德可以感天，那么就可以用德来祈求天命，"王其德之用，祈天永命"。《尚书·皋陶谟》曰："天命有德，五服五章哉！天讨有罪，五刑五用哉！"赐命有德者，讨伐有罪者，都是出于天意，所以人君居位，替天治政，不可以不自勉。《尚书·胤征》载胤后征讨羲和，提到先王敬畏天戒，倾听民声，恭敬从政。"先王克谨天戒，臣人克有常宪，百官修辅，厥后惟明明"。羲和却扰乱天纪，颠倒先王之德，"惟时羲和，颠覆厥德，沈乱于酒，畔宫离次，俶扰天纪，遐弃厥司"。羲和既已失德，尸位素餐，民生不安，所以就应听从天命，加以讨伐，"今予以尔有众，奉将天罚"。

《汤誓》曰："非台小子，敢行称乱。有夏多罪，天命殛之。"夏桀有昏德，天命诛绝之，讨伐夏桀，替天行道，实践天命而已。夏代先王，本有天命，只是后来失德导致天命不再。《尚书·伊训》曰："古有夏先后，方懋厥德，罔有天灾。"夏代贤王大禹、少康之时，皆能以德禳灾，安享天命。在《尚书·召诰》中，周公再一次讲到，有夏因为不敬德，故而坠命，"有夏服天命，惟有历年。我不敢知曰，不其延，惟不敬厥德，乃早坠厥命"。伊尹认为商汤能够恭敬严肃对待宗庙社稷之事，上天监察其德，故而授以大命，"天监厥德，用集大命，抚绥万方"。伊尹认为，商汤敬肃之德，感动上天，得到授命。

《尚书·多士》曰："自成汤至于帝乙，罔不明德恤祀。亦惟天丕建保乂有殷，殷王亦罔敢失帝，罔不配天其泽。"殷商先王，因为能够彰明德行，用心祭祀，所以能够享受天泽，保有政权。但是这种天人和谐的关系，因为纣王不敬德而发生变化，"有殷受天命，惟有历年。我不敢知曰，不其延，惟不敬厥德，乃早坠厥命"。上天坠商之命，实因为纣王不敬德导致。上天至公，遭到惩罚的国家，都是德行有亏者。"惟天不畀不明厥德，凡四方小大邦丧，罔非有辞于罚。"《尚书·多士》认为商纣之失德，在于诞淫厥泆，"诞淫厥泆，罔顾于天显民祇,惟时上帝不保,降若兹大丧"。《尚书·泰誓》则认为商纣之失德,在于施加酷虐,秽德上闻,"无辜吁天,秽德彰闻"。纣王秽德,通过无辜百姓的告冤,被上天得知。

周人叙述王朝更迭之事,皆套用商汤开启的有德集命的思想框架,敬德则有天命,不敬德则陨天命。夏代王权如此,《尚书·召诰》曰:"王其疾敬德,相古先民有夏。天迪从子保,面稽天若,今时既坠厥命。"殷商王权,亦是如此,"今相有殷,天迪格保,面稽天若,今时既坠厥命"。《尚书·多方》认为殷周政权的更替,实由上天所控制。上天曾经广求有德,但是天下君王多不堪受天命,"天惟求尔多方,大动以威,开厥顾天。惟尔多方,罔堪顾之"。只有周王用德,堪受大命,故而上天以殷命授周,治理天下,"惟我周王,灵承于旅。克堪用德,惟典神天。天惟式教我用休,简畀殷命,尹尔多方"。因为周人用德,所以上天命令周人取代殷商,以治理天下诸王。上天所以转而选择周人,并非他故,仍是基于德行。后来周成王告毕公,重申此义,"惟文王武王,敷大德于天下,用克受殷命"。《尚书·康诰》曰:"惟乃丕显考文王,克明德慎罚,不敢侮鳏寡,庸庸,祗祗,威威,显民。用肇造我区夏,越我一二邦以修。我西土惟时怙冒,闻于上帝,帝休。天乃大命文王,殪戎殷,诞受厥命,越厥邦厥民,惟时叙。"周公叙述文王之事,亦以为明德慎罚,使周人得到天命眷顾。

二、德与政

德有政治的含义,尊贤任能,合理合度,即是有德,反之败德。大禹会群后誓师,曾以侮慢自贤作为罪名,声讨有苗,"蠢兹有苗,昏迷不恭,侮慢自贤,反道败德,君子在野,小人在位,废仁贤,任奸佞"。

爵禄应当依德授予,"官不及私昵,惟其能。爵罔及恶德,惟其贤"。德位相配,有德方可享有爵赏职位,否则就是忝居其位。当帝尧试图传位给四岳时,得到的回复是"否德忝帝位",君位与大德必须相当。帝尧之位最终由舜继承,"玄德升闻,乃命以位",尧舜禅让,以德为本。德位相配,还意味着德盛者位高,德浅者位卑,"日宣三德,夙夜浚明有家。日严祗敬六德,亮采有邦。翕受敷施,九德咸事,俊乂在官。百僚师师,百工惟时,抚于五辰,庶绩其凝"。三德者可以立家,六德者可以治国,九德者可以抚有天下。帝尧所以神圣,正因为德广,无所不通,经纬天地。"帝德广运,乃圣乃神,乃武乃文。皇天眷命,奄有四海,为天下君。"德至广,方能为天下君。德位相配,更是统治的原则,"凡厥庶民,有猷有为有守,汝则念之。不协于极,不罹于咎,皇则受之。而康而色,曰:予攸好德,汝则锡之福。时人斯其惟皇之极。"君主依据大臣的德行,而采取相应的处置。

对于君王而言,德位相配意味着有德方能配上帝,获得天命,"先王惟时懋敬厥德,克配上帝。"有德方能协于下,获得拥戴,"修厥身,允德协于下,惟明后"。上配天帝,应当牢记务实敬畏,"若升高,必自下。若陟遐,必自迩。无轻民事,惟难。无安厥位,惟危。慎终于始。"协于下民,则需要普施恩泽,"子惠困穷,民服厥命,罔有不悦。"君王以德居位,可以完善政治,君王以德治民,可以获得民心。"德惟善政,政在养民。水火金木土谷惟修,正德、利用、厚生惟和,九功惟叙,九叙惟歌。"大禹重视九功,但是论政却以德为首,见出德政之要义。

后世讨论最多的道德与刑罚的关系,仍在德与政的范围。其实质是要求听狱行罚务必保持敬畏之心,以德作为准则,不可以徇私和放纵。《尚书》曰:"朕敬于刑,有德惟刑。今天相民,作配在下,明清于单辞。民之乱,罔不中听狱之两辞,无或私家于狱之两辞。狱货非宝,惟府辜功,报以庶尤。永畏惟罚,非天不中,惟人在命。天罚不极,庶民罔有令政在于天下。"处理刑狱之事,既要充满敬畏之心,也要保持仁爱之心,要有好生之德。皋陶曰:"罚弗及嗣,赏延于世。宥过无大,刑故无小。罪疑惟轻,功疑惟重。与其杀不辜,宁失不经。好生之德,洽于民心,兹用不犯于有司。"德与刑紧密相关,互相成就。敬刑可以成德,"惟敬五刑,以成三德"。敬刑适可成就刚、柔、正直之三德,不敬德则行威虐之刑。《尚书》曰:"夏王灭德作威,以敷虐于尔万方百姓。尔万方百姓,罹其凶害,弗忍荼毒。"德刑相成,夏桀既灭道德,遂作威刑,以行虐政于天下百官,极为残酷,不堪忍受。"其在受德暋,惟羞刑暴德之人,同于厥邦",无德则使凶暴。

德与政的关系,还体现在四夷宾服上面。"明王慎德,四夷咸宾。无有远迩,毕献方物,惟服食器用。王乃昭德之致于异姓之邦,无替厥服。分宝玉于伯叔之国,时庸展亲。"用德则可以得到四夷拥护,"惟周王抚万邦,巡侯甸,四征弗庭,绥厥兆民。六服群辟,罔不承德。归于宗周,董正治官。"周王以德安抚巡行,同时四面征讨诸侯之不直者,所以能够安其兆民。

三、德与行

从《尚书》的论述来看,德有天助的成分,后王有德,乃是上天的眷顾。《尚书·太甲中》曰:"皇天眷佑有商,俾嗣王克终厥德,实万世无疆之休。"后王能善终其德,实乃上天在佑助有商,是殷商万世无穷之美。有德出于上天的眷顾,并不能完全归到个人身上。享有好德,与高寿、善终、富贵、康宁一样都是福分的表现。五福既不能完全由人掌控，好德在某种程度上也是上天的眷顾。有德是因为得到上天眷顾，酗酒丧德则是因为失去上天的眷顾。《尚书·酒诰》曰："天降威，我民用大乱丧德，亦罔非酒惟行。"所以丧德，实因失去上天的眷顾。不过，德与命毕竟不可混一，命来自天，德来自人。天命绝对，不容抗拒；人德能动，可以修为。从个人修为的角度来看，德之能动性主要体现在三个方面。

首先，德裕身，具有社会性，有益于个人在社会上安身立命。周文王曾经诰教治事之臣，不得酗酒，"越庶国，饮惟祀，德将无醉"。饮酒限定在与祭祀相关的场合，不得泛滥，饮酒的限度在于以德自将，不至于醉。德是行为的准则，是具体行为的指南。德可以增加人、物的分量和威望，"人不易物，惟德其物"。徒有其物，不足以奉献神明，"至治馨香，感于神明。黍稷非馨，明德惟馨"。对于个人而言，德甚至可以决定年寿之长短，"惟天监下民，典厥义。降年有永有不永，非天夭民，民中绝命"。有德才有命，顺德才有长命，不顺德则不永其命。

其次，德可凝，具有个人性，有益于成就个人的德行特征。德行随修为深浅而有异，并非千人一面。《尚书·文侯之命》在册封义和的时候，深加勉励，"柔远能迩，惠康小民，无荒宁，简恤尔都，用成尔显德"。怀柔远人，安抚近人，不敢放纵自己，败坏国事，则能成就个人之德。《尚书·盘庚》曰："肆上帝将复我高祖之德，乱越我家"，高祖之德代表一种更高境界的德。《尚书·金縢》曰"今天动威，以彰周公之德"，周公忠勤，成就圣德，天发雷风之威，以明其德。德行如功绩，可由个人建立，"汝惟不矜，天下莫与汝争能。汝惟不伐，天下莫与汝争功。予懋乃德，嘉乃丕绩，天之历数在汝躬，汝终陟元后"。大德树立，则号召天下，《尚书》曰："四海之内，咸仰朕德，时乃风。"德化如风，草偃从上。

最后，德可以修，可以进，并非一成不变。"念终始典于学，厥德修罔觉"，道德不全是天赋，可以通过后天修为加以建立；只要坚持不懈的从事学习修为，德行就会在不知不觉中得到提升。只要心志笃定，功夫专深，德修未尝不可逐日更新，"德日新，万邦惟怀。志自满，九族乃离"。日新不止，终成耆德，不事修为，则止步顽劣。

不过，德行不易。修德既要推充本性之善，又要克治后天之过。皋陶言九德曰："宽而栗，柔而立，愿而恭，乱而敬，扰而毅，直而温，简而廉，刚而塞，强而义。"本性宽宏大量，却不流于随意，而能保持庄栗。本性和柔，却不失诸软弱，而能建立事功。本性淳朴忠实，却不流于质朴无文，而能保持恭敬端恪。虽然有治理之才，却不恃才傲物，而能保持恭敬。虽然顺从道理，却不流于圆滑，而能坚持原则。虽然正直刚正，却不流于严苛忌刻，而能保持温和。虽然为人平易近人，却不流于随意苟且，而能恪守规矩。虽然果敢能断，却不流于鲁莽，而能保持诚实合理。虽然刚强不屈，却不流于强暴，而能举止合宜。

德修不易，那么到底应该如何修德呢？首先，要有坚韧之心，能慎终如始，保持一德。能否一德，关乎君子小人之分殊，"惟乃知民德，亦罔不能厥初，惟其终"。小民之德，无不能其初，鲜能有其终，唯有君子能够有始有终。能否一德，甚至关乎兴衰存亡，《尚书·咸有一德》曰："天难谌，命靡常。常厥德，保厥位。厥德匪常，九有以亡。"夏王因为不能常其德，故而遭到上天放弃，"夏王弗克庸德，慢神虐民。皇天弗保，监于万方，启迪有命，眷求一德，俾作神主"。商汤因为能够一德，由此得到眷顾，"惟尹躬暨汤，咸有一德，克享天心，受天明命"。上天并非偏私，只是佑助一德之人；商汤并非求于万民，而是万民选择德行守一者，"非天私我有商，惟天佑于一德。非商求于下民，惟民归于一德"。民心所向，上天所佑，所以德一者吉祥，二三其德者凶险，"德惟一，动罔不吉。德二三，动罔不凶"。

其次，要有勤俭之行，勤以行之，俭以守之。修德之人，当重细节小物，"惟公懋德，克勤小物，弼亮四世，正色率下，罔不祗师言"。细行小物，唯有积累，方有可观，所以修德当有积累之志，渐进之功，"树德务滋，除恶务本"。唯有勤积不懈，细行小物方可积大成德，所以勤勉尤为修德之要，"夙夜罔或不勤，不矜细行，终累大德，为山九仞，功亏一篑"。德求长远，因此既要勤行，也要俭守，勤俭自持，敬贤以行。伊尹言商汤之德曰："先王昧爽丕显，坐以待旦，旁求俊彦，启迪后人。无越厥命以自覆，慎乃俭德，惟怀永图。若虞机张，往省括于度，则释。"夙兴夜寐是行，心怀长远，谨守慎发则是俭。"位不期骄，禄不期侈。恭俭惟德，无载尔伪。作德，心逸日休。作伪，心劳日拙"。恭俭是德，虚饰其外，虚张声势，都是行伪。

再次，修德需要包容坚忍，忍以治己，容以待人。《尚书·君陈》曰："无忿疾于顽，无求备于一夫。必有忍，其乃有济。有容，德乃大。"他人顽嚚，不明事理，自可训导，而非忿怒疾之。委任他人办事，但随其所长，不可求全责备。作为君长，尤其应当坚忍，才能宏有所成就；应当有所包容，才能弘大其德。修德需要善恶分明，毫不含混。《尚书·伊训》曰："惟上帝不常，作善降之百祥，作不善降之百殃。尔惟德罔小，万邦惟庆。尔惟不德罔大，坠厥宗。"勿以善小而不为，勿以恶小而为之，是说道德的确定性，但是修德又不能过于执一,而要包容灵活。《洪范》"乂用三德",说明治民必须兼用刚柔正直之三德。"平康正直,强弗友刚克,燮友柔克。沈潜刚克,高明柔克。"孔疏以为时代不同,德行不同,遇人不同,德行亦不能同。

最后,修德需要自身端正,也需要贤人辅弼。修德之人,当从近处着手,务实渐进。"克明俊德,以亲九族。九族既睦,平章百姓。百姓昭明,协和万邦。黎民于变时雍。"郑玄曰:"明,显也。材德过人曰俊,谓自明显其过人之德也。"克明俊德需要自身端正,实有俊德。不过修德,尚需辅佐,方能有成,"仆臣正,厥后克正。仆臣谀,厥后自圣。后德惟臣,不德惟臣"。因此,立德之人,尤当疏远憸人,亲近吉人,"继自今立政,其勿以憸人,其惟吉士,用劢相我国家"。

从某种程度上讲,德的观念具有解放的意义,人类不只是消极的猜测、遵循和听从上天的命令,天命与德行之间达成一种和谐的联系,人们以德祈命,上天眷顾有德。在这个互相联系的框架中,人类至少有事可为,有力量可以依靠,有方向可以努力。

第四节 开明敬畏

清代赵翼在《廿二史札记》有"汉诏多惧词"一条,广收两汉文帝以及章、和、元、顺诸帝小心谨畏之诏,以为两汉无暴君是家风使然。汉武帝之诏亦多用惧词,惜未收及。

第四讲《尚书》选讲下

汉武帝曾模仿周公作诰,用极典雅、极庄重的文辞颁布封赏。《汉书·武五子传》载其封刘闳为齐王诰,文曰:

> 呜呼!小子闳,受兹青社。朕承天序,惟稽古,建尔国家,封于东土,世为汉藩辅。呜呼!念哉,共朕之诏。惟命于不常,人之好德,克明显光;义之不图,俾君子怠。悉尔心,允执其中,天禄永终;厥有愆不臧,乃凶于乃国,而害于尔躬。呜呼!保国乂民,可不敬与!王其戒之!

其诰封刘旦为燕王曰:

> 呜呼!小子旦,受兹玄社,建尔国家,封于北土,世为汉藩辅。呜呼!薰鬻氏虐老兽心,以奸巧边氓。朕命将率,徂征厥罪。万夫长,千夫长,三十有二帅,降旗奔师。薰鬻徙域,北州以妥。悉尔心,毋作怨,毋作棐德,毋乃废备。非教士不得从征。王其戒之!

诰文用词、句式、语气等,都极有周公诰文的神韵,言辞背后流露出忧患与敬畏。今天的学者多言王莽模仿周公,殊不知汉武帝乃汉代模仿周公第一人。

汉武帝的模仿由来有自,并非偶然。汉武帝言政多比附三代,比如元朔元年,汉武帝引五帝三王之事以言举贤,"本仁祖义,襃德禄贤,劝善刑暴,五帝三王所由昌也"。又如元光元年五月,汉武帝比附三代,引唐虞、成康之事探讨天人和谐之道,"昔在唐虞,画象而民不犯,日月所烛,莫不率俾。周之成康,刑错不用,德及鸟兽,教通四海。海外肃慎,北发渠搜,氐羌徕服;星辰不孛,日月不蚀,山陵不崩,川谷不塞;麟凤在郊薮,河洛出图书。呜虖,何施而臻此与!"汉武帝比附三代,自居圣王,曾以周公期许霍光,使其担任顾命之任。征和二年,"上乃使黄门画者画周公负成王朝诸侯以赐光",希望霍光仿照周公辅佐成王,拥立少子刘弗陵为帝,然后权行周公之事。汉武帝又以周公要求刘屈氂,使其行使诛杀之事。"事籍籍如此,何谓秘也?丞相无周公之风矣。周公不诛管蔡乎?"得到汉武帝授意,刘屈氂于是与太子兵合战于长乐西阙下,"死者数万人,血流入沟中"。

不过,汉武帝作此诸诰,正当心满意足,强作惧辞,"为赋新诗强说愁",与周公之辞实有不同。周公亲历殷周之变,成王政权内忧外患,动乱不断,因此《君奭》《无逸》《多士》《立政》诸诰言辞恳诚,敬畏开明,令人感动。下面以《君奭》《无逸》为例进行分析。

《君奭》是周公劝勉召公的一篇语录。根据《史记·燕世家》的记载,周成王时,周公召公分陕而治,"成王既幼,周公摄政,当国践祚,召公疑之,作《君奭》"。在这篇诰辞中,周公先后谈到守业艰难、臣佐重要、同舟共济等三个问题。守业之难,在于天命难测,不可相信,盛衰无常,不可安享其成。臣佐之要,已经被商周兴衰的历史反复证明。从殷商的历史来看,正是由于有伊尹、伊陟、臣扈、巫咸、甘盘等大臣的辅佐,商王才能够"礼陟配天,多历年所";从周的历史来看,正是因为有虢叔、闳夭、散宜生、泰颠、南宫括等大臣辅佐,文王和武王才得以成就大业。从当前的形势来看,周王尚且年幼,辅弼大臣唯有周公召公二人,责任十分重大。面对难信的上帝,面对难测的未来,唯有同舟共济。周公推心置腹,劝勉召公与自己同心协力,把国家治理好,将先王的德政贯彻到底,力争实现海隅出日,莫不顺从。全文充满对上天的敬畏,"天命不易,天难谌,乃其坠命,弗克经历"。上天无亲,惟德是辅,因此不论成败皆须修德,不可安享其成,不可麻痹松懈。天命之来,不可抗拒,天命之去,不可挽留,"天降丧于殷,殷既坠厥命,我有周既受。我不敢知曰厥基永孚于休,若天棐忱,我亦不敢知曰其终出于不祥"。虽然殷周政权已经更替,但是这一切都出于上天的命令,如果殷人顺天所辅,周公不敢断定殷人一定败亡,周人一定可以取而代之。殷人曾经拥有天命,一度繁盛,因为失德尽失基业。因此,敬天修德是任何不想重蹈覆辙的政权最正确的选择,幸灾乐祸,狂妄放纵,都是迷途不返。

《无逸》是周公对成王的告诫,在《尚书》的文体中属于"训"体。据《史记·鲁周公世家》记载,"周公归,恐成王壮,治有所淫佚,乃作《多士》,作《无逸》"。无逸者,不敢安逸放纵之意也。周公教诲成王,并未过多阐释勤勉治政的益处,而是更多地论述如何保持无逸。总观全文,有两个特点值得注意。首先,周公认为无逸与寿命相关,寿命长短是天命的范围,无逸则是修德的领域。周公秉承殷商以来用德祈命的思想传统,认为无逸可以获得上天眷顾,从而保持自然生命和政治生命的长寿。无逸者,殷中宗享国七十五年,高宗五十九年,祖甲享国三十三年,周文王享国五十年。纵逸者,"自时厥后,亦罔或克寿。或十年,或七八年,或五六年,或四三年"。其次,周公认为无逸与敬畏有关,无逸在实践中体现为勤勉政事、体恤鳏寡、恭俭处位与勇于改过等行为。若无敬畏之心,则时作时辍,难免半途而废;欺侮老弱,难免积怨深重;敝化奢丽,难免以荡陵德;掩过饰非,难免怨声载道。作为正面的榜样,殷王中宗"严恭寅畏,天命自度,治民祗惧,不敢荒宁";殷高宗"不敢荒宁,嘉靖殷邦。至于小大,无时或怨";祖甲"能保惠于庶民,弗敢侮鳏寡";周太王、王季"克自抑畏";周文王"弗敢盘于游田,以庶邦惟正之供"。

周公作诰的感人力量究竟来自哪里?通过上面两篇诰辞的分析,我们可以从中总结两点共性的内容。首先,周公作诰始终安置在道德天命的框架体系之中,天命主宰,不可抗拒,皇天无亲,惟德是辅,所以保持敬畏、勤勉修德、安抚万民等内外行为都是发自真诚,处处流露真情,慢慢感动读者和听众。其次,周公作诰始终保持开明的态度,客观中正,开放包容,视野宏阔。周公没有成王败寇的心态,没有历史结束、自我中心的狂妄,始终以演变的、辩证的眼光看待过去、现在和未来。对于夏殷两代,也能加以客观中正的评价,以合理的言语赢得对方的认同。因为客观中正,超越狭隘的族群意识,所以视野开阔,叙事宏大,以雄辩的言语说服对方,使其放弃内心的成见,及时调整,适应新的政权和时代。

诚然,敬畏开明都与特定时代的上天观念有关,因为有一个崇高的、伟大的上天,因为人间的一切善恶都在监视之下,所以无论暂时的成败盛衰,都不敢肆无忌惮,无所畏惧,颠倒是非,混淆黑白。这是周公真诚、敬畏、开明的根本原因。上天的观念到了汉武帝时期,其实已经发生很大变化。失去敬畏开明之根本的汉武帝,徒然在言辞上模仿周公惧诏,毫无真情实感,只能让人感到荒诞不经。

第五讲 《诗经》选讲

《诗经》是我国先秦时期的文学经典,被誉为中国最早的诗歌总集,对后世文学创作产生深远的影响。不过放到中国传统的学术思想体系,这些说法都值得讨论。首先,先秦时期的文学概念,不同于后世。《论语·先进》列举孔门四科,文学一科以子游、子夏为代表,这里的文学是指"文章博学",是学识才能的类型。汉代举荐贤良文学,贤良是指品行端正、道德出众的人,而文学则是指精通儒家经典的人。其次,中国古代的总集,是指收录两个或两个以上作家的作品的文集,学术界一般认为,中国最早的文学总集是《文选》,是文学自觉之后的产物,而不是《诗经》。在中国传统的图书分类中,总集类很难见到《诗经》及其研究著作。最后,《诗经》对后代的影响固然在于文学,但是更深刻的影响却在于为人处事与道德教化。与文学影响相比,《诗经》更多情况下产生了社会影响,甚至是政治影响。

第一节 经书教化

我们今天打开《四库全书》《四部丛刊》等大型图书,会发现《诗经》类著作皆归在经部。经书是传统社会各种书籍中的首类,可谓群书之首。古人认为,经书所载,皆是永恒不变、普遍适用的准则与智慧。《诗经》既是经书,自然不只是文人墨客的专享,而是普罗大众的必修必备。新式学堂建立之后,经学在中国学校教育中的地位一落千丈,最终被赶出了学堂,赶出了教室。虽然《诗经》《尚书》还在讲授,但是讲授的内容、传授的方法与学习的重点,早已迥然不同。

《诗经》在传统社会既是经书，自然离不开教化。今天的学者常常视《诗经》为民歌，以为是民间创作，对于《诗》之教"温柔敦厚"绝少提及，甚至有些反感。不过，《诗经》教化却是事实。《史记·秦始皇本纪》记载："非博士官所职，天下敢有藏《诗》《书》百家语者，悉诣守尉杂烧之，有敢偶语《诗》《书》弃市。"秦人蔑视文化教育，由来有自，不过焚书坑儒的重灾区却是《诗经》与《尚书》。《尚书》开篇即讲禅让，天下为公，与秦人视天下为私有，直接冲突，所以《尚书》遭禁并不奇怪。奇怪的是，《诗经》如果只是民间吟咏私情的歌谣，嬴秦政权没有必要大动干戈。我们知道，秦汉时期中央朝廷考核地方官员，非常看重人口增长。从这一点来讲，秦人应该鼓励婚恋，不应设置羁绊。可见，《诗经》的内容并非民间歌谣与婚恋爱情可以简单概括。事实上，当我们打开雅颂部分，就会发现《诗经》充满了教化的内涵。

首先，《诗经》劝勉人伦亲情，维护家庭伦理。《常棣》赞美兄弟亲情，"常棣之华，鄂不韡韡。凡今之人，莫如兄弟。死丧之威，兄弟孔怀"。常棣之花异常明艳，兄弟之情格外亲切，生死离别，兄弟之念尤为深刻。"脊令在原，兄弟急难。每有良朋，况也永叹"。每当急难之时，唯有兄弟不遗余力，奋不顾身。宋朝王中作诗，曾经引用鹡鸰鸟且飞且鸣，不暇自安，"鹡鸰音断人千里，乌鹊巢寒月一枝"，兄弟隔离，无助且忧伤。"兄弟阋于墙，外御其侮"，兄弟在内虽然有争执，但是面临外侮，常常同心同德。

《小雅·頍弁》讽刺周幽王，不能亲睦九族，宴乐同姓，导致孤危将亡。"有頍者弁，实维伊何？尔酒既旨，尔殽既嘉，岂伊异人？兄弟匪他。"兄弟不是他人，本是至亲，应当亲近。"有頍者弁，实维在首。尔酒既旨，尔殽既阜。岂伊异人？兄弟甥舅。如彼雨雪，先集维霰。死丧无日，无几相见。乐酒今夕，君子维宴。"兄弟甥舅都应当珍惜，尽力维持，当知此种纽带非常脆弱。《小雅·角弓》即言周幽王不善于亲近九族，而喜好谗佞，骨肉相怨。"骍骍角弓，翩其反矣，兄弟昏姻，无胥远矣。"骨肉之亲，当相亲信，无相疏远。如果互相隔膜，则易以成怨。周幽王对待九族，不以恩礼对待，导致多怨，"此令兄弟，绰绰有裕。不令兄弟，交相为瘉。"好的兄弟关系，宽容融洽，互留余地，不好的兄弟关系，斤斤计较，苛刻不容。"民之无良，相怨一方"，与亲族交往，常思己过，而不是动辄论人之非。《小雅·黄鸟》则讽刺周宣王，不能巩固兄弟的亲情，"黄鸟黄鸟，无集于谷，无啄我粟。此邦之人，不我肯谷。言旋言归，复我邦族。黄鸟黄鸟，无集于桑，无啄我粱。此邦之人，不可与明。言旋言归，复我诸兄。"

孟子曰，"王者之迹熄而《诗》亡，《诗》亡然后《春秋》作"。作为《诗》亡与

《春秋》始的见证者,周平王也遭到批评。"绵绵葛藟,在河之浒。终远兄弟,谓他人父。谓他人父,亦莫我顾!绵绵葛藟,在河之涘。终远兄弟,谓他人母。谓他人母,亦莫我有。绵绵葛藟,在河之漘。终远兄弟,谓他人昆。谓他人昆,亦莫我闻!"绵长的葛藟,生长在河的涯岸,得到河水润泽,慢慢长大而不断绝,比喻周王的同姓亲戚,得到王的恩施,得以生长其子孙。但是周平王却谓他人为父,无恩于我,亦无顾眷之意,周室衰微实由此起。

《诗经》这种劝人为善,劝人重视亲情伦理的观点,是秦人政权不愿意接受的。宗法制度与亲亲伦理有助于维系大家族,有助于维持和谐有序的宗族关系。不过秦人政权废除井田,奖励耕战,并不希望维持大家族存在,而是需要将劳动力、作战力量从大家族中解放出来。这些教育兄弟友爱、亲亲伦理的诗篇,与秦人政权的需要实际上构成对立,这是秦人不愿意看到的内容。《诗经》遭到禁毁或许应该从这个角度加以考虑。

其次,《诗经》赞扬道德修行,歌颂礼义修养。《大雅·泂酌》是召康公戒勉周成王的诗篇,劝行道德,警戒无德。"泂酌彼行潦,挹彼注兹,可以餴饎。岂弟君子,民之父母。泂酌彼行潦,挹彼注兹,可以濯罍。岂弟君子,民之攸归。"行者,道也。潦者,雨水也。行道上,雨水流聚,故云行潦也。行潦本是薄物,但是如果有忠信之德、齐洁之诚,也可以用来奉献神灵。《周书·旅獒》曰"人不易物,惟德其物",正是此意。有德则薄物为厚,无德则厚物为薄。薄陋之物,尚且如此,何况乐易之君子?如果能有道德,为民之父母,上天必定爱其诚信,接受其供奉,赐予其福禄,"然则为人君者,安可以不行道德,而作民父母?故言此以戒王"。有道德的人,得到上天的眷顾。

良好的道德修养应该注意细节,注意仪式。《小雅·桑扈》认为人有礼法威仪,则天下仰视钦慕,"交交桑扈,有莺其羽。君子乐胥,受天之祜。交交桑扈,有莺其领。君子乐胥,万邦之屏。"桑扈之鸟,飞而往来,颇有文章,人们观视而爱之,比喻君臣如果以礼法威仪升降于朝廷,则天下亦观视而仰乐之。

《大雅·抑》是卫武公讽刺周厉王,同时用以自我警诫的诗篇。"无渝胥以亡",是说不要像泉流那样消亡。"抑抑威仪,维德之隅",内有德行,则外有廉隅棱角。"敬慎威仪,维民之则",外在威仪也是德行威望的维系。"夙兴夜寐,洒扫庭内,维民之章",德行威仪,笃行不懈,方可成为万民的榜样。"慎尔出话,敬尔威仪,无不柔嘉。白圭之玷,尚可磨也,斯言之玷,不可为也!无易由言,无曰苟矣,莫扪朕舌",言谈举止,皆当谨慎,一言既出,覆水难收,稍有瑕疵,终难悔改。"无言不雠,无德不报。惠于朋友,庶民小子。

子孙绳绳,万民靡不承"。修身当知出尔反尔,自行不谨,则外人不敬。"视尔友君子,辑柔尔颜,不遐有愆。相在尔室,尚不愧于屋漏。无曰不显,莫予云觏"。道德修养的极高境界是慎独,是不欺暗室。因此,没有外人同样需要谨言慎行。《诗经》中的作品,既有纯然抒发一己情感、一己愤慨的诗篇,也有许多讲述人生哲理的作品,对于个人的修身立世,有着深刻的、普遍的借鉴意义。《诗经》当然是教化之作。

孔子曰:"中庸其至矣乎!民鲜能久矣!"道德修养的至高境界是中庸适度,不极端,不过激。《唐风·蟋蟀》讽刺晋僖公过分节俭,勤苦失度,不合中庸。"蟋蟀在堂,岁聿其莫。今我不乐,日月其除。无已大康,职思其居。好乐无荒,良士瞿瞿"。晋人俭约清苦,但是并不符合适度守中的周礼精神。"一张一弛,文武之道",弛而不张,固然不对,但是张而不弛,亦非正道。有快乐才能艰苦卓绝,有努力才能安享收获。不过,秦人政权始终让国家机器高速运转,陷于高度紧张的战时状态,这种适度守中的人生态度自然与政权要求不合。

《魏风·葛屦》讽刺魏人机巧趋利,急切功利。"纠纠葛屦,可以履霜?掺掺女手,可以缝裳?"葛藤草鞋,用来履霜,妇人进门尚未三月,就让她缝制衣服,这些都是急于功利的表现。功利主义恰是赢秦的传统,其急功近利丝毫不逊于三晋之地。《诗经》推崇中庸美德,讲究适中,恰与秦人传统格格不入。

过分看重功利,就会视人为工具,出现世态炎凉的浇薄风俗。《秦风·晨风》讽刺秦康公抛弃旧日贤臣,即有此意,"鴥彼晨风,郁彼北林。未见君子,忧心钦钦。如何如何?忘我实多!"谋划功业之时不胜急切,等到志愿达成,则弃之如遗。秦人背弃前贤,忘人勋业,乃是功利至上的法家思想传统使然。古今中外的法治国家多有类似情形。从正面角度来讲,功利至上避免了权力的因袭性,保障了社会的流动与活力;从负面角度来讲,不断的洗牌,不断地重复,导致倾轧严重,血洗前朝,世态炎凉。

孔子说,慎终追远,民德归厚。从功利的角度来看,死者与遥远的亲人都无济于现实的利害,如果对待这两种人都能尽到人道温情,民风自然淳厚。道德的深意正在于这种不变的可靠性。贫富贵贱或有变化,但是人伦温情不能随之起伏寒凉。《小雅·伐木》所歌颂的正是这种不以境况转移而发生改变的友道,"伐木丁丁,鸟鸣嘤嘤。出自幽谷,迁于乔木。嘤其鸣矣,求其友声。相彼鸟矣,犹求友声。矧伊人矣,不求友生?神之听之,终和且平"。君子虽迁于高位,不可以忘其朋友。"自天子至于庶人,未有不须友以成者。亲亲以睦，友贤不弃，不遗故旧，则民德归厚矣"。《诗经》赞扬道德，修养水平较高的君子自然得到歌颂。《小雅·南山有台》歌颂贤能，以为得到贤才，国家就将拥有太平之基，如同南山之有基址。"南山有台，北山有莱。乐只君子，邦家之基。乐只君子，万寿无期。南山有桑，北山有杨。乐只君子，邦家之光。"

再次，《诗经》关心民生疾苦，强调以民为本。《小雅·鸿雁》赞美周宣王劳来百姓，体恤鳏寡，体现了浓厚的民本思想。"鸿雁于飞，肃肃其羽。之子于征，劬劳于野。爰及矜人，哀此鳏寡"。秦人以为民强国弱，民进国退，这种体恤百姓、以民为念、以民为本的思潮，秦人政权必将排斥。《大雅·民劳》是召穆公讽刺周厉王之作，厉王时"赋敛重数，徭役烦多，人民劳苦，轻为奸宄，强陵弱，众暴寡，作寇害，故穆公以刺之"，"民亦劳止，汔可小康。惠此中国，以绥四方。无纵诡随，以谨无良。式遏寇虐，憯不畏明。柔远能迩，以定我王"。仁惠之德，由近及远，恶行之来，由小而大，所以应该慎微慎细。《诗经》如何不是教化？

《小雅·杕杜》将无休无止的劳役与生民的期盼放到一起，见出人民对正常生活的渴望，对繁重劳役的控诉。"有杕之杜，有睆其实。王事靡盬，继嗣我日。日月阳止，女心伤止，征夫遑止！有杕之杜，其叶萋萋。王事靡盬，我心伤悲。卉木萋止，女心悲止，征夫归止！"杕杜尚且有时节蕃滋，而役夫劳苦，竟然不得尽其天性。役夫劳苦绵延时日，无有休息。《邶风·雄雉》据说是讽刺卫宣公的诗篇，"淫乱不恤国事，军旅数起，大夫久役，男女怨旷，国人患之而作是诗"。《诗》曰："雄雉于飞，泄泄其羽。我之怀矣，自诒伊阻！雄雉于飞，下上其音。展矣君子，实劳我心！瞻彼日月，悠悠我思！道之云远，曷云能来？百尔君子，不知德行。不忮不求，何用不臧？"民生基本欲望不得满足，诸事不可为矣，对国家的责任自然会遭到挑战。

最后，《诗经》肯定分封制度，歌颂诸侯勋业。《大雅·崧高》，据毛传说，是尹吉甫赞美周宣王的一首诗。天下经历动乱，终能恢复太平，是因为周宣王懂得分封诸侯，亲近重臣，褒奖功劳。"崧高维岳，骏极于天。维岳降神，生甫及申。"崧者，高也。岳者，四岳也。唐尧之时，姜氏为四伯，掌管四岳的祭祀，履行诸侯的职责。周代担任此职的是甫侯、申伯等人，"维申及甫，维周之翰。四国于蕃，四方于宣"。申伯、甫侯皆以贤知入为周之桢干之臣，四国有难则勇往捍卫，成为蕃屏。四方有困，恩泽不至，则前往宣畅，广布德泽。"亹亹申伯，王缵之事。于邑于谢，南国是式。"申伯佐王有功，周王欲使其再接再厉，发扬光大诸侯之事，所以派人前往谢地建成都邑，南方之国皆受其统理节度。"王命召伯,定申伯之宅。登是南邦,世执其功。"申伯是忠臣,周王仰赖其辅佐庇卫,故使召公安定其心意,世世代代,享有尊位。《大雅·采菽》借古时厚待诸侯,讽刺幽王侮慢诸侯,"采菽采菽,筐之筥之。君子来朝,何锡予之? 虽无予之,路车乘马。又何予之? 玄衮及黼"。依照古道,诸侯来朝,当锡命以礼,尊重其身,又当坚守信义,福禄绥之。可惜周幽王之时,来朝诸侯已不再得到厚待,诗人是以作诗讽刺。

《大雅·韩奕》则极度铺陈周宣王锡命诸侯之事,"奕奕梁山,维禹甸之。有倬其道,韩侯受命",梁山之野,尧时俱遭洪水。禹甸之者,决除其灾,使之成为平田,定其贡赋,献于天子。周有厉王之乱,天下失职,今有倬然者韩侯,恢复大禹功绩,因此受王命而为侯伯。"王亲命之:缵戎祖考,无废朕命。夙夜匪解,虔共尔位。朕命不易,榦不庭方,以佐戎辟",韩侯方伯之命,世世代代,永续不断。"四牡奕奕,孔修且张。韩侯入觐,以其介圭,入觐于王",韩侯朝觐场景之壮丽,可谓极一时荣光之盛。可以想象,这种描写歌颂分封的诗篇,怎么可能被秦始皇政权接受同意呢? 诸侯分封,宠命优渥,分土为治,怎可让后世臣民窥见、艳羡甚至效法呢? 分析至此,我们已经可以回答《诗经》学史上两个较为重要的问题:秦人为什么要禁绝《诗经》?《诗经》为什么是讲述教化的经书?

第二节　温柔敦厚

《礼记·经解》曰:"温柔敦厚,诗教也。"孔颖达《正义》曰:"温,谓颜色温润;柔,谓情性和柔。《诗》依违讽谏不指切事情,故云温柔敦厚,《诗》教也。"孔疏将温柔敦厚与《诗经》讽谏而不指切联系起来。讽谏这个词,容易让我们想到《邹忌讽齐王纳谏》,邹忌委婉地劝说齐王,而非直接指斥他的过错。讽就是风,风有上下,上行叫讽谏,不直言他人的过失,所以言之者无罪,闻之者足以自戒,"感而不切,微动若风"。下行叫风化,"言出而过改,犹风行而草偃,故曰风"。讽谏还有一个说法叫谲谏,委婉依违而非直截了当。

温柔敦厚,如何在《诗经》中呈现呢?《礼记集说》引长乐刘氏之言,曰:"诗有讽有刺,不淫不伤,是直而能温,柔而能立也。有颂有美,止乎礼义,无过美也,无虚颂也,是敦厚也。"《诗经》中作品多有寄托,有美刺,然而比较委婉,或者借赞美古代贤能美政以示对于当下的不满,或者借鸟兽草木之流离失所以寄托身世凄苦之情,或者借黎民百姓之孤苦以刺劳役之苛酷。所谓寄托美刺皆是依违示讥,并非痛斥丑诋。

清代焦循对温柔敦厚在《诗经》中的呈现，曾有精到分析。他认为，温柔敦厚主要表现在三个方面。首先，不直言，"夫诗温柔敦厚者也，不质直言之，而比兴言之"。比是比况，比方；兴是托物言志，以景抒情，以境抒情。比方的用处在于化晦涩为简易，化抽象难言为形象易感，化隔膜疏远为切己亲近。比兴的妙处在于整体氛围，渐次呈露，巧加感动，有蕴藉，有铺垫。比兴言之，体现了抒情达意的艺术性与巧妙性。以鸟兽之失常，比喻人生窘迫；风雨凄冷，渲染人生悲苦。其次，不言理，"不言理而言情"，言理则是非纷争，难以服人。阶层环境、学识经历不同，则见识深浅自有不同，所以言理则不胜争议，言情则人同此心。言理则高下悬隔，言情则彼此相通。第三，不胜人，"不务胜人，而务感人"。不胜人是不否定他人，肯定自己。不试图确立一己，而是感动他人，与人产生共鸣，建立同情。胜人者卓尔不群，超凡脱俗，感人者与人和同，与人为善。

《诗经》为什么要讽谏，而不是直接斥责呢？石林叶氏曰："教者上所以勉下，经者所以助成其教也。诗之规刺嘉美，要使人归于善而已，仁之事也，故其教则温柔敦厚。"按照古代天子的辟雍制度，南学成均以《诗》行教，培养仁德。《诗》教既然培养仁爱之德，自然要以中正无邪进行教育，循循善诱，引人入道。矫枉过正，不得中道，虽有纠正之效，但是邪枉之弊亦不在少。唯有中正温婉，方可博大幽远。孔子隆推中道而以狂狷为次，正是出于这种原因。

《诗》教温柔敦厚之说，历来也有质疑的声音。《新台》以籧篨刺卫宣公，"燕婉之求，籧篨不鲜"，《鹑之奔奔》曰"人之无良，我以为兄"，"人之无良，我以为君"；《墙有茨》以墙上蒺藜讽刺卫国贵族，"墙有茨，不可扫也。中冓之言，不可道也。所可道也？言之丑也"。《节南山》《正月》《板》与《荡》等讽刺幽王厉王，皆痛切指陈，丝毫不加以隐讳。尤其是《硕鼠》之诗，"相鼠有皮，人而无仪。人而无仪，不死何为？"直接以死咒人，丝毫不见温柔敦厚之气息。

不过，宋李樗、黄櫄撰《毛诗集解》却认为，不管《诗经》措辞如何激烈，其情志仍然不失中正。"夫喜怒哀乐未发谓之中，发而皆中节谓之和，方喜怒哀乐之未发则无思也。及喜怒哀乐之既发，然后有思焉。其思也正，则喜怒哀乐发而中节而和矣，其思也邪，则喜怒哀乐发而不中节而不和矣。故《诗》三百篇虽箴规美刺之不同，而皆合于喜怒哀乐之中节，以其思之正故也"。学诗者若能把握"诗无邪"这一要义，就能理解为何措辞激烈仍属温柔敦厚之范畴。

明朱朝瑛撰《读诗略记》，认为《诗经》美刺犹如《春秋》之褒贬，"触于闻见,发于性情",皆守中正不邪之町畦,"岂如后人之夸谀为佞、诋讦为戾者乎?"严虞惇《读诗质疑》认为诗之劝谏,有直言者,有婉言者,"《诗》有婉言之者,有直言之者,婉言之者辞文旨远,旁引曲喻,言者无罪而闻者足以戒,此谏法之所谓讽也"。不过,婉直虽有异,其情志归宿却是一致,同为温柔敦厚。"故激切乃见其欵诚,而戆直益形其妩媚,忠臣爱君,拳拳切至,要不失温柔敦厚之教而已。"后人不明此理,反而以忠诚爱国为过激,"后世歌功颂德,阳奉以圣明,令色甘言,自同于妇寺,以谨默为敦厚,以软美为温柔,臣谄君骄,家沦国丧。呜呼! 此固家父凡伯召穆公之罪人也"。

清代陈启源《毛诗稽古录》曾探讨温柔敦厚诗教达成之理路,"合而言之,诗教只是欲人正其性情,粹然无邪恶之杂。其初必自兴起善端始,故使之吟咏讽诵以感触其好恶之真,反观内省加检于人伦事物之际。久之,一切忿戾刻薄邪恶之累日化而不自知,由中达外,自有温柔敦厚之致,蔼乎其为有德之言矣"。有本方有末,扶正自可祛邪。"夫诗之有美刺,总迫于好善嫉邪,忠君爱国之心而然耳,此非性情? 必丑正党恶,视君亲如秦越,而后为性情邪?"陈氏认为,美刺怨恨同样出于性情之正。"孔子曰可以怨,孟子曰不怨则愈疏,未尝以怨为非也。惟其怨所以为温柔敦厚也,而朱子大讥之。是贡谀献媚、唯诺取容斯谓之忠爱,而厉王之监谤、始皇之设诽谤律足称盛世之良法矣。有是理乎?"陈氏否定朱熹的说法,认为面对混浊的时势,讽刺致怨恰是温柔敦厚。

至于《相鼠》一诗,从礼乐传统的角度看,礼仪乃人之为人的根本,是人类自别于禽兽的标志。人如果放弃这一根本,自同于禽兽,那么也就失去了顶天立地成为人的资格。虽然苟存于世,也形同行尸走肉,虽存若亡。清代御纂《诗义折中》从国家与个人的角度,提出新的解释,"《诗》之为教,温柔敦厚,至《相鼠》而激烈有以也。彼亲见卫之先人淫乱无礼,设使早死犹可以不亡,惟不幸而不死,是以稔恶而不可救,是不死而多为无礼,诚不如遄死之为愈也"。

焦循进而认为,明人因为不懂诗教在于温柔敦厚,故而自鸣其直,倾轧不已,忿毒相寻,害身祸国。"尝观《序》之言刺,如《氓》《静女》刺时,《简兮》刺不用贤,《芄兰》刺惠公,《匏有苦叶》《雄雉》刺卫宣公,《君子于役》刺平王,《叔于田》《太叔于田》刺庄公,《羔裘》刺时,《还》刺荒,《著》刺时不亲迎,《葛屦》刺褊,《汾沮洳》刺俭,《十亩之间》刺时,《伐檀》刺贪,《蟋蟀》刺晋僖公,《山有枢》《椒聊》刺晋昭公,《有杕之杜》刺晋武公,《葛生》《采苓》刺晋献公,《宛丘》刺陈幽公,《蜉蝣》刺奢,《鸤鸠》刺不壹,《祈父》《白驹》《黄鸟》刺宣王,

《宾之初筵》卫武公刺时，《鱼藻》《采菽》《黍苗》《隰桑》《瓠叶》刺幽王，《抑》卫武公刺厉王。求之诗文，不见刺意，惟其为刺诗，而诗中不见有刺意，此三百篇所由温柔敦厚，可以兴，可以观，可以群，可以怨也。后世之刺人，一本于私，虽君父不难于指斥，以自鸣其直，学诗三百，于《序》既知其为刺某某之诗矣，而讽味其诗文，则婉曲而不直言，寄托而多隐语，故其言足以感人，而不以自祸，即如《节南山》《雨无正》《小弁》等作，亦恻怛缠绵不伤于直，所以为千古事父事君之法也，若使所刺在此诗中，即明白言之，不待读《序》，即知其为刺某人之作，则何以为主文谲谏而不讦，温柔敦厚而不愚，人之多辟，无自立辟，泄治所以见非于圣人也。宋明之人，不知《诗》教，士大夫以理自持，以婞直抵触其君，相习成风，性情全失。"明代梁寅《诗演义原序》曰："《诗》以温柔敦厚而垂教者也，其为言也，既平易而易知，及讽咏之也，又足以感人心而易入。"

讲到最后，可以将杜甫的诗作为案例。《至德二载甫自京金光门出间道归凤翔乾元初从左拾遗移华州掾与亲故别因出此门有悲往事》曰："此道昔归顺，西郊胡正繁。今日胆犹寒，应有未招魂。近侍归京邑，移官岂至尊。无才日衰老，驻马望千门。"至德二年（公元 757 年），杜甫自金光门出长安，由小路投奔凤翔肃宗，担任左拾遗。十月，随肃宗返长安。但是第二年（公元 758 年），因为上疏为房琯求情，"言琯有才，不宜罢免"，惹怒唐肃宗，被贬为刺史，出为华州司功参军。这首诗描述了杜甫再一次经过金光门时的复杂感受，伤感无奈，留恋不舍，心有不甘，愤懑不平……但是诗文始终没有直接斥责君主。元和中，词人元稹曾论李白、杜甫之优劣，认为杜甫承六朝流连光景，淫艳刻饰，佻巧小碎，独能上薄风骚，下该沈宋，尽得古今体势，而兼众人之擅。元稹特别提到杜诗"风调清深"，今天看来杜甫深谙风骚"温厚敦厚"而不直切的传统，称为"诗圣"，实至名归。

第三节　赋诗言志

春秋时代诸侯士大夫常在燕享朝聘等礼仪场合朗诵《诗经》，伴以乐工演奏，通过这种方式表达自己的心志感受，从而达到沟通交涉的目的。据统计，《左传》中记载的赋诗七十余次，其中大部分赋诗都是引用《诗经》中现有的作品，极少现场的即兴创作。赋诗，对于赋者而言，是借诗歌来传达自己的思想感情，表达自己的立场，展示国家与个人的风采。对于听者、旁观者而言，可以通过赋诗来观察赋者的意图与修养水平。

春秋时期诸侯大夫赋诗言志大致分为两种类型:赋者自赋和作乐赋诗。关于二者不同,《左传正义》曾有分析,"诸自赋诗,以表己志者,断章以取义,意不限诗之尊卑。若使工人作乐,则有常礼"。赋诗以证明、总结自己的论述,在先秦古籍中较为多见。《左传》所载,亦不在少。鲁文公十年,文之无畏赋《大雅·烝民》"刚亦不吐,柔亦不茹",《大雅·民劳》"毋纵诡随,以谨罔极",为自己鞭打宋公之仆辩解壮势。鲁宣公二年,士会赋《大雅·荡》"靡不有初,鲜克有终",《大雅·烝民》"衮职有阙,惟仲山甫补之",劝谏晋灵公善始善终,及时改过。史官书赵盾弑君于书策,赵盾赋《邶风·雄雉》"我之怀矣,自诒伊戚",申诉自己为法受屈,表达惆怅。鲁宣公十一年,邵成子赋《周颂·赉》"文王既勤止",为以德求人、以勤求人的主张寻找依据。这方面最著名的事例见于鲁宣公十二年楚庄王赋诗论武,《左传》载曰:

> 夫文,止戈为武。武王克商,作《颂》曰:"载戢干戈,载櫜弓矢。我求懿德,肆于时夏,允王保之。"又作《武》,其卒章曰:"耆定尔功。"其三曰:"铺时绎思,我徂维求定。"其六曰:"绥万邦,屡丰年。"夫武,禁暴、戢兵、保大、定功、安民、和众、丰财者也。故使子孙无忘其章。

楚庄王旁征博引为自己的武德说进行论证,从而打消潘党设立京观的动议。

赋者自赋,尚见于《国语》《荀子》《韩诗外传》《新序》诸书,但是在宴享朝聘等典礼场合作乐赋诗,却主要见于《左传》记载。考虑到《诗经》在古代仁德教育中的重要地位,赋诗可以增加话语的权威性,给人留下深刻的印象,达到较好的表达效果。如果说赋者自赋主要是单方面的表达,那么作乐赋诗就是双方甚至多方的交流。礼尚往来,作乐赋诗必有往来,"自赋者,或全取一篇,或止歌一章,未有顿赋两篇者也。其使工人歌乐,各以二篇为断,此其所以异也"。表达有顺挫,交流有成败,比较而言,交流的要求更高。赋诗者不但要捕捉对方的情意,而且要得体地加以应对,契合具体的情境,使得双方甚至多方感到心满意足,心意达成。限于篇幅,本书所言赋诗主要指作乐赋诗,下文的论析也主要围绕此类赋诗展开。

一、赋诗言志何以可能

赋者听者能够通过诵诗进行交流,首先需要一个彼此熟稔的、通行的诗歌文本,赋者听者,彼此心领神会,达成理解。朱熹曰:"古人之诗,如今之歌典,虽闾里童稚,皆习闻之而知其说,盖古以诗书礼乐造士,人人皆能诵习,诗与乐相比附,人人皆能弦歌,宾客燕享,赋诗明志,不自陈说,但取讽喻,此为春秋最文明之事。"朱子言诗书礼乐造士,亦见于《礼记·王制》所载,曰:"乐正崇四术,立四教。顺先王诗书礼乐以造士。春秋教以礼乐,冬夏教以诗书。"诵诗习乐既是士人必备的文化素养,又以此熟习的文本作为交流的桥梁,由此及彼,自然会比较顺畅,不致隔膜不通。

其次,赋诗言志需要有一个多方接受的诠释策略,赋者、听者以及旁观者皆明了于心,断章取义,望表知里,闻诗识义。《诗经》作品重章叠句,反复咏叹,但是赋诗的场合,多是取其一章,或者数句,与全诗的关系较为灵活松散,可与诗旨相关,也可以引申发散,从中发掘社会政治、伦理道德、人生修养等意蕴。如果说诗无达诂,为《诗经》的自由理解打开了大门,那么熟知的经典诠释策略则为《诗经》的广泛运用提供了现实可行的方案。朱子曰:"惟其在《诗》义大明之日,诗人本旨,无不了然于心,故赋诗断章,无不暗解其意,而引《诗》以证义者,无不如自己出,其为正义,为旁义,无有淆混而歧误出。"诗文既熟习,诗义亦了然,故由诗及义,由赋诗而言志,遂成可行,不致误会不解。

再次,赋诗言志需要一批诗乐造诣、文化修养较高的贵族精英阶层。诗乐虽是造士之具,是士大夫必备的修养,但是做到烂熟于心、融会贯通且能运用自如实非易事。《诗经》的经典阐释固是一代风尚,耳濡目染,但是坚于自信且能用之得体亦非寻常之事。春秋时期固然有赵衰、子产等赋诗精英,但也有不谙赋诗的贵族。登高能赋是贤士大夫的基本素质,《汉书·艺文志》曰:"古者诸侯卿大夫交接邻国,以微言相感,当揖让之时,必称《诗》以谕其志,盖以别贤不肖,而观盛衰焉。故孔子曰不学《诗》,无以言也。"周代礼文之道,极为广博,兼赅生活的各个细节。贵族士大夫在典礼场合的一言一行、一举一动,都有相应的程式节度,混淆彼此阶层与特定场景,赋诗不当,往往成为名不副实、不堪其任、傲慢狂妄、内心怠惰的代名词,进而成为得失灾祸的前兆。诸国贤达往往从赋诗言志等细微环节看出吉凶祸福,原因也就在这里。

鲁昭公三年,十月,郑简公去到楚国,子产作为相礼者。楚灵王设享礼招待郑简公,赋《小雅·吉日》。享礼结束,子产立即准备打猎用具,楚灵王和郑简公随后在江南的云梦打猎。以赞美周宣王田猎之《吉日》,当此宜猎之秋,子产迅速做出准确判断,实为文采博雅之君子。鲁文公四年,卫国的宁武子来鲁国聘问,文公设宴招待,为他赋《湛露》和《彤弓》两首诗。宁武子没有辞谢,也没有赋诗回答。文公派使者私下探问,宁武子以为,《湛露》与《彤弓》皆诸侯朝王时所用,自己作为陪臣不敢冒用大礼,自取罪过。不谙赋诗言志者,则透露德行素养有亏,必将遭到惩罚,这方面以宋国华定为显例。鲁昭公十二年,夏,"宋华定来聘,通嗣君也。享之,为赋《蓼萧》,弗知,又不答赋"。昭子认为华定必定会逃亡,"宴语之不怀,宠光之不宣,令德之不知,同福之不受,将何以在?"

最后,赋诗言志需要有合宜的社会环境与文化氛围。后人谈到春秋社会,常用礼崩乐坏加以概括,其实礼乐大厦的坍塌非一朝一夕之事,而是经历了一个由微入显的过程。虽然,周天子的权威日渐衰微,天下共主的影响渐次扫地无余,但是霸主继起,天下秩序并未荡然无存。社会政治的相对稳定,使得各国贤士大夫在为政外交的过程中仍能践行礼乐文明,温婉含蓄的赋诗制度仍然得到尊重。不过此时的赋诗言志,更像是夕阳映照下的一抹红霞,虽然文采焕然,但是余光短浅。不久之后,活跃在政治舞台上的就是另外一批富贵在念的龌龊之徒,而欺诞、夸张等手段则大行其道。

二、赋诗言志竟欲何为

作乐赋诗既然发生在朝聘燕享等典礼场合,自然带有礼乐文化的特质,达成礼乐仪式的功能。首先,赋诗言志要表达宾主的情志,展示赋诗各方的风采,圆满完成礼仪环节。

鲁襄公二十七年,郑伯享赵孟于垂陇,郑国执政七子赋诗,各言其志,堪称享燕赋诗中的典范。首先,子展赋《召南·草虫》,"未见君子,忧心忡忡,亦既见止,亦既觏止,我心则降"。子展借诗义赞美赵孟为君子。面对子展的赞扬,赵孟一方面表示自己不敢当君子之名,"抑武也,不足以当之"。另一方面他对于子展忧国忧民之志,也表示赞叹,"善哉!民之主也。在上不忘降,故可以主民"。继而,伯有赋《鄘风·鹑之奔奔》,取其"人之无良,我以为兄","人之无良,我以为君",原诗是卫人刺其君淫乱,鹑鹊之不若。伯有赋此诗,义取人无善行,我反以为君,有嫌君之意。赵文子曰:"床第之言不逾阈,况在野乎?非使人之所得闻也。"诗刺淫乱,故赵文子说床第之言不出门,国家内政之事,非使者所得而闻。言下之意,伯有言论不当,可能会贻害自身。接着,子西赋《小雅·黍苗》,"肃肃谢功,召伯营之。列列征师,召伯成之",通过赋诗将赵孟比作召伯,赞扬赵文子为国事劬劳,鞠躬尽瘁。赵文子则对以"寡君在,武何能焉?"归善于君。子产赋《小雅·隰桑》,取其中的"既见君子,云何不乐",借女子见到丈夫的欢快心情,含蓄表达自己见到赵文子的愉悦,愿意尽心以事之。赵文子的答复同样诚恳谦虚,"武请受其卒章",取其中的"心乎爱矣,遐不谓矣,中心藏之,何日忘之",表示接受子产的劝诫教诲。两人对话颇有儒雅的君子之风，互相推敬，互相勉励，互相成就。子大叔赋《郑风·野有蔓草》，取其中的"邂逅相遇，适我愿兮"，表达与赵文子初次见面的欢喜。赵孟曰："吾子之惠也。"大叔既喜于相遇，故赵孟表示感激。印段赋《唐风·蟋蟀》，"无以大康，职思其居。好乐无荒，良士瞿瞿"。印段借诗说明重礼治国的道理，良士应该恪尽职守，无敢逸豫。因为戒惧不荒，故能保家卫国。赵孟对此表示赞赏，"善哉！保家之主也。吾有望矣"。公孙段赋《小雅·桑扈》，义取君子若有礼文，则必能受天之福祐。赵孟对曰："匪交匪敖，福将焉往？若保是言也，欲辞福禄，得乎？"对公孙段之言表示认同附和。

鲁昭公十六年，四月，郑国六卿在郊外为韩宣子饯行，先后赋诗言志。首先，子齹赋《郑风·野有蔓草》。取其中的"邂逅相遇，适我愿兮"，对韩宣子表示赞赏，宣子对曰："孺子善哉，吾有望矣。"君子爱惜君子，期望相成。子产赋《郑风·羔裘》，取其中的"彼己之子，舍命不渝"，赞美韩宣子见危授命，处变不变，守死善道。宣子曰："起不堪也。"表示谦退，不敢狂妄。子大叔赋《郑风·褰裳》，取其中的"子惠思我，褰裳涉溱。子不我思，岂无他人"，表示晋国如欲得到郑国归附，应当爱而思我，不要让郑国因为处境艰难转而投靠楚国。对此，宣子表态，不会再让郑国转投他国，"起在此，敢勤子至于他人乎？"子大叔对韩宣子的决心表示感谢，宣子又曰："善哉，子之言是。不有是事，其能终乎？"双方往来礼敬，终至情投意合。子游赋《郑风·风雨》，取其中的"既见君子，云胡不夷"。以君子许韩宣子，并且表达相见之悦。子旗赋《郑风·有女同车》，取其中的"洵美且都"，表达对宣子的喜爱之情。子柳赋《郑风·萚兮》，取其中的"倡予和女"，表达自己坚决拥护韩宣子倡议，维护和谐。对于子游、子旗、子柳的赞美和表态，韩宣子表示感谢和赞赏，"郑其庶乎！二三君子以君命贶起，赋不出郑志，皆昵燕好也。二三君子，数世之主也，可以无惧矣。"礼尚往来，面对郑国六卿的馈赠和赞美，韩宣献马且赋《周颂·我将》，取其中的"日靖四方"与"我其夙夜，畏天之威"，表示自己必将畏惧天威，维护和平，勠力靖乱。韩宣子的表态，得到子产的及时响应，"吾子靖乱，敢不拜德？"

鲁昭公十七年，春，小邾穆公来鲁国朝聘，昭公与之燕享。季平子赋《小雅·采叔》，取其中的"君子来朝，何锡与之"，将穆公比喻为君子。作为回应，穆公赋《小雅·菁菁者莪》，取其中的"既见君子，乐且有仪"，以君子赞许主人，同时表达相见之悦。对于小邾穆公在赋诗言志中的得体表现，昭子非常赞赏，"不有以国，其能久乎？"国家如欲长治久安，需要有学问有修养之人在位。

鲁成公九年，夏，季文子护送伯姬到宋国，与宋共公成婚。回到鲁国，成公享以酒食，席间文子赋《大雅·韩奕》之五章，诗曰："蹶父孔武，靡国不到。为韩姞相攸，莫如韩乐。孔乐韩土，川泽訏訏。鲂鱮甫甫，麀鹿噳噳。有熊有罴，有猫有虎。庆既令居，韩姞燕誉。"蹶父嫁女于韩侯，为女考察所居环境，以为韩国最好。季文子以此赞美鲁宣公、穆姜善于取择，伯姬所居极为快乐。此时，穆姜从房中出来，对季文子的奔波和赞美，表示感谢。"大夫勤辱，不忘先君以及嗣君，施及未亡人，先君犹有望也。敢拜大夫之重勤"。作为完整的应答，穆姜又赋《邶风·绿衣》之卒章，取其中的"我思古人，实获我心"，表明自己对于文子之言，深有同感。

鲁文公三年，晋襄公担心之前阳处父盟鲁公之事（大夫盟诸侯，失礼），招致鲁国怨恨，故而请求改盟。于是鲁文公再度赴晋，在享宴上，晋侯先赋《小雅·菁菁者莪》，取其中的"既见君子，乐且有仪"，以得礼君子赞许鲁文公。庄叔让文公降阶下拜，"小国在大国接受命令，岂敢对礼仪有所不谨慎？君王赐我们以重大典礼，还有什么比这再高兴的呢？小国的高兴，是大国的恩赐"。晋襄公走下台阶辞谢，再登上台阶，完成拜礼。宾主双方都按照礼节表示敬意和谦让，极有君子温婉之风。作为晋襄公赋诗的应答，鲁文公赋《大雅·嘉乐》这首诗，取其中的"显显令德，宜民宜人，受禄于天"，对晋侯功德福禄表示赞美，双方在友好的氛围中结束了享礼。

鲁昭公二年，春，晋侯使韩宣子到鲁国聘问。昭公设享礼，期间，季武子赋《大雅·绵》之卒章，"予曰有疏附，予曰有先后，予曰有奔奏，予曰有御侮"。文王有大颠、闳夭、散宜生、南宫适等四臣，发挥疏附、先后、奏奔、御侮之效，故能绵绵以致兴盛。季武子以晋侯比文王，以韩子比四辅，赞美之情，溢于言表。韩子赋《小雅·角弓》，取其中的"兄弟昏姻，无胥远矣"，表示晋鲁是兄弟之国，应该相亲相近，亲密无间。季武子拜谢宣子倡议，"敢拜子之弥缝敝邑，寡君有望矣"。作为回应，季武子再赋《小雅·节南山》的最后一章，义取"式讹尔心，以畜万邦"，赞美晋德广大，抚畜万邦。

可见，赋诗言志本是享宴场合的礼仪环节，宾主双方互致敬意、谢意和赞意。仪式通过诗歌将彼此内心的情意，表达出来，典雅蕴藉，同时也展示了诸侯大夫的礼乐修养。国家以贤能为捍卫，借由贤能在礼仪场合的展现，国家的综合实力可见一斑。从这个角度来看，赋诗言志的才能与其他需要长期演练、专注投入的才华一样，皆是个人内在综合素养与国家综合实力的反映。昭子对小邾穆公的赞赏，韩宣子对郑国六卿的赞叹，都反映了这层意思。

赋诗言志除了礼仪往来、展示风采、观察盛衰的作用之外，还可以言所难言，委婉含蓄而又非常高效地提要求，表意见，温情脉脉，适度适中，符合礼乐文明和贵族社会的准则。

鲁文公十三年冬季，文公到晋国朝见，同时重温过去的友好关系。卫成公在沓地会见文公，请求和晋国讲和。文公回国时，郑穆公在棐地会见文公，也请求和晋国讲和。鲁文公经过努力，一一帮助他们达成和议。棐地的宴会上，郑国子家赋了《小雅·鸿雁》，"鸿雁于飞，肃肃其羽。之子于征，劬劳于野。爰及矜人，哀此鳏寡。"子家义取侯伯哀恤鳏寡，故有征行之劳苦，委婉地表示郑国寡弱，还望鲁侯返回晋国，加以哀恤。季文子说："寡君也不能免于这种处境。"回赋了《小雅·四月》，曰："四月维夏，六月徂暑。先祖匪人，胡宁忍予？"意思是长期在外行役，较为辛苦，现在只想早日回到国家，举行祭祀。季文子实际上较为含蓄地表达了不想再度奔赴晋国。面对季文子的婉辞，子家又赋了《鄘风·载驰》，取其中的"我行其野，芃芃其麦。控于大邦，谁因谁极！"子家借许穆夫人的爱国诗句，间接表达了自己忧心忡忡的心理状态。犹如当年卫国仰仗齐宋等大国援助，郑国作为小国，此刻的处境非常艰难，同样渴望能够得到大国的帮助。子家没有直接哀怜求助，而是通过赋诗的形式巧妙移植了卫亡之后许穆夫人强烈的爱国情感，极有感人的力量。于是季文子赋了《小雅·采薇》，取其中的"岂敢定居？一月三捷"，应允愿意为郑国再赴晋国，不敢安居。郑穆公拜谢，鲁文公答拜。

鲁襄公十六年，冬季，穆叔到晋国聘问，告知齐国连年对鲁国进行侵伐的事情。晋国人说："由于寡君还没有举行结束三年丧期的禘祫祭祀，加之百姓也没有得到安息，所以不能派兵救援。如果不是这样，绝不敢忘记自己对鲁国的责任。"面对晋人的推托，穆叔拜见中行献子，赋《小雅·圻父》，曰："祈父，予王之爪牙。胡转予于恤，靡所止居？"诗意指责圻父身为王之爪牙，却不修职任，使得百姓遭受困苦流离之忧，无所安居。穆叔虽未直截了当地指责晋国废弃霸主的责任，尸位素餐，但是通过赋诗借用了诗人的指责，极有讥刺的效果。中行献子于是认错，表示将与鲁国戮力同心，"偃知罪矣。敢不从执事以同恤社稷，而使鲁及此！"在拜见范宣子的时候，穆叔赋了《小雅·鸿雁》，取其中的"鸿雁于飞，哀鸣嗷嗷。唯此哲人，谓我劬劳"，极言鲁国境况之困苦不堪，犹如鸿雁之流离失所。面对穆叔的赋诗，范宣子终于表态，"匄在此，敢使鲁无鸠乎？"誓将除去齐国兵寇，使鲁国人民得以安生。

鲁襄公十四年，夏季，诸侯大夫跟随着晋悼公进攻秦国，以报复栎地一役。晋悼公在国境内等待，让六卿率领诸侯的军队前进。到达泾水，诸侯的军队不肯渡河。叔向进见叔孙穆子，穆子赋《邶风·匏有苦叶》，曰："匏有苦叶，济有深涉。深则厉，浅则揭。"李巡注云："济，渡也。水深则厉，水浅则揭衣渡也。不解衣而渡水曰厉。"穆子之意，不管水浅水深，济河之志不改。叔向闻此，就赶紧让人准备船只，结果鲁国人、莒国人先渡河。穆子赋诗言志，委婉而坚定。

鲁文公八年，应先蔑、士会之请，秦康公送公子雍到晋国。但是赵盾在穆嬴强大的压力之下，不得已背弃之前与先蔑的约定，转而拥立灵公，发兵抵御秦人。四月初一日，晋国军队在令狐打败秦军，一直追到刳首。初二日，先蔑逃亡到秦国，士会跟着他。之前，先蔑出使秦国的时候，荀林父曾经劝阻他，"夫人、大子犹在，而外求君，此必不行"，先蔑没有听从。荀林父为他赋《大雅·板》第三章，曰："我虽异事，及尔同寮。我即尔谋，听我嚣嚣。我言维服，勿以为笑。先民有言，询于刍荛。"荀林父出于同僚情谊，尽力劝阻，但是先蔑没有听取，终至流亡。从朋友劝谏的角度而言，荀林父之言可谓仁至义尽。虽然没有声泪俱下，歇斯底里，但是通过赋诗将自己比作刍荛，亦可谓用心良苦，忠言款款。

鲁僖公二十三年，秦穆公设享宴之礼招待晋公子重耳。子犯说："我不如赵衰那样有文采，请您让赵衰跟随赴宴。"公子在宴会上赋《河水》这首诗，表达自己对秦国的朝宗之意。秦穆公赋《小雅·六月》，表示自己视公子重耳为匡佐天子的侯伯，犹如尹吉甫佐宣王征伐，而不是流亡失所、寄人篱下的"亡人"。秦穆公实际上暗示了自己支持重耳回国的立场，不过表达得非常微妙隐约。赵衰非常敏感地把握了这一层信息，于是赶紧让重耳行礼，表示领受和感激。于是，"公子降，拜，稽首，公降一级而辞焉"。

鲁襄公八年，晋国范宣子来鲁国聘问，拜谢鲁襄公的朝见，同时报告将要出兵郑国。襄公设享礼招待他，范宣子赋《召南·摽有梅》，以梅盛则衰，求女宜及其时，隐约表达了希望鲁国尽快同晋国一道出兵，不要延误。季武子以草木为喻，将晋国比喻为草木，鲁国是晋国散发出来的气味，紧密联系，决不脱离。作为回答，季武子赋了《小雅·角弓》，义取兄弟婚姻，无相疏远，宽解劝慰范宣子的心志，显得非常得体合宜。以赋诗的方式进行劝勉，可以在委婉隐约的氛围中让对方心平气和地接受建议。如果直接要求，不仅气氛紧张，语气生硬，而且易致不谐。

三、赋诗言志终归何处

鲁定公四年，秦哀公为楚申包胥赋《无衣》，是《左传》最后一则赋诗，此后数百年间湮没不闻。追本溯源,这与春秋战国之际的社会背景有关系。

春秋时期,社会仍然奉行周礼,列国朝聘盟会必赋诗言志。战国时期,风气大变,周代礼乐文明渐趋没落,德治、礼治被弃置不顾,列国纷争,分裂对立的局势愈演愈烈。《战国策》云:"至秦孝公,捐礼让而贵战争,弃仁义而用诈谲,苟以取强而已矣。夫篡盗之人,列为侯王;诈谲之国,兴立为强……晚世益甚,万乘之国七,千乘之国五,敌侔争权,盖为战国,贪饕无耻,竞进无厌,国异政教,各自制断,上无方伯,力功争强,胜者为右,兵革不休,诈伪并起。"此时,往来于各诸侯国之间者不再是文质彬彬的朝臣,而是巧舌如簧的策士。他们游说列国的动机已经发生变化,用苏秦的话来讲,"安有说人主,不能出其金玉锦绣,取卿相之尊者乎?"从为君主分忧解难,平定风波,到希求荣华富贵,谋求名利相位,这是一个突出的转捩点。战国策士由春秋行人发展而来,但舍弃其典雅文辞,代之以铺张扬厉、纵横捭阖之风。此时,温柔敦厚的赋诗活动已不能适应政治外交形势的需要,谋士纷纷以铺陈、比喻和夸张来增强语言的气势,以实现劝服人主、获取高官厚禄的功利目的。

此时,另一种形式的"赋诗"开始崛起,即策士游臣在酒席间即兴创作并吟唱诗歌,以抒发个人心志。虽然还保留有春秋赋诗的痕迹,但已演变为迥然不同的诗歌创作方法。

第四节 熟识人情

文学批评史上,常把"诗言志"与"诗言情"分为不同的时期,前者代表《诗经》时代,后者指代魏晋之后的文学潮流。这种区分容易给人一个错觉,以为《诗经》的作品多言志,并不注重抒情。其实,这是一个误解,《诗经》对于人情有非常深刻的认识,也有非常高超的抒情技巧。

第五讲《诗经》选讲

在六经系统中,《诗经》即是依情施教。《毛诗正义》曰:"六情静于中,百物荡于外,情缘物动,物感情迁。若政遇醇和,则欢娱被于朝野,时当惨黩,亦怨刺形于咏歌。作之者所以畅怀舒愤,闻之者足以塞违从正。发诸情性,谐于律吕,故曰感天地,动鬼神,莫近于《诗》。此乃《诗》之为用,其利大矣。"《诗经》的教化正建立在熟识人情的基础上。

首先,人之为人,情理兼备。无理则失智,混沌无知,与禽兽无别。无人情则淡漠疏远,无情则无亲,独来独往,难以融入社会,同样与禽兽无别。情理皆备,有情有理,方为成人。这里以《卫风·伯兮》为例,加以分析。按照毛序的说法,这首诗是卫宣公时期人民思念长期在外服役的亲人,"刺时也。君子之人,言君子行役,为王前驱,过时而不反焉"。值得注意的是,这首诗反对劳役过度的主题,是通过描述女子的心态得到表达。"伯兮朅兮,邦之桀兮。伯也执殳,为王前驱"。执殳开道,维持秩序,巡行道路,光耀异常,符合女子心目中理想配偶的标准。"自伯之东,首如飞蓬。岂无膏沐?谁适为容!"女为悦己者容,夫既不在,竟至全无容饰,首如蓬草,传神地道出女子情动于中、恩爱难舍、百无聊赖之情状。"其雨其雨,杲杲出日。愿言思伯,甘心首疾!"为求厮守,竟然祈望下雨,中止服役。情之所至,言语行事,皆失理度。"焉得谖草,言树之背?愿言思伯,使我心痗!"情不自胜,转向求外,冀得谖草以忘忧。这种希冀,与其说是痴心妄想,不如说是情深寂苦。全诗抓住思妇的心态,生动传神地刻画了一个深情无奈的抒情主人公形象,展示了情理兼具的真实人性,贴合实际,引起无数后人的内心共鸣,极有感染力量。

以理视之,物各有度,不容混淆。日短月长,本是常理,然以人情渴望处之,则日长逾岁。"彼采葛兮,一日不见,如三月兮。彼采萧兮,一日不见,如三秋兮。彼采艾兮,一日不见,如三岁兮"。又如,"青青子佩,悠悠我思。纵我不往,子宁不来?挑兮达兮,在城阙兮。一日不见,如三月兮!"广狭大小,亦有常度,然以人情急切处之,则黄河之广不容刀,"谁谓河广?一苇杭之。谁谓宋远?跂予望之。谁谓河广?曾不容刀。谁谓宋远?曾不崇朝"。失去常理,不合常度,恰恰暗合人情的真实感受。稳定不变的道理与起伏不定的感受,都是人性的真实状况。《诗经》抓住了这些真实的心理感受,也就把握了真实的人情世界。

其次,人情易感,由外而内,永无止息。《礼记·乐记》曰:"人生而静,天之性也。感于物而动,性之欲也。物至知知,然后好恶形焉。"好恶即情,人性不见物,则情欲不生。然而,物之感人也无穷,"夫物之感人无穷,而人之好恶无节,则是物至而人化物也"。后世李清照说"才下眉头,却上心头",李煜说"春花秋月何时了",其妙处也正在于道出人情易感、忧愁难了的真实情形。其实,《诗经》早已写出此种意蕴。此处以《王风·君子于役》为例加以分析。同样是反对行役无期,《君子于役》则从另外一个角度展示了人情易感的道理。"君子于役,不知其期,曷至哉?鸡栖于埘,日之夕矣,羊牛下来。君子于役,如之何勿思!"役期漫长,思念牵挂,无时无刻不在。不过规律性的日常劳作,使得牵挂和思念带有节奏感,使得思想具有时刻性的特点。思念牵挂总是在一天或一年中的某个时刻点,特别容易点燃,格外强烈。这个时刻点,就是诗意的时刻。

中国传统社会以农业耕作为主,日出而作,日落而息。这使得日落时分成为诗意时刻,进入文学创作的世界。日暮时分既可以用来衬托游子的思乡之情,也可以用来渲染思妇的怀人之感。在家的人,结束了一天的劳作,牛羊鸡犬回到圈舍,清点农具和禽畜,此时此刻,对服役未归之人的思念油然而生。"日暮乡关何处是?烟波江上使人愁",暮色渐起,何处是故乡?烟雾弥漫江面,不由得使人愁绪顿生。"移舟泊烟渚,日暮客愁新",小船停靠在烟雾迷蒙的小洲,日暮时分,新的愁绪,又涌上心头。"茫茫江汉上,日暮欲何之?"前路漫漫,日暮思归,而你却要奔向何方呢?"愁因薄暮起,兴是清秋发"。清秋往往催生兴致,而薄暮常常带来忧愁。日出是离家耕作和出外奔波的时刻,日落是回家休憩和家人团聚的时刻,清晨与征程相连,薄暮与家园相关。钱钟书《管锥篇》有"暝色起愁"一条,说的也正是这种文化心理。

再次,人情辗转,由此及彼,由人及物,相生相随。情之所发,皆有系属,然而对象或可移易辗转。这里以《召南·甘棠》为例,"蔽芾甘棠,勿翦勿伐,召伯所茇。蔽芾甘棠,勿翦勿败,召伯所憩。蔽芾甘棠,勿翦勿拜,召伯所说。"郑笺云:"召伯听男女之讼,不重烦劳百姓,止舍小棠之下而听断焉。国人被其德,说其化,思其人,敬其树。"《毛诗正义》云:"国人见召伯止舍棠下,决男女之讼,今虽身去,尚敬其树,言蔽芾然之小甘棠,勿得翦去,勿得伐击,由此树召伯所尝舍于其下故也。"由爱其政教,至爱其为人,终于爱其所茇、所憩、所说之树。移易辗转,适见人情可以推广扩充,由近及远,由促狭至广大。又如《邶风·静女》,"静女其娈,贻我彤管。彤管有炜,说怿女美。自牧归荑,洵美且异。匪女之为美,美人之贻。"清人王先谦曰:"女,女荑。夫人言此荑非彤管比,而我得之以为信美可悦者,非女荑之为美也,所以如此者,美此人之贻我,重其人,因爱其物耳。"西谚有"爱我则爱我之犬"(Love Me, Love My Dog),由人及物,中西同然,实则人情之辗转移易使然。

最后,人情易反,极盛转衰。忧愤相催,难以长久。情之所至,手舞足蹈,声泪俱下,然人心有限,情动不已,终难持久。或弃置不言,或者出游写忧,或转而自宽,涂辙不一,易反则同。《邶风·燕燕》,毛序以为卫庄姜送归妾也。"燕燕于飞,差池其羽。之子于归,远送于野。瞻望弗及,泣涕如雨!"情能动人,感伤不已,亦难永久。《邶风·柏舟》"耿耿不寐,如有隐忧","威仪棣棣,不可选也。忧心悄悄,愠于群小。觏闵既多,受侮不少。静言思之,寤辟有摽",忧不自胜,难以排解,终致自戕,故有《竹竿》之出游以写忧。"淇水滺滺,桧楫松舟。驾言出游,以写我忧"。卫女思归,何日不有,然远莫致之,故出游以写忧。亦有《北门》之以天命自宽,"出自北门,忧心殷殷。终窶且贫,莫知我艰。王事适我,政事一埤益我。我入自外,室人交徧谪我。已焉哉,天实为之,谓之何哉!"穷愁困苦,内外不平,生无所聊,惟赖天命以自我宽解,不致自我戕伤。又有弃妇之无可奈何,弃置而已,"总角之宴,言笑晏晏。信誓旦旦,不思其反。反是不思,亦已焉哉!"人生艰难,为求安适,自当抛却不快,安顿情志,故而情盛必衰,至极而反,既是理之当然,也是生命的内在需求。

虽然《诗经》以情施教,深识人情,不过动辄以世俗人情解诗,亦属不当。《经学通论》曰:"如《关雎》三家以为诗人求淑女以配君子,毛以为后妃求贤以辅君子,皆不以寤寐反侧属文王。俗说以为文王求太姒至于寤寐反侧,浅人信之,以为其说近人情矣,不知独居求偶,非古圣王所为。且如其说,则《关雎》与《月出》《株林》,相去无几,正是乐而淫,哀而伤,孔子何以称其不淫不伤,取之以冠篇首。试深思之,则知俗说不可信矣。"皮氏所言,值得借鉴。

第六讲 "三礼"选讲

《诗经》有一首诗,名曰《相鼠》。"相鼠有皮,人而无仪。人而无仪,不死何为",初读之下,难免疑惑。中国人号称礼仪之邦,不懂礼,确实不好,但是又何至于说"不死何为"是否斥责过重,不懂礼的后果竟然如此严重?《论语》记载,孔子有一次对孔鲤说,"不学礼,无以立"。不学礼,竟然无法立足于社会。不能立,那么只能爬行,实际上也就变成动物了。

《礼记》中说,人之为人,人之所以区别动物,并不是因为有语言,而是人有礼仪。动物没有礼仪,所以父子聚麀,失去伦常。"鹦鹉能言,不离飞鸟。猩猩能言,不离禽兽。今人而无礼,虽能言,不亦禽兽之心乎?夫唯禽兽无礼,故父子聚麀"。麀原意是母鹿,泛指母兽。聚麀是指兽类父子和同一个母兽交配,这种事情发生在人类社会就是乱伦。《红楼梦》中说,"况知与贾珍贾蓉等素有聚麀之诮",即是暗示贾珍和儿子贾蓉的妻子秦可卿有染。在"焦大夜骂"那一段,焦大所骂的"爬灰的爬灰",也是在说这个意思。所以,如果没有礼,母亲和普通女子没有区别,姐妹和普通异性没有区别,人类社会将沦落为动物世界,人也失去了作为人的资格,与禽兽无别。《曲礼》曰:"是故圣人作,为礼以教人,使之以有礼,知自别于禽兽。"因为礼是人类自别于禽兽的标志,所以《诗经》和孔子才会说出这样严重的话。

第一节 礼之为物

那么礼到底是什么呢?今天我们看到的记载古礼的书主要有三部,称为"三礼",即《周礼》《仪礼》《礼记》。宋代司马光、朱熹等人有《书仪》《家礼》

一类的著作,但是根本还是这三部礼书。从"三礼"元典当中,我们可以发现:礼是制度,称为礼制;礼是仪式,称为礼仪;礼是准则,称为礼节;礼是器物,称为礼器;礼是思想,有深意,称为礼义。礼包括了人类社会各个层面的知识经验、制度规则和思想智慧,礼就是文化,是人类提升自己,改造自然、调谐社会的文明成果。

第六讲"三礼"选讲上

一、礼是制度,称为礼制

《礼记》中有一篇文章叫做《王制》,东汉卢植说,汉文帝曾经有意推行儒道,组织儒生博士编写《王制》。清代陈寿祺持怀疑意见,认为此篇文献并非汉文帝时期所作。"今《王制》无一语及封禅,言巡守者,特一端耳。司马贞《史记索隐》引刘向《别录》云文帝所造书有本制、兵制、服制篇,以今《王制》参检,绝不相合。此则博士所作《王制》,或在《艺文志》礼家古封禅群祀二十二篇中,非《礼记》之《王制》也"。虽然《王制》此篇未必是汉文帝时期博士所作,但是主要记载制度却是一目了然。朱子曰:"《周礼》《王制》是制度之书",可谓的论。这篇礼学文献记载了古代的班爵制度、授禄制度、赋税制度、职官制度、刑罚制度、朝聘制度、天子巡守制度、学校教育制度以及选举晋升制度。

大致说来,王者制度,禄爵制度很重要,食官禄受爵位之人,总共有五等:公侯伯子男,五等爵位都是南面之君。诸侯之下,北面之臣,有上大夫卿,有下大夫,有上士,有中士,有下士,也是五等。天子禄田方千里,公侯禄田方百里,伯禄田方七十里,子男禄田方五十里,禄田不足五十里者附于诸侯,称为附庸。此下诸侯大夫,各以差秩。这是班爵授禄制度。

周礼赋役之征,唯有九职、九赋二制。九赋者:一曰邦中之赋,二曰四郊之赋,三曰邦甸之赋,四曰家削之赋,五曰邦县之赋,六曰邦都之赋,七曰关市之赋,八曰山泽之赋,九曰币余之赋。九职者:一曰三农,生九谷;二曰园圃,毓草木;三曰虞衡,作山泽之材;四曰薮牧,养蕃鸟兽;五曰百工,饬化八材;六曰商贾,阜通货贿;七曰嫔妇,化治丝枲;八曰臣妾,聚敛疏材;九曰间民,无常职,转移执事。国家主要开支所仰仗者唯有九赋一制,所以九赋也被称为九正。九职是力役之征,仅用以充实府库,以备非常之用。所谓里布、夫家之征,不过用来惩治禁止懒惰懈怠之人,并不是国家开支主要来源。汉高帝减轻田租,十五而税一,文帝时诏收天下农民一半的租税,三年,又全部免除农民的田租,汉景帝时令民半出田租,三十而税一。这些政策都是周代九赋的范围。"汉高帝四年,初为算钱,文帝时丁男三年而一事,民赋四十,景帝时二十始傅。此放周之九职也"。傅与赋通,这些都是周代九职的范围。汉武帝在田租、力役外又增口钱,虽未成年丁壮,也命令出赋,前古无有。唐代百姓有田租,有家调,有身庸。田租输粟,家调输布,身庸役力,这是沿袭战国以来粟米、布缕、力役三征的弊政。这是礼制中的赋税制度。

"三礼"中的《周礼》原名《周官》,主要讲设官分职之事。天子设六卿:天官冢宰、地官司徒、春官宗伯、夏官司马、秋官司寇、冬官司空。六卿各有职掌,各有属官,各有制度。(1)冢宰以治典、教典、礼典、政典、刑典、事典等六典治理邦国;以官属、官职、官联、官常、官成、官法、官刑、官计等八法治理官府;以祭祀、废置、禄位、赋贡、礼俗、刑赏、田役等八则治理都鄙;以爵、禄、予、置、生、夺、废、诛等八柄治理群臣;以亲亲、敬故、进贤、使能、保庸、尊贵、达吏、礼宾等八统治理万民;以九职任万民;以九赋敛财贿;以祭祀之式、宾客之式、丧荒之式、羞服之式、工事之式、币帛之式、刍秣之式、匪颁之式、好用之式等九式合理使用国家财富;以祀贡、嫔贡、器贡、币贡、材贡、货贡、服贡、斿贡、物贡等收纳邦国的贡物用器;以牧、长、师、儒、宗、主、吏、友、薮等九两联缀团结邦国之民。(2)大司徒以散利、缓刑、薄征、缓刑、弛力、舍禁、去几、眚礼、杀哀、蕃乐、多昏、索鬼神、除盗贼等十二荒政聚集万民;以宫室、坟墓、兄弟、师儒等六俗安定万民;以美宫室、族坟墓、联兄弟、联师儒、联朋友、同衣服等旧俗安定庶民;以六德、六行、六艺等乡三物教育推举万民;以不孝之刑、不睦之刑、不姻之刑、不弟之刑、不任之刑、不恤之刑、造言之刑、乱民之刑等乡八刑纠察禁止万民。(3)大宗伯掌管五礼制度,具体名目可以表列如下(表 6-1):

表 6-1　大宗伯掌五礼表

五礼	吉礼以事邦国之鬼神示	以禋祀祀昊天上帝
		以实柴祀日月星辰
		以槱燎祀司中司命风师雨师
		以血祭祭社稷五祀五岳
		以狸沈祭山林川泽
		以疈辜祭四方百物
		以肆献祼享先王
		以馈食享先王
		以祠春享先王
		以禴夏享先王

续　表

五礼	吉礼以事邦国之鬼神示	以尝秋享先王
		以烝冬享先王
	凶礼以哀邦国之忧	以丧礼哀死亡
		以荒礼哀凶札
		以吊礼哀祸灾
		以禬礼哀围败
		以恤礼哀寇乱
	宾礼以亲邦国	春见曰朝
		夏见曰宗
		秋见曰觐
		冬见曰遇
		时见曰会
		殷见曰同
		时聘曰问
		殷眺曰视
	军礼以同邦国	大师之礼,用众也
		大均之礼,恤众也
		大田之礼,简众也
		大役之礼,任众也
		大封之礼,合众也
	嘉礼以亲万民	以饮食之礼,亲宗族兄弟
		以昏冠之礼,亲成男女
		以宾射之礼,亲故旧朋友
		以飨燕之礼,亲四方之宾客
		以脤膰之礼,亲兄弟之国
		以贺庆之礼,亲异姓之国

（内容来自《周礼注疏》）

大宗伯还以一命受职、再命受服、三命受位、四命受器、五命赐则、六命赐官、七命赐国、八命作牧、九命作伯等九仪之命端正邦国之位；以王执镇圭、公执桓圭、侯执信圭、伯执躬圭、子执谷璧、男执蒲璧等六瑞等列邦国；以孤执皮帛、卿执羔、大夫执雁、士执雉、庶人执鹜、工商执鸡等六禽挚排列诸臣；以苍璧礼天、以黄琮礼地、以青圭礼东方、以赤璋礼南方、以白琥礼西方、以玄璜礼北方等六玉器以礼敬天地四方。（4）大司马以建邦国之九法，辅佐君王平定邦国：制畿封国以正邦国，设仪辨位以等邦国，进贤兴功以作邦国，建牧立监以维邦国，制军诘禁以纠邦国，施贡分职以任邦国，简稽乡民以用邦国，均守平则以安邦国，比小事大以和邦国；以九伐之法正邦国：冯弱犯寡则眚之，贼贤害民则伐之，暴内陵外则坛之，野荒民散则削之，负固不服则侵之，贼杀其亲则正之，放弒其君则残之，犯令陵政则杜之，外内乱鸟兽行则灭之。（5）大司寇以建邦之三典，辅佐君王治理刑邦国，谨诘四方：一曰刑新国用轻典，二曰刑平国用中典，三曰刑乱国用重典；以五刑纠万民：一曰野刑，上功纠力，二曰军刑，上命纠守，三曰乡刑，上德纠孝，四曰官刑，上能纠职，五曰国刑，上愿纠暴。（6）小司寇以五声听狱讼，求民情：一曰辞听，二曰色听，三曰气听，四曰耳听，五曰目听；以八辟丽邦法，附刑罚：一曰议亲之辟，二曰议故之辟，三曰议贤之辟，四曰议能之辟，五曰议功之辟，六曰议贵之辟，七曰议勤之辟，八曰议宾之辟；以三刺断庶民狱讼之中：一曰讯群臣，二曰讯群吏，三曰讯万民。（7）士师以五禁之法，辅助刑罚：一曰宫禁，二曰官禁，三曰国禁，四曰野禁，五曰军禁；以五戒辅助刑罚，毋使罪丽于民：一曰誓，用之于军旅，二曰诰，用之于会同，三曰禁，用诸田役，四曰纠，用诸国中，五曰宪，用诸都鄙。

二、礼是仪式，称为礼仪

"三礼"的《仪礼》，主要讲礼仪，完整记载人生历程中的重要仪式。《士冠礼》记载贵族男子成年礼的过程和仪式，主要仪式可以表列如下（表6-2）：

表6-2 冠礼仪节表

筮日	筮于庙门
戒宾	主人戒宾，宾礼辞，许
筮宾	前期三日，筮宾，乃宿宾
为期	厥明夕，为期于庙门之外
初加	加缁布冠，冠者服玄端爵韠
再加	加皮弁，冠者服素积素韠

续　表

三加	加爵弁,冠者服缥裳靺
宾醴冠者	宾受醴于户东,冠者筵西拜受觯,宾东面答拜
冠者见母	冠者降筵,降自西阶,适东壁,北面见于母
宾字冠者	冠者立于西阶东,南面,宾字之,冠者对
冠者见兄弟	冠者见于兄弟,兄弟再拜,冠者答拜
冠者见君	冠者服玄冠、玄端、爵韠,奠挚见于君
醴宾	乃醴宾以一献之礼
送宾归俎	宾出,主人送于外门外,再拜,归宾俎

（内容来自《仪礼注疏》）

《士婚礼》记载士人婚礼的过程和仪式,主要仪式可以表列如下（表6-3）：

表6-3　婚礼仪节表

纳采	纳采用雁。主人筵于户西,使者玄端至。当阿,东面致命
问名	宾执雁,请问名,主人许。宾入,授,如初礼
礼使者	摈者出请,宾告事毕。入告,出请醴宾
纳吉	纳吉,用雁,如纳采礼
纳征	纳征,玄纁束帛、俪皮,如纳吉礼
请期	请期,用雁。主人辞,宾许,告期,如纳征礼
亲迎	婿御妇车,授绥,姆辞不受。妇乘以几,姆加景,乃驱。御者代
成礼	妇至,主人揖妇以入。及寝门,揖入,升自西阶。媵布席于奥
见舅姑	夙兴,妇沐浴。纚笄、宵衣以俟见。质明,赞见妇于舅姑
赞醴妇	赞醴妇。席于户牖间,侧尊甒醴于房中。妇疑立于席西
馈舅姑	舅姑入于室,妇盥,馈。特豚,合升,侧载,无鱼腊,无稷
舅姑飨妇	舅姑共飨妇以一献之礼。舅洗于南洗,姑洗于北洗,奠酬
飨送者	舅飨送者以一献之礼,酬以束锦。姑飨妇人送者,酬以束锦
妇庙见	若舅姑既没,则妇入三月,乃奠菜。席于庙奥,东面,右几

（内容来自《仪礼注疏》）

《乡饮酒礼》记载乡大夫举行的饮酒敬贤活动的过程和仪式。主要包括谋宾戒宾、速宾迎宾、主人献宾、宾酢主人、主人酬宾、主人献介、介酢主人、主人献众宾、一人举觯、升歌三终、献工、笙奏三终、献笙、间歌三终、合乐、司正安宾、司正表位、宾酬主人、主人酬介、众宾旅酬、二人举觯、彻俎、坐燕、宾出等仪式环节。

《燕礼》记载古代贵族在政余闲暇之时,为联络与下属的感情而宴饮的礼仪。燕礼可以是为特定的对象而举行的,如出使而归的臣僚、新建功勋的属官、聘请的贵宾等,也可以是无特殊原因而宴请群臣。主要包括告戒设具、君臣就次、命宾、命执役者、纳宾、主人献宾、宾酢主人、主人献公、主人自酢、主人酬宾、二人媵爵、旅酬、主人献卿、二大夫媵觯、为卿举旅、主人献大夫、升歌、献工、公三举旅、奏笙、献笙、间作合乡乐、立司正、主人献士、因燕而射、宾媵觯于公、士举旅酬、主人献庶子、无算爵无算乐、燕毕宾出等仪式环节。

《大射礼》记载是天子在重大祭祀之前,为了挑选助祭者而举行的射礼。大射礼的礼法,见于《仪礼》的《大射仪》。主要仪式包括戒百官、射日陈具、命宾纳宾、主人献宾、宾酢主人、主人献公、主人受公酢、主人酬宾、二人媵觯、旅酬、主人献卿、再媵觯、为卿举旅、主人献大夫、作乐、立司正、请射纳器、司射诱射、三耦射、三耦取矢、将射命耦、三耦拾矢、三耦再射、君与宾耦射等仪式。

《聘礼》记载诸侯贵族之间的高级会见礼仪,主要环节包括:命使、授币、告祢、受命、过他邦假道、豫习威仪、至竟迎入、入竟展币、郊劳、致馆设飧、聘享、私觌、宾礼毕出公送宾、卿劳宾、归饔饩于宾介、宾问卿面卿、夫人归礼宾介、大夫饩宾介、主国君臣飨食宾介、还玉报享、宾将行,君馆宾、宾行主国赠送、使者反命等仪式环节。

《士丧礼》记载一个人从死亡到下葬、安魂、祭祀,由生到死、由吉到凶、又由凶到吉的整个过程和仪式。主要仪节包括:复魂、使人赴君、君使人吊、亲者庶兄弟朋友襚、为铭、沐浴、饭含、袭尸、设重、小敛、大敛、殡、成服、朝夕哭奠、筮宅兆、哭椁哭器、卜葬日等仪节。

三、礼是准则,称为礼节

《礼记·曲礼上》说,"坐如尸,立如齐",坐要有坐相,站要有站相。这是站立坐姿的准则。"帷薄之外不趋,堂上不趋,执玉不趋。堂上接武,堂下布武。室中不翔",趋,小步快走的样子,有些地方,有些时候,需要小步快走表示恭敬,有些时候,恰恰不能快手快脚。堂上要前脚接着后脚走路,堂下才可以放开步子走路。这是走路的准则。"俨若思,安定辞",这是说话的准则。"凡为人子之礼,冬温而夏清,昏定而晨省,在丑夷不争","出必告,反必面。所游必有常,所习必有业。恒言不称老",这是作为子女的准则。"户外有二屦,言闻则入,言不闻则不入"。也就是不能贸然闯进别人的房间里;"将入户,视必下。入户奉扃,视瞻毋回",也就是进到别人的房间,不要四处张望,鬼头鬼脑。"户开亦开,户阖亦阖。有后入者,阖而勿遂"。不要离开人间的房间,咣当一下,把门关上。"毋践屦,毋踖席,抠衣趋隅,必慎唯诺",不要踩着别人的鞋子进屋,不要跨过别人的座席。这些都是拜访做客时的准则。"君子不尽人之欢,不竭人之忠,以全交也",这是交友的准则。如果别人送你礼物,可以接受,但是尽量不要全部拿过来,而且最好有礼物交换。礼尚往来,来而不往,非礼也。他人送你礼物之时,或许真心实意,但是精致的礼品,人所共喜,如果你将其全部取走,而别人手上没有该物,此后,他或许感到遗憾和难过。好的朋友关系不能让他人感到难过。此所谓不尽人之欢,不竭人之忠。

四、礼是器物,称为礼器

钱玄先生曾经编了一本《三礼名物通释》,由江苏古籍出版社出版。包括:衣服篇,讲述布帛、色采、冠冕、衣裳、服制等内容;饮食篇,讲述饭食、酒浆、膳牲、荐羞、器皿、饮食等内容;宫室篇,讲述都城、中城、房屋结构、堂序房室、门塾庭阶、寝庙深广、辟廱明堂等内容;车马篇,讲述车马称谓、车舆形制、马名马饰、乘车之马、驾马之法等内容。礼之施行,必须依托相应的器物,孔子说"俎豆之事",俎和豆,就是古代祭祀、聘问场合常用的两种礼器。

古之宫室、衣服、饮食等,都与今天不同。因为古今不同,所以今人常有误解之言。大致说来,古代宫室皆南向,外为大门,门侧左右,皆有堂室,谓之塾。内为寝门,中为庭,三分庭一在北的位置是碑。再上为阶,有东阶,即阼阶,西阶,即客阶。升堂为东西堂,有东西荣,即屋檐。有东西序,即堂上墙壁,序南称为序端,序北称为序内。有两楹,有柱,有栋,有楣,有庪。上为户牖间,是为堂上东西之中。其后为室,室为宫室尊贵之处,西南隅谓之奥,西北隅谓之屋漏,东南隅谓之窔,东北隅谓之宧。两旁为东西房,东房后有北堂,宫室之左为庙,有闱门相通,庙制与宫室略同。(图 6-1)

图 6-1 古代宫室图

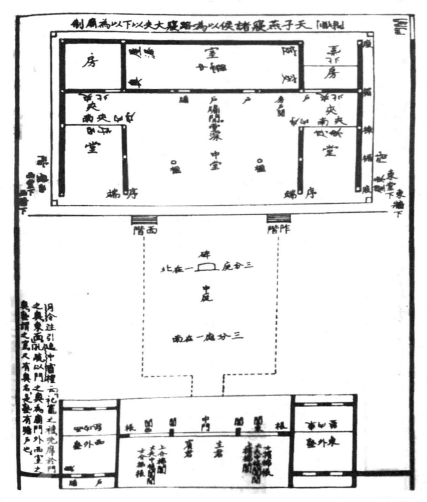

（来自《礼书通故》）

周礼时代,衣服领域最大的贡献就是冠服制度的完善。西周时期的礼服制度也是上衣下裳款式,只不过头要戴冠,各种冠已发展完善,衣裳要有等级,不同阶层,冠服不同。这样完善的礼服系统一直延续到明。（详见表 6-4）

表 6-4　冠服表

司服表	王	公	侯伯	子男	孤	卿大夫	士
祀昊天上帝五帝	大裘而冕						
享先王	衮冕	衮冕					
享先公飨射	鷩冕	鷩冕	鷩冕				
祀四望山川	毳冕	毳冕	毳冕	毳冕			
五祀则	希冕	希冕	希冕	希冕	希冕		
祭群小祀	玄冕	玄冕	玄冕	玄冕	玄冕	玄冕	
凡兵事	韦弁服	韦弁服	韦弁服	韦弁服	韦弁服	韦弁服	
眡朝	皮弁服	皮弁服	皮弁服	皮弁服	皮弁服	皮弁服	皮弁服
凡甸	冠弁服	冠弁服	冠弁服	冠弁服	冠弁服	冠弁服	冠弁服
凡凶事	服弁服	服弁服	服弁服	服弁服	服弁服	服弁服	服弁服
凡吊事	弁绖服	弁绖服	弁绖服	弁绖服	弁绖服	弁绖服	弁绖服

（内容来自《周礼注疏》）

冠服有装饰，不同阶层装饰的图案和数量不同，具体情形可以表列如下（表 6-5）：

表 6-5　郑玄言衣服九章表

衮冕	龙	山	华虫	火	宗彝	藻	粉米	黼	黻
鷩冕			华虫	火	宗彝	藻	粉米	黼	黻
毳冕					宗彝	藻	粉米	黼	黻
希冕							粉米	黼	黻
玄冕								黼	黻

注：红色在衣，黑色在裳。玄冕其衣无画，裳上刺黻。

（内容来自郑玄《三礼注》）

当时礼服的主要等级，有冕服弁服。之所以如此称谓，取决于配套的冠的款式，比如戴冕就是冕服，戴弁就是弁服，他们仍旧是上衣下裳制，只不过是冠、章纹与配饰等级的不同而已。冕服弁服作为礼服的高等级别，一直延续到明。只不过周时天子、诸侯王、公卿、大夫都可以都可以穿冕服，后来中央集权的加强，只天子、诸侯王能穿了。周时的女子礼服，王后已经开始穿翟衣，当时王后有六种翟衣类礼服。

古祭服用丝，朝服用布，祭服用冕，朝服用弁或玄冠，古冠小，如今道士之冠，非若后世之帽，冕服朝服玄端，皆上衣下裳，惟深衣连上下无裳，似今之长衫，惟方领对襟，缘以缋，或青或素为异，用细白布为之，丧服用布则粗，又各以轻重分精粗。

古时，饮食之物，食用黍稷，加则有稻粱，黍稷稻粱为四簋。周礼正馔先设，用黍稷俎豆；加馔后设，用稻粱庶羞。宾初食加馔之稻粱，则用正馔之俎豆；卒食正馔之黍稷，则用加馔之庶羞。设馔以豆为本，豆以醢、酱、菹、醯为本。设正馔，公先设醯酱，以为馔之根本。公设毕乃荐豆，荐豆毕乃设俎，设簋，设湆，设铏。是设馔之法先设豆，设豆之法先设醯酱，无醯酱则先设菹醯。祭稻粱在酱湆间，祭馔在上豆间者，为馔本也。饮有酒有浆，古礼有六饮的说法，"水、浆、醴、凉、医、酏，入于酒府"。水，清水也。浆，酢浆也。醴，甜酒也。醴为醇酒，凉为薄酒。医为药酒，或以为梅浆也。酏非酒，黍酏者，煮黍为鬻，其稀而清者谓之酏，其厚而有滓者谓酏糟也。荐用脯醢，脯以干牛肉，加姜桂锻治者为脩，细刲脯加盐酒为醢，皆生物。酒新酿冷饮，豕鱼腊为三鼎，加羊与肠胃为五鼎。其中腊士用兔，大夫用麋，肠胃用牛羊，不用豕，加牛、肤（豕肉）、鲜鱼与鲜腊为九鼎，加膷臐膮（牛羊豕肉），为十二鼎，笾盛干物，豆盛濡物，俎以骨为主，若今之排骨，骨分前足为肩臂臑共六，长胁代胁短胁共六，正脊挺横脊共三，后足髀肫胳共六，二十一体，髀近窍贱不升。乡饮燕射，则牲用狗，燕食有蜩即蝉，范即蜂，蚳醢，蚁子。

五、礼是思想，有深意，称为礼义

礼是天人和谐的桥梁和途径，祭祀天地、礼事鬼神，从而无忧无惧，尽人事而听天命。礼是人际和谐的桥梁和途径，礼尚往来、温情脉脉，从而合礼合度，君子不尽人之欢，不竭人之忠，淡而长久，久而不失其敬。礼是身心和谐的桥梁和途径，哭泣之哀、莅事之诚，不失其位，不失其时。言语行止，不忤逆，不愧疚，身安体闲，身心健康。"吊于人，是日不乐。行吊之日，不饮酒食肉焉。"礼是人道温情的体现，是仁爱的表现，"邻有丧，舂不相，里有殡，不巷歌"。"夫礼者，自卑而尊人，虽负贩者必有尊也，而况富贵乎？"礼是中庸的体现，是松弛的节度，"张而不弛，文、武弗能也。弛而不张，文、武弗为也。一张一弛，文、武之道也"。礼是哀伤的节度，"先王之制礼也，过之者俯而就之，不至焉者跂而及之。故君子之执亲之丧也，水浆不入于口者三日，杖而后能起"。

皮锡瑞《经学通论》认为古礼情义皆尽，论君臣之义，则《觐礼》曰：侯氏入门右,坐奠圭,再拜稽首,又曰:侯氏再拜稽首,以马出授人,九马随之,乃右肉袒于庙门之东,乃入门右,北面立。臣子入门右,宾客入门左,诸侯觐见,纯乎臣道,此谓义尽。侯氏稽首,天子不答,而天子负斧依立,并非泰然坐受其拜。臣尽臣之敬,君不恃君之尊。臣有疾,君问之,臣死,君亲临其丧,可谓情义兼尽者一。论父子之义,则《曲礼》:凡为人子者,冬温而夏清,昏定而晨省,《内则》论子事父母之礼尤详,子之孝敬父母如此。《冠礼》,冠子见于母,母拜之,以成人而与为礼,父母之重其子如此,可谓情义兼尽者二。论长幼之义,乡饮酒之礼,六十者坐,五十者立侍,以听政役,所以明尊长也。六十者三豆,七十者四豆,八十者五豆,九十事六豆,所以明养老也,民知尊长养老,而后乃能入孝弟,民入孝弟,出尊长养老,而后成教,成教而后国可安也,可谓情义兼尽者三。"圣人制礼,情义兼尽,专主情则亲而不尊,必将流于亵慢,专主义则尊而不亲,必至失于疏阔,惟古礼能兼尽而不偏重"。

六、礼是文化,是实践的经验,称为礼乐文明

礼学中有许多来自生活实践的经验。这些经验超越阶级,超越时空,超越地域,不同时代的人都可从中受益。《礼记·曲礼上》说:"献鸟者佛其首,畜鸟者则勿佛也。"畜鸟,就是驯养过的鸟,性情比较顺服。一般的鸟可能用喙啄人,所以要把它的头扭转过来,夹在翅膀下面。驯养过的鸟,则不必如此。又说"效马效羊者右牵之,效犬者左牵之"。这是因为一般情况下人的右手力气比较大,加上道路行走等原因,一般右手比较方便。又因为狗会用牙齿啮人,所以用左手牵,空出右手,加以防备。《周礼》记载有一种官叫做内饔,主要掌管膳羞之事,识别食物的腥臊,知道哪些食物不能食用。比如"牛夜鸣则庮",牛晚上一般不叫,如果晚上叫,那么这种牛的身体出了问题,肉会有朽木的臭味。"羊泠毛而毳",如果羊的毛很长,并且打结,那么这个羊的肉会有很重的膻味。又比如食医掌管饮食,知道"食眂春时",饭宜温。"羹眂夏时",羹宜热。"饮眂冬时",饮宜寒。知道"春多酸,夏多苦,秋多辛,冬多咸",春天可以多吃点酸的,夏天可以多吃点苦的,秋天可以多吃点辛辣的,冬天可以多吃点咸的。

第二节　礼有何用

在讨论礼之产生时,荀子认为礼可以解决物质对象分享的问题,避免因匮乏而生争乱。《礼论》曰:"礼起于何也?曰:人生而有欲,欲而不得,则不能无求。求而无度量分界，则不能不争，争则乱，乱则穷。先王恶其乱也，故制礼义以分之，以养人之欲，给人之求。使欲必不穷于物，物必不屈于欲。两者相持而长，是礼之所起也。"然而，礼有着非常全面的作用和价值，并非解决物资匮乏问题一端。礼同样可以应对伦理的争端与是非嫌疑的判定。《礼记·曲礼上》说："礼者，所以定亲疏，决嫌疑，别同异，明是非也。"礼的产生，更是为了实现人际的温情与和谐，《礼记·礼运》说："礼义以为纪，以正君臣，以笃父子，以睦兄弟，以和夫妇，以设制度，以立田里。"礼有广阔的视野，全面参与、调节现实的社会人生。《礼记·曲礼上》曰："道德仁义，非礼不成。教训正俗，非礼不备。分争辨讼，非礼不决。君臣、上下、父子、兄弟，非礼不定。宦学事师，非礼不亲。班朝治军，莅官行法，非礼威严不行。祷祠祭祀，供给鬼神，非礼不诚不庄。是以君子恭敬撙节退让以明礼。"

对于孔子而言，礼是修身的道路，仁德是礼义的目的。对于孟子而言，礼制已经崩坏，难以恢复，只有立足仁义，兴起仁政，符合人心，符合民本，才能实现儒道理想。对于荀子而言，王霸之争已经成为过去，儒道已经难以左右社会政治的重大走向。儒家学派当时面临的真正难题，不在于社会政治的理想和道路，而在于如何融合社会，如何在变动的社会保持自己的地位，发挥应有的作用。正是在这种情况下，荀子重点阐明了礼义对于儒家学派的重要意义，对于我们今天思考礼之用，非常有启发价值。

孟子考究仁人与否，往往察其心迹，推崇心志的区别作用。《孟子·离娄下》曰："君子所以异于人者，以其存心也。"《孟子·尽心上》曰："有伊尹之志，则可；无伊尹之志，则篡也。"对于荀子而言，君子小人之分却在于礼义。"今人之化师法，积文学，道礼义者为君子；纵性情，安恣睢，而违礼义者为小人。"礼之用，对于荀子而言，基于三个方面的考虑。

首先，从个人的角度来讲，礼是正身的凭借。《荀子·性恶篇》曰："枸木必将待檃栝、烝矫然后直；钝金必将待砻厉然后利；今人之性恶，必将待师法然后正，得礼义然后治，今人无师法，则偏险而不正；无礼义，则悖乱而不治。"礼义是安身的依靠，《荀子·强国篇》曰："人莫贵乎生，莫乐乎安，所以养生安乐者，莫大乎礼义。人知贵生乐安而弃礼义，辟之，是犹欲寿而殇颈也，愚莫大焉。"礼义又是贵身的桥梁，《荀子·王制篇》曰："虽王公士大夫之子孙也，不能属于礼义，则归之庶人。虽庶人之子孙也，积文学，正身行，能属于礼义，则归之卿相士大夫。"礼义所以具有正身、安身、尊身的价值，因为其出于圣人之伪。《荀子·性恶篇》曰："圣人积思虑，习伪故，以生礼义而起法度，然则礼义法度者，是生于圣人之伪，非故生于人之性也。"圣人所作，因此礼义能够矫性；起于圣人之伪，故能推广施行。

与孟子之学重在仁义不同，荀子之学重在礼义。仁者兼顾心行，心重于行，所以孟子多谈放心、存心、养心，重视正心诚意。礼者兼顾心行，行重于心，所以荀子多谈坐立起行的规范，推类积累。荀子基于情性论礼之用，在后世影响很大，《汉书·礼乐志》重点发挥了其中个人层面的思想。"六经之道同归，而礼乐之用为急。治身者斯须忘礼，则暴嫚入之矣。为国者一朝失礼，则荒乱及之矣。人函天地阴阳之气，有喜怒哀乐之情，天禀其性而不能节也，圣人能为之节而不能绝也，故象天地而制礼乐，所以通神明，立人伦，正情性，节万事者也。人性有男女之情，妒忌之别，为制婚姻之礼。有交接长幼之序，为制乡饮之礼。有哀死思远之情，为制丧祭之礼。有尊尊敬上之心，为制朝觐之礼。哀有哭踊之节，乐有歌舞之容，正人足以副其诚，邪人足以防其失。"礼之用，本于人之情性需要发抒与节制。圣人制礼，足以通情副诚，亦足以妨失正邪。

从情性的角度论述礼用最著者是清人凌廷堪，其作《复礼篇》云："夫性具于生初，而情则缘性而有者也。性本至中，而情则不能无过不及之偏。非礼以节之，则何以复其性焉？父子当亲也，君臣当义也，夫妇当别也，长幼当序也，朋友当信也，五者根于性者，所谓人伦也。而其所以亲之义之别之序之信之，则必由于情以达焉者也。非礼以节之，则过者或溢于情，不及者或漠焉遇之"。复性则无情过不及之偏失，保持至中，而礼之节制乃复性之凭借。清代黄式三作《复礼说》，本情性以论礼用，后出而转精。黄氏认为，礼出圣人固然不错，但是圣人也是根本人性之自然。人性需要礼以发抒和节制，礼节同样出于情性之不得已。其言曰："礼也者，制之圣人而秩之自天。当民之初生，礼仪未备，而本于性之所自然，发于情之不容已，礼遂行于其间。何则？蜂蚁有君臣，豺狼有父子，鸿雁有行列之序，岂圣人教之而然哉？物不受教于圣人而物自能之，安得谓圣人未教人而人尽无礼乎？恭敬辞让，此心为礼之端。无是心，非人也。是故《尚书》断自唐虞，典三礼，修五礼，制已大备。《易》言伏羲作八卦，君臣、父子、兄弟、夫妇、朋友之礼寓于中。溯而上之，天之生人也，阴阳相继以成性，此礼之所由变化，邃古圣人即因而略定之。"如果说，荀子至凌廷堪之论皆重在圣人制礼以节情性，强调有礼至中，无礼偏失，那么黄式三就将情性与礼制的关系论述得更加全面，情性离不开礼，礼也离不开情性，有其人则有礼，有其礼则以成人。因此，圣人制礼既以正邪，亦以顺性。"《春秋》传晏子曰：礼之久，与天地并。所以古今之礼虽异，而由质而文，其本则一。燔黍而后有簠簋，韦韠而后有裳衣，坐立而后有拜跪，皆圣人顺人之性而为之制也。惟其顺性而立制，则凡民之遵道遵路莫能外；亦惟顺性而立制，儒者之希贤希圣不出乎此"。因为顺性，所以遵礼而行者多，礼用广大。

其次，从群体的角度讲，礼义是和谐的保障。唯有礼义才能解决欲多而物少的问题，实现公平与正义。《荀子·荣辱篇》曰："夫贵为天子，富有天下，是人情之所同欲也；然则从人之欲，则势不能容，物不能赡也。故先王案为之制礼义以分之，使有贵贱之等，长幼之差，知愚能不能之分，皆使人载其事，而各得其宜。然后使悫禄多少厚薄之称，是夫群居和一之道也。"唯有礼义才能解决争乱的问题，维护人类生存发展。《荀子·王制篇》曰："故人生不能无群，群而无分则争，争则乱，乱则离，离则弱，弱则不能胜物，故宫室不可得而居也，不可少顷舍礼义之谓也。"争乱离弱，发生在人类社会就是不孝、弑上、斗辨与淫乱等罪狱。《大戴礼·盛德篇》曰："凡不孝生于不仁爱也，不仁爱生于丧祭之礼不明。丧祭之礼所以教仁爱也，致爱故能致丧祭，春秋祭祀之不绝，致思慕之心也。夫祭祀，致馈养之道也。死且思慕馈食，况于生而存乎？故曰：丧祭之礼明，则民孝矣。故有不孝之狱，则饰丧祭之礼。凡弑上生于义不明。义者，所以等贵贱、明尊卑，贵贱有序，民尊上敬长矣。民尊上敬长而弑者，寡有之也。朝聘之礼所以明义也，故有弑狱，则饰朝聘之礼也。凡斗辨生于相侵陵也，相侵陵生于长幼无序，而教以敬让也。故有斗辨之狱，则饰乡饮酒之礼也。凡淫乱生于男女无别，夫妇无义。昏礼享聘者，所以别男女，明夫妇之义也。故有淫乱之狱，则饰昏礼享聘也。"诸种妨碍人群和谐有序的罪行，都生于礼制不明，明礼则潜消诸罪于无形。

《礼记·经解》孔疏曾经正面分疏诸礼之用，"故朝觐之礼，所以明君臣之义也；聘问之礼，所以使诸侯相尊敬也；丧祭之礼，所以明臣子之恩也；乡饮酒之礼，所以明长幼之序也；昏姻之礼，所以明男女之别也"。孔疏认为，礼犹旧坊，不可废除，否则人道乱患，不可胜言，"夫礼禁乱之所由生，犹坊止水之所自来也，故以旧坊为无所用而坏之者，必有水败，以旧礼为无所用而去之者，必有乱患。故昏姻之礼废，则夫妇之道苦，而淫辟之罪多矣。乡饮酒之礼废，则长幼之序失，而争斗之狱繁矣。丧祭之礼废，则臣子之恩薄，而倍死忘先者众矣。聘觐之礼废，则君臣之位失，诸侯之行恶，而倍畔侵陵之败起矣"。正是礼有如此大的合群有序的作用，所以先王极为尊重，"故礼之教化也微，其止邪也于未形，使人日徒善远罪而不自知也，是以先王隆之也"。

最后，从政治的角度讲，矫正过误是治末，礼义才是根本之治。前者针对过错本身，错误虽然得到纠正，但是根本亦遭伤害，而且过错之生防不胜防，追随其后，穷于应付；后者则立足养本，本固则治强，治强则乱远。《荀子·不苟篇》曰："故君子者，治礼义者也，非治非礼义者也。然则国乱将弗治与？曰：国乱而治之者，非案乱而治之之谓也，去乱而被之以治。人污而修之者，非案污而修之之谓也，去污而易之以修。故去乱而非治乱也，去污而非修污也。"礼义才是卓越境界，《荀子·议兵篇》曰："凡人之动也，为赏庆为之，则见害伤焉止矣。故赏庆、刑罚、势诈，不足以尽人之力，致人之死。为人主上者也，其所以接下之百姓者，无礼义忠信，焉虑率用赏庆、刑罚、势诈，除阨其下，获其功用而已矣。大寇则至，使之持危城则必畔，遇敌处战则必北，劳苦烦辱则必奔，霍焉离耳，下反制其上。故赏庆、刑罚、势诈之为道者，佣徒鬻卖之道也，不足以合大众，美国家，故古之人羞而不道也。"有礼义作为根本，则赏罚皆得其正，收其效。不以礼义为本，则赏罚皆过，不得效益。

《礼记·礼运篇》认为礼是国君治国的大柄，"是故礼者，君之大柄也，所以别嫌明微、傧鬼神、考制度、别仁义，所以治政安君也。"国君治国应该根本人情，种以人义，"故圣王修义之柄、礼之序，以治人情。故人情者，圣王之田也，修礼以耕之，陈义以种之，讲学以耨之，本仁以聚之，播乐以安之。故礼也者，义之实也。协诸义而协。则礼虽先王未之有，可以义起也。义者，艺之分，仁之节也。协于艺，讲于仁，得之者强。仁者，义之本也，顺之体也，得之者尊"。圣人治国，本于人情，故礼义尤为重要，治国无礼，不可想象。"故治国不以礼，犹无耜而耕也。为礼不本于义，犹耕而弗种也"。

第三节　吃人立人

今天年轻一代的读者对于礼乐制度、礼乐文明未必了解，但是对于"以礼杀人""礼是吃人的"这些话，可能有更为深刻的印象。

第六讲"三礼"选讲中

从内容上看，礼是文化，包括政治经济制度的层面、道德准则的层面，也包括生活经验、思想智慧的层面。不加区别，一棍子打死，全盘否定礼乐文明，实际上是一种过激的行为。

从历史上看，礼一直在变化，在改进。《礼记》说："礼之用，时为大。"孔子常说三代损益，礼制、礼仪、礼教始终保持与时俱进，具有鲜明的时代性。时代已经发生变化，还要固守旧礼，自然有问题，但这不是礼本身的问题。

工具可以用来生产，也可能被用来犯罪，关键在于自己善用，并不能责怪工具本身。同样的道理，礼乐教化，可以带来成周盛世，也能变成现实社会人生的羁绊，关键在于每个时代的人要善于转化，善于更新，并不能把过失全部归到礼上面。礼，至少是社会教化、个人修身的工具，是人类文明的成果。

从起源上看，礼的来源非常复杂，既有巫术的遗留，祭祀传统的痕迹，历史事件的新例，也有人情道理的展示和表现。巫术的遗留，今天视为迷信，不值得传承，但是古礼当中也有许多贴合人情、符合事理的部分，仍然具有当代价值。那么，我们应该如何对待礼？

首先，珍惜礼乐文化遗产，而不是自轻自贱。礼乐文明是中华民族的重要标志，是民族性格的集中体现，是中华优秀传统文化的核心。文明的类型，与特定的地理环境、气候条件、物产资源、民族心理、历史演变等都有关系，中国礼乐文化传统的背后有多元的形成因素，经历了复杂的形成过程。文明的延续，与其适应当地的物质生产、社会整合、精神需求、情感需要有关，中华礼乐文明的存续不断，影响深远，同样与其全面深远地增进社会和谐秩序有关。中国礼乐文化传统集中体现了中华民族的道德智慧，广泛而深刻地渗透在古代社会的政治、经济、法律、军事、教育、宗教、伦理和文化艺术之中，融入人们的价值判断、思想意识和情感诉求，成为社会风尚和民间习俗的主体部分，是中华文化的重要特质和显著标识。中华民族在漫长的历史进程中主要以农业立国，安土重迁，根本家庭，守望相助，向来被誉为礼仪之邦。中国礼乐文化传统看重人道温情，主张蕴藉含容，所以西方政党制度彼此攻讦、互揭隐私的做法，就很难融入中国的社会，难以被中国的礼乐文化传统所接受。中华民族推崇和谐有序，谦和有礼，所以西方社会盛行的抑人扬己、斗争不止的做派，在中国礼乐文化传统之中很难引起共鸣，被人追随。中国礼乐文化传统讲究自卑尊人，虽负版者亦有可尊。西方政党制度下多数人对少数人享有优势，凌轹其上，党派倾轧，不择手段，很难得到中国的礼乐文化传统的赞赏和认同，从根本上违背一人向隅而泣半座不欢的人道精神与礼乐传统。

珍视中国的礼乐文化，并不意味着走回头路，重历传统社会的生产生活现场。器物、制度、准则甚至仪式层面的礼文化，在当代社会已经不太具有实践意义。但是思想层面的礼乐文化并未完全过时，礼所追求的和谐有序依然具有现实意义。

中国的礼乐文化以人情为田，重视内在真情的流露与展现。人有喜怒爱欲惧诸种情感，是人之自然。诸种礼仪礼节皆能尊重人性的本然，使其自然流露，然后加以调节，丧礼中始死哭不绝声，其次昼夜哭无时，其次朝夕哭，其次既练哭，哭之节度，皆基于悲伤衰减的自然规律。礼节尊重人性的自然，使其成为社会治理的根本。"故人情者，圣王之田也"。尽力使得诸种情欲皆可自然流露，并且利用此种人性的力量去提升个人的境界，改进人际的关系，改善社会的风俗。理想的社会应该有礼序调节人类情感的流露，既不压抑，也不使其泛滥。"哀而不伤，乐而不淫"，保持中和，达天道顺人情，实现真正的和谐。

中国礼乐文化博大精深，章疑别微，"以为民坊"。礼制讲究贵贱有等，衣服有别，朝廷有位，使民各有所位，皆有规约。按照周代礼制，不同阶层的人在祭祀、朝廷、婚丧诸多方面皆有不同的礼规。同一人在不同的场合，其辞气、声色、仪态等亦有不同的仪制。中国礼乐文化重视规约有别，各个阶层安身立命，有条不紊，井然有序。理想的社会政治应该是井然有序，各有条理。人类生存繁衍，难免物欲，物有竭而欲无穷，则生争乱，争乱之不止，则走向消灭。因此，人类社会必须有规约，使得社会中的人，各有确切的位置，举止各有仪度，各有自己的权益，不止消亡。"天子有田以处其子孙，诸侯有国以处其子孙，大夫有采以处其子孙"。社会中的物，各有适用，不穷于人类无度的欲求。人与物、人与人、人与自我之间皆有一种度数，人们的等级、尊卑、内外皆有确切的分寸。"用水火金木，饮食必时。合男女，颁爵位，必当年德。用民必顺。故无水旱昆虫之灾，民无凶饥妖孽之疾"。这就是礼序和礼规。华美乐章的演奏，需要各个音阶的合理分布和配合，人类社会的有序与和谐，同样需要各个阶层的合理分工与通力合作。和谐的前提固然在于通与合，但是未尝不在于分和异。"和而不同"，真正的和谐源于分殊与差异，否则只会单一和沉闷。

其次，谨慎分析礼乐文化，是者言其是，非者言其非，不妄议，不轻诋。每一种礼制、礼节、礼仪的出现，都有现实的原因，曾经也发挥某种效用，但是随着人类社会的发展与变化，具体的礼节制度与社会现实之间会有不合。尽管每一种礼乐文化的形成，都适合某些群体的需求，但是随着这个群体范围的增大或缩小，礼节制度的评价会发生变化，善恶会转化。因次，今天对于礼文化还是需要谨慎对待，不可鲁莽偏激，应当好而知其恶，恶而知其好。比如汉代的《仪礼》立为官学，仪节繁多，郁郁文盛。如一献之礼，宾主百拜，一见之礼，宾主五请，执挚必先固让，执玉必先固辞，入门必每曲揖，洗爵必下堂阶。今天看来，似乎繁而可省，见则见矣，何必三让，受则受矣，何必三辞？所以，老子以为行礼近乎作伪，非忠信之道。其实，礼节虽繁，而实有深意,不可径省。礼节表达尊敬,《聘义》曰:"上公七介,介绍而传命,君子于其所尊弗敢质,敬之至也。"礼节防止急切无礼,《礼器》曰:"是故七介以相见也,不然则已悫,三辞三让而至,不然则已蹙"。礼节可传可继,《檀弓》曰:"夫礼为可传也,为可继也,故哭踊有节。"礼节区别野蛮,《檀弓》曰:"礼有微情者,有以故兴物者,有直情而径行者,戎狄之道也,礼道则不然。"礼节自别于禽兽,"是故圣人作为礼以教人,使之以有礼,知自别于禽兽"。皮锡瑞《经学通论》曰:"古礼有繁而不可省者,文明之异于野蛮者在此,人之异于禽兽者亦在此也,古礼在今日不过略存饩羊之遗,而昏姻之六礼,丧葬之大事,犹多合于古者。盖天理人情之至,皆知其不可废,若欲举此而尽废之,不将为野蛮为禽兽乎?"又曰:"若谓委曲繁重之数,皆戕贼桎梏之具,率天下而趋于苟且便利,将上下无等而大乱。昔汉高帝去秦苛仪,群臣饮酒争功,拔剑妄呼,高帝患之,用叔孙通为绵蕝起朝仪而后定。礼乐不可斯须去身,岂不信乎?"可见,礼似繁而实不可轻删。

今人论礼,常以人情为准,然而,《礼器》曰:"礼之近人情者,非其至者也。"古人制礼作乐,不以顺从时俗为目标,所以礼文敬意,从凡俗的眼光去看,多有不合情理。皮锡瑞《经学通论》专论后儒以俗情疑古礼之谬,《士冠礼》曰:"士冠礼北面坐,取脯,降自西阶,适东壁,北面见于母,母拜受,子拜送,母又拜。"杜佑《通典》曾以母夹拜其子为渎乱人伦,以古礼不近人情也。其实,母之拜子,一为受脯,一为成人而与为礼,犹嗣举奠,以父拜子,所以重宗嗣,凡此等皆有深义存焉。又如古祭礼必有尸,自天子至于士,皆有筮尸宿尸之礼,杜佑《理道要诀》以为立尸之遗法,乃本夷狄风俗,至周末始改。其实,古代祭祀,只要受祭死者已经成年,必定有尸。尸就是代表死者接受祭祀的人。郑玄注《士虞礼》曰:"尸,主也。孝子之祭,不见亲之形象,心无所系,立尸而主意焉。"孝子不能漫无目标地祭祀,因此要找一个人来代表死者,使生者的心意有所归属,对尸的祭祀称为"飨尸"。如果受祭者属于尚未成年而夭亡,则不能享有成人祭礼,不能设尸而祭,而只能用阳厌或者阴厌。正因为如此,如果受祭者为成年人而祭祀时没有尸,就等于把他当成短寿夭亡者来对待,是很不应该的事情。又比如古不祭墓,惟奔丧去国哭于墓,祭是吉礼,必行于庙。秦汉之后,世卿宗法既亡,大夫不皆有庙,乃渐移庙祭为墓祭。所以祭墓,乃后起之礼,并非古有此制。今人以不祭墓为不近情,适见颠倒。

最后,确实有特定时代烙印,与当代社会不符者,应该视为陈迹,不可搬到现实的社会人生。《礼记》曰:"父之仇弗与共戴天,兄弟之仇不反兵,交游之仇不同国。"父亲是儿子的天,"彼杀己父,是杀己之天,故必报杀之,不可与共处于天下也"。有亲兄弟之仇,时刻带着兵器在身上。绝不因为身上没有带兵器,而让对方逃走。朋友被杀,也要报仇。子夏曾问孔子,"居父母之仇,如之何?"夫子答曰:"寝苫枕干,不仕,弗与共天下也。遇诸市朝,不反兵而斗。"当今法制社会,旧日私相寻仇的行为,已经不适合今天的遵纪守法,势在改行。又比如,现代社会生活节奏快速,讲究效率,所以在人际温情的前提下,繁文缛节可以适当调整,以便于生活为准则,推行新的仪轨。

第四节　礼时为大

《礼记·礼器》云:"礼,时为大,顺次之,体次之,宜次之,称次之。"《礼记集说》引长乐陈氏之说,以天人分别解释大小先后,以受命改制解释礼时。曰:"时在天,顺体宜称在人,在天者大,在人者小,故时为大,顺次之体次之宜次之称次之。尧授舜,舜授禹,天与贤也。汤放桀,武王伐纣,天吏也。顺天者存,逆天者亡,时之所以为大也。"政权授受属于礼,而必须听命天时,不可妄举。"尧舜授人,汤武救民伐罪皆时使之然也"。

第六讲"三礼"选讲下

不过,礼时为大,意蕴丰厚,可以从多个角度进行理解。首先,从历史的维度来讲,礼随时改革,是对事实的描述。上古时期,"燔黍捭豚,污尊而抔饮,蒉桴而土鼓",致敬鬼神,后世牺牲玉帛、钟鼓笙歌。《礼运》曰:"先王未有宫室,冬则居营窟,夏则居橧巢。未有火化,食草木之实,鸟兽之肉,饮其血,茹其毛,未有麻丝,衣其羽皮。后圣有作,然后修火之利,范金合土。以为台榭、宫室、牖户。以炮,以燔,以亨,以炙,以为醴酪。治其麻丝,以为布帛,以养生送死,以事鬼神上帝。"礼用器物,随着物质文明的发展,悄然变化亦在不可禁止。

从葬礼的角度来看,"后王之制,以渐加文也"。《周易·系辞》云:"古之葬者,厚衣之以薪,葬之中野,不封不树,丧期无数。"上古野葬,有虞氏上陶,已有瓦棺。夏后氏堲周,在瓦棺之外,冶土为砖,环绕四周。殷人棺椁,以梓棺替瓦棺,又有木为椁,代替堲周。周人墙置翣,棺椁之外,又在椁旁置柳、置翣扇。"周人弁而葬,殷人冔而葬",可见葬礼不同,大体趋势是越来越文饰,渐次文明。

夏人以建寅之月为正,物生色黑,所以尚黑,丧事收敛用昏,戎事乘黑色马。殷人以建丑之月为正,物牙色白,所以尚白,大事收敛用日中,戎事乘白色马。牺牲用白。周人以建子之月为正，物萌色赤，所以尚赤，丧事收敛用日出，戎事乘赤色马，牺牲用骍。三代建正，越来越早。

礼时为大，有时由历史变故促成。《礼记·檀弓上》载士之有诔，自县贲父开始出现，"鲁庄公及宋人战于乘丘，县贲父御，卜国为右。马惊，败绩，公队，佐车授绥。公曰：'末之，卜也。'县贲父曰：'他日不败绩，而今败绩，是无勇也'。遂死之。圉人浴马，有流矢在白肉。公曰：'非其罪也。'遂诔之。士之有诔，自此始也"。又载复礼、吊礼之变化与战败有关，"邾娄复之以矢，盖自战于升陉始也。鲁妇人之髽而吊也，自败壶鲐始也"。鲁僖公二十二年秋，战于升陉，死伤甚多，无衣可以招魂，故变以矢。升陉之战，时家家有丧，难以锡衰行礼，因此髽而相吊。

其次，从制礼的角度来讲，礼以顺时，是礼制取舍的基本要求。礼是准则，全面调节人们的生活，故而必须与时更新，不应成为现实生活的羁绊。《朱子五经语类》曰："礼时为大，某尝谓衣冠本以便身，古人未必一一有义，又是逐时增添，名物愈繁，若要可行，须是酌古之制，去其重复，使之简易，然后可案。"又曰："礼时为大，使圣贤有作，必不一切从古之礼，疑只是以古礼减杀，从今世俗之礼，令稍有防范节文，不至太简而已。观孔子欲从先进，又曰行夏之时，乘殷之辂，便是有意于损周之文从古之朴矣。"朱子以为，礼节其中，不使简脱，亦不可繁而难行，"若必欲一一尽如古人，衣服冠履之纤悉毕备，其势也行不得"。《礼书纲目》曰："礼时为大，有圣人者作，必将因今之礼而裁酌其中，取其简易，易晓而可行，必不至复取古人繁缛之礼而施之于今也。古礼如此零碎繁冗，今岂可行？亦且得随时裁损耳。"朱子评司马光之礼，正主此论，以为丧服之制过于详尽，"为人子者方遭丧祸，使其一一欲纤悉尽如古人制度，有甚么心情去理会？古人此等衣服冠屦，每日接熟于耳目，所以一旦丧祸，不待讲究便可以如礼，今却闲时不曾理会，一旦荒迷之际欲旋讲究，势必难行。必不得已，且得从俗之礼而已，若有识礼者相之可也。"古今社会发生变化，日常生活并不讲究礼节准则，不能遵行习成，一旦要求悉数遵礼，必将难行。

其实，孔子之时，已经对古礼有所取舍，并非简单照搬殷周之礼。《礼记·檀弓下》载："殷练而祔，周卒哭而祔，孔子善殷。"祔庙之礼，孔子从殷，反哭之吊则从其情深意切之周礼，"反哭之吊也，哀之至也。反而亡焉，失之矣，于是为甚。殷既封而吊，周反哭而吊。孔子曰：殷已悫，吾从周。"吊礼之制，孔子亦从其情深礼备之周礼，"殷人吊于圹，周人吊于家，示民不偝也。子云：死，民之卒事也，吾从周。"慎终追远，民德归厚，周人送死殷勤，情礼备具,故得孔子追从。

　　最后,从学术思想的角度来讲,礼时为大,是对礼制沿革的理性反思。礼是器物、准则、仪式、制度与文化,时代的发展,社会的进步,物质文化与制度文化的不断革新,都使得礼必须与时俱进,不可与时世脱节。古往今来,无数礼学中人对此有过反思,其中有得有失。明郝敬曾经备列古礼之失,(1)礼之细物,宜古不宜于今:"如俎豆席地袒衣行礼,书名用方策,人死三日敛之类,古人用之,今未宜。"(2)丧服制度,不合伦常:"父在为母期,出母无服,师丧无服,此等虽古近薄,父母为子斩衰,妻与母同服,此等失伦。"(3)祭祀等级,不合人情:"官士不得庙事祖,支子不祭,此等非人情。"(4)燕享庆吊,不顾嫌疑:"国君飨宾,夫人出交爵,命妇入公宫养子,国君夫人入臣子家吊丧,此等犯嫌疑。"(5)设尸禘祫,近乎戏谑:"祭祀用子弟为尸,使父兄罗拜,若祫祭则诸孙济济一堂为鬼,此等近戏谑"。(6)饭含随葬,无益有害:"人死含珠玉以诲盗,圹中藏瓮甀筲衡等器,岁久腐败,陷为坑谷,此等无益有害。"(7)姓氏衍生,不重根本:"古人每事不忘本,酒尚玄,冠服用皮,食则祭,至于宗族姓氏,则随便改易,如司徒司空韩氏赵氏,惟官惟地,数世之后,迷其祖姓,又何其无重本之思也。"(8)庙制迭毁,进退失宜:"庙制天子至士庶有定数,皆有堂,有室,有寝,有门,大邑巨家,父子世官,兄弟同朝,不多于民居乎? 如云皆设于宗子家,则宗子家无地可容,如父为大夫,子为士庶,则庙又当改毁,倏兴倏废,祖考席不暇暖。"(9)嫡庶长幼,失去公平:"嫡子继体,分固当尊,至于抑庶之法,亦似太偏,丧服有等,不得不杀,至于三殇之辨,亦觉太琐,衰麻有数,不得不异,至于麻葛之易,亦觉太烦。"(10)以射为选,选举不当:"天子选士观德用射,射中得为诸侯,不中不得为诸侯,如此之类虽古礼乎,乌可用也?"郝敬为学,"好为议论,轻诋先儒"。尤其喜好驳难郑玄礼注,然而,"得者仅十一二,失者乃十之八九"。以务胜古人之心治学,动辄自败,穿凿尤甚,横生枝节,不一而足。皮锡瑞《经学通论》对郝敬之言,多有回应,以为不通礼制精义,妄疑妄议。

　　礼时为大,与时俱进,是礼之变,不可否定。不过礼是思想文化,其中自有常道,不容废弃。礼制背后有义,礼节背后有理,其节制可变当变,其义理或有通古今而可守恒者。《礼记集说》引蓝田吕氏之言,论礼常礼变,极有见地,"礼者敬而已矣,敬者礼之常也,礼时为大者,礼之变也。坐如尸立如齐,尽其敬也,礼从宜使从俗,适其时也。体常尽变,则礼达之天下周还而无穷也。礼有不可行者,必变而从宜,如老者不以筋力为礼,贫者不以货财为礼之类,使于他邦必从其俗,故有入境而问禁,入国而问俗之礼"。唯有常变相成,方可周行无穷。

论礼时为大,却不轻废周礼,是是非非,以马端临论周礼最为明晰。马氏认为,周礼三代之法,虽凡夫皆可实行,后人不必置疑,三代之后,虽贤哲亦不可实行。"盖周礼者三代之法也,三代之时,则非直周公之圣可行,虽一凡夫亦能行;三代而后则非直王莽之矫诈介甫之执愎不可行,而虽贤哲亦不能行"。周礼所以行于三代,而不可行于后世,其中自有时世的原因。"三代之时寰宇悉以封建,天子所治,不过千里,公侯则自百里以至五十里,而卿大夫又各有世食禄邑,分土而治,家传世守,民之服食日用,悉仰给于公上,而上之人所以治其民者,不啻如祖父之于其子孙,家主之于其臧获。田土则少而授,老而收,于是乎有乡遂之官;又从而视其田业之肥瘠,食指之众寡,而为之斟酌区画,俾之均平,货财则盈而敛,乏而散,于是乎有泉府之官,而从而补其不足,助其不给;或赊或贷而俾之足用,所以养之者如此。司徒之任,则自乡大夫州长以至闾胥比长,自遂大夫县正以至里宰邻长,岁终正岁,四时孟月,皆征召其民,考其德艺,纠其过恶,而加以劝惩。司马之任则军有将,师有帅,卒有长,四时仲月,则有振旅治兵茇舍大阅之法,以旗致民,行其禁令而加以诛赏,所以教之者如此。上下盖弊焉察察焉,几无宁日矣。然其事虽似烦扰,而不见其为法之弊者,盖以私土子人,痛痒常相关,脉络常相属,虽其时所谓诸侯卿大夫者,未必皆贤,然既世守其地,世抚其民,则自不容不视为一体。既为一体,则奸弊无由生,而良法可以世守矣。"马氏认为,封建之制,上下一体,习相熟稔,痛痒相关,故而事虽烦扰,终无弊法,虽不必尽贤,终不至于覆败。封建一败,则制不可行,"自封建变而为郡县,为人君者宰制六合,穹然于其上,而所以治其民者,则诿之百官有司郡守县令。为守令者率三岁而终更,虽有龚黄之慈良,王赵之明敏,其始至也,茫然如入异境,积日累月方能谙其土俗,而施以政令,往往期月之后,其善政方可纪,才再期而已及瓜矣。其有疲懦贪鄙之人,则视其官如逆旅传舍,视其民如飞鸿土梗,发政施令,不过授成于吏手。既授成于吏手,而欲以周官行之,则事烦而政必扰,政扰而民必病,教养之恩未孚,而追呼之苛娆已亟矣"。郡县之制,上下一体不再,君主高高在上,遥相牵制,不切事情。守令皆无终老归属之意,用心贪鄙,处事苟且,难以尽忠职守,事烦民扰,不可为治。时世政制不同,因此周礼行于三代,却塞难于后世。后世习于苟简之政,不思礼制难行自有他因,因此妄诋周礼。"是以后之言善政者,必曰事简。夫以周礼一书观之,成周之制,未尝简也。自土不分胙,官不世守,为吏者不过年除岁迁,多为便文自营之计,于是国家之法度率以简易为便,慎无扰狱市之说,治道去大甚之说，遂为经国庇民之远猷。所以临乎其民者，未尝有以养之也，苟使之自无失其养，斯可矣；未尝有以教之也，苟使之自无失其教，斯可矣。盖壤地既广，则志虑有所不能周，长吏数易，则设施有所不及竟，于是法立而奸生，令下而诈起，处以简靖，犹或庶几，稍涉繁夥，则不胜其渎乱矣。周礼所载，凡法制之琐碎烦密者，可行之于封建之时，而不可行之于郡县之后，必知时适变者，而后可以语通经学古之说也"。礼时为大，持之有度，自是至公中正之论。

其实，孔子取舍古礼，与时调整，自是后世理解礼时为大之典范。《礼记·檀弓上》载："孔子在卫，有送葬者，而夫子观之，曰：'善哉为丧乎！足以为法矣，小子识之。'子贡曰：'夫子何善尔也？'曰：'其往也如慕，其反也如疑。'子贡曰：'岂若速反而虞乎？'子曰：'小子识之，我未之能行也。'"孔子所以赞赏送葬者，其原因正在于其礼容合乎中庸之道：既不完全违背人情，行世之所难；又能合乎内心真情，合乎礼道精神。子贡所言，虽然合乎礼道，却不能合乎人情，有嫌难行。孔子革新，植根中庸，所以重视人情，合乎人情者方可推行久远。《礼记·檀弓上》载："弁人有其母死而孺子泣者，孔子曰：哀则哀矣，而难为继也。夫礼，为可传也，为可继也。故哭踊有节。"可见，礼文之道所以遵守中庸准则，以时为大，其原因正在于可传可继。

第七讲 《春秋》选讲

孔子作《春秋》,其中蕴涵着深刻的政治思想,是一部精深的著作,这是从先秦孟、荀到两汉马、班诸家一致的看法。两汉以后,经学衰微,学界开始视《春秋》为史学著作,由此引发众说纷纭的《春秋》性质之争。

第一节 春秋大义

今人谈到《春秋》,常以中国最早的编年史视之,偏重记事。这实在是现有学科体系下不得已之举,《春秋》并非单纯的史书。用史书的标准来看待《春秋》,它有很多不足。比如唐代刘知几曾经从史书的角度,对《春秋》进行批评,"善恶必书,斯为实录,观夫子修春秋也,多为贤者讳。"刘知几认为《春秋》不能实事求

是,而是多有隐讳。史学记载讲求如实客观,善恶必书,斯为良史。如果不能如实记载,或有意掩饰,或甄别失真,都会被视为秽史。此外,刘知几还认为《春秋》标准有误,因小失大,顾小耻而忘大义,因文失实,因文美而改事实。"狄实灭卫,因桓耻而不书,河阳召王,成文美而称狩,斯则情兼向背,志怀彼我"。刘氏认为《春秋》在具体记载上,也有不妥,进退失度,该为谁隐讳,不该为谁隐讳,《春秋》可谓不得时宜。"哀八年及十三年,公再与吴盟而皆不书,桓二年公及戎盟则书之,戎实豺狼,非我族类,夫非所讳而仍讳,谓当耻而不耻,求之折衷,未见其宜"。最后,刘氏认为《春秋》过于烦琐,碎义逃难,讲求过度,让人难以兼顾体会。"如鲁之隐桓戕弑,昭哀放逐,姜氏淫奔,子般夭酷,斯则邦之孔丑,讳之可也。如公送晋葬,公与吴盟,为齐所止,

为邾所败,盟而不至,会而后期,并讳而不书,岂非烦碎之甚"。刘知几的这些批评,既涉及《春秋》的体例,也涉及作者的思想立场。

一、孔子所作

事实上,《春秋》是孔子所作。《孟子·滕文公下》早有此说,"世衰道微,邪说暴行又作,臣弑其君者有之,子弑其父者有之,孔子惧,作《春秋》。《春秋》,天子之事也,是故孔子曰:知我者其惟春秋乎,罪我者其惟春秋乎?"孟子认为,孔子惧弑君弑父而作《春秋》,《春秋》成而乱臣贼子惧,是春秋大义。孟子关于孔子《春秋》,最著名的论断就是这句"孔子成《春秋》而乱臣贼子惧"。在孟子看来,孔子作《春秋》,意义重大,堪与大禹治水,周公兼夷狄,兴礼乐,相提并论。

后世关于孔子作《春秋》较为系统的论述来自董仲舒,司马迁在《太史公自序》中曾经引述其言,曰:"余闻董生曰,周道衰废,孔子为鲁司寇,诸侯害之,大夫壅之,孔子知言之不用,道之不行也,是非二百四十二年之中,以为天下仪表,贬天子,退诸侯,讨大夫,以达王事而已矣。"《春秋》记事从鲁隐公元年(公元前 722 年)到鲁哀公十四年(公元前 481 年),正好二百四十二年。孔子作《春秋》,求达王事而已。所谓王事,具体来讲,主要有三个要点。首先,拨乱反正,回到王道之正,"夫春秋上明三王之道,下辨人事之纪,别嫌疑,明是非,定犹豫,善善恶恶,贤贤贱不肖,存亡国,继绝世,补敝起废,王道之大者也。拨乱世反之正,莫近于《春秋》"。其次,执本持末,杜绝渐行渐远,"春秋之中,弑君三十六,亡国五十二,诸侯奔走不得保其社稷者,不可胜数。察其所以,皆失其本已。故易曰:'失之毫厘,差以千里',故曰,臣弑君,子弑父,非一旦一夕之故也,其渐久矣。故有国者不可以不知《春秋》,前有谗而弗见,后有贼而不知;为人臣者不可以不知《春秋》,守经事而不知其宜,遭变事而不知其权。为人君父而不通于《春秋》者,必蒙首恶之名,为人臣子而不通于《春秋》之义者,必陷篡弑之诛,死罪之名。其实皆以为善,为之不知其义,被人空言而不敢辞"。最后,礼禁未然,消弭祸患于未发。"夫不通礼义之旨,至于君不君,臣不臣,父不父,子不子。夫君不君则犯,臣不臣则诛,父不父则无道,子不子则不孝,此四行者天下之大过也。以天下之大过予之,则受而弗敢辞,故《春秋》者礼义之大宗也。夫礼禁未然之前,法施已然之后,法之所为用者易见,而礼之所为禁者难知"。董仲舒著有《春秋决事》,汉代以《春秋》绝狱,其实这只是孔子此书的一个面向,《春秋》还有礼义大宗的一面,可以禁于未发之前。孔子毕生叹慕周礼,称为礼学宿耆,流露在《春秋》，也是情理之中。

二、是经非史

面对刘知几的批评，皮锡瑞《经学通论》曾有一个正面的回应，认为"刘氏但晓史法，不通经义"，而且刘氏读经书也不熟，"夫吴为伯主，故耻不书，公及戎盟，本无庸讳，且及戎盟，隐桓二年凡两见，刘举桓而失隐，知其读《春秋》不熟矣"。皮氏认为《春秋》是经书，不可纯用史法衡量。"孔子所作者，是为万世作经，不是为一代作史。经史体例所以异者，史是据事直书，不立褒贬，是非自见；经是必借褒贬是非，以定制立法，为百王不易之常经"。经书垂教万世，故而必立褒贬；史书记载一代，故而秉笔直书。

《春秋》是经书，《春秋》有大义，而不只是记载事实。《春秋》所言，曾被视为"为汉立法"，从中可以见出超越具体事实的大义。路温舒曰："臣闻《春秋》正即位，大一统而慎始也。"光武诏曰："《春秋》立子以贵不以长，东海王阳，皇后之子，宜承大统。"匡衡曰："《春秋》之义，诸侯不能守其社稷者绝。"霍谞曰："《春秋》之义，原情定过，赦事诛意，故许止虽弑君而不罪，赵盾以纵贼而见书。"

《春秋》编年记事，但是皮锡瑞《经学通论》认为，《春秋》要旨在于借事明义，"止是借当时之事做一样子，其事之合与不合，备与不备，本所不计。"董仲舒引孔子之言，已明此旨，"我欲载之空言，不如见之行事深切著明也"。所谓借事明义者，"盖所谓见之行事，谓托二百四十二年之行事，以明褒贬之义也"。孔子所以要借事，因为空言不易晓，"孔子知道不行而作《春秋》，斟酌损益，立一王之法以待后世。然不能实指其用法之处，则其意不可见，即专著一书，说明立法之意如何，变法之意如何？仍是托之空言，不如见之行事，使人易晓，犹今之大清律，必引旧案以为比例，然后办案乃有把握，故不得不借当时之事，以明褒贬之义。即褒贬之义，以为后来之法"。既然要旨在于明义，具体的事实就不必深究，"如鲁隐非真能让国也，而《春秋》借鲁隐之事，以明让国之义；祭仲非真能知权也，而《春秋》借祭仲之事，以明知权之义；齐襄非真能复仇也，而《春秋》借齐襄之事，以明复仇之义；宋襄非真能仁义行师也，而《春秋》借宋襄之事，以明仁义行师之义。所谓见之行事，深切著明，孔子之意，盖是如此"。《春秋》没有空言褒贬与进退，而是寄托在行事上，虽然事实或有不符，但是大义却愈加深切著明。

按照皮氏的观点，《春秋》史事犹如《周易》的占卜吉凶，是神道设教的方式；犹如《仪礼》的仪式节度，是恭俭庄敬的体现；犹如《尚书》的征战讨伐，是道德天命阐发的凭借。《春秋》借事明义,重点在大义,大义已明,则不必缕析,所以《春秋》简短。《春秋》借事明义,事是凭借,基本事实准确即可,细节考据,已非重点。直言不讳,善恶皆书,得失自见,这是史书的要求。神道设教,寓于政事,见于仪式,发诸比兴,都是借事明义一类,经书可以如此。《春秋》本质上是一部经书。

其实,朱子早已道明此书经书教化的价值。"《春秋》本是严底文字,圣人此书之作,遏人欲于横流,遂以二百四十二年行事,寓其褒贬,一字不敢胡乱下"。《春秋》是圣人之作,是防止人欲泛滥之书,有教化价值。又林问先生论《春秋》一经,朱子曰:"《春秋》本是正谊明道,权衡万世典刑之书,如朝聘会盟侵伐等事,皆是因人心之敬肆,为之详略,或书字,或书名,皆就其事而为之义理,最是斟酌,毫忽不差,后之学《春秋》,多是较量齐鲁短长,自此以后,如宋襄晋悼等事,皆是论霸事业,不知当时为王道作耶?为霸者作耶?若是为霸者作,则此书岂足为义理之书?曰大率本为王道正其纪纲,看以前《春秋》文字虽粗,尚知有圣人明道正谊道理,尚可看,近来止说得伯业权谲底意思,更开眼不得,此义不可不知。"在朱子看来,《春秋》为王道而作,根本义理,明道正谊,是经书而不是记载功利霸业的史书。

三、垂法后世

孟子说"孔子成《春秋》而乱臣贼子惧",是说《春秋》垂法后世,遏恶扬善。这个说法在后世,得到不少响应。周敦颐曰:"《春秋》正王道,明大法也。孔子为后世王者而修也,乱臣贼子诛死者于前,所以惧生者于后。"张载曰:"《春秋》之书,在古无有,乃仲尼所自制,惟孟子为能知之。"程子曰:"夫子作《春秋》,为百王不易之大法。斯道也,惟颜子尝闻之矣。"又曰:"《春秋》大义,炳如日星,乃易见也。惟其微辞隐义,时措咸宜者,为难知也。或抑或纵,或予或夺,或进或退,或微或显,而得乎义理之安,文质之中,宽猛之宜,是非之公,乃制事之权衡,揆道之模范也。"程子认为,《春秋》可以作为后世的标准,堪称公正、适中而永恒的治国大法。

不过,关于《春秋》垂教的价值,后世也有质疑的声音。"至于董狐书法而不隐,南史执简而累进,又宁殖出君而卒自忧名在策书。故知当时史臣各怀直笔,斯则有犯必死,书法无舍者矣。自夫子之修《春秋》也,盖他邦之篡贼其君者有三,本国之杀逐其君者有七,莫不缺而靡录,使其有逃名者,而孟子云'孔子成《春秋》乱臣贼子惧',无乃乌有之谈欤。"刘知几因为董狐、南史直书,而《春秋》有隐讳之笔,故对孟子之言加以否定,视为乌有。皮锡瑞《经学通论》对此有过分析,认为刘氏读书不精,"若齐郑楚三君,其国无董狐之直笔,国史本不书弑,夫子岂得信传闻之说,遽加人以弑逆之罪乎?至郑伯隐讳,又是一义,刘氏不明其义,而并为一谈,斯惑矣。鲁桓弑隐,但书公薨。刘氏以为董狐南史各怀直笔,孟子言孔子成《春秋》而乱臣贼子惧,无乃乌有之谈,不知南董非崔赵之臣,故可直书,孔子是鲁臣,于其先君篡弑,不可直书。刘氏在唐,曾为史官,试问其于唐代之事,能直书无隐否?乃以此惑圣经,并疑孟子之言为乌有,固由读书粗疏,持论犷悍,亦由误信杜预孔颖达,不知从《公》《穀》以求圣经也"。

刘知几的误信误疑,固然与其读书持论有关,但是《春秋》之后,历代乱臣贼子并不少见。《春秋》垂教之功,究竟何在呢?皮氏认为,《春秋》固然不能使天下后世没有乱臣贼子,但是足以使其心惧,有所收敛,不至全无忌惮。"孔子成《春秋》,不能使后世无乱贼子,而能使乱臣贼子不能全无所惧。自《春秋》大义昭著,人人有一《春秋》之义,在其胸中,皆知乱臣贼子,人人得而诛之。虽极凶悖之徒,亦有魂梦不安之隐。虽极巧辞饰说,以为涂人耳目之计,而耳目仍不能涂。邪说虽横,不足以蔽《春秋》之义"。总结起来,乱臣贼子所惧者义士与直书,"乱贼既惧当时义士声罪致讨,又惧后世史官据事直书"。因为心中有惧,故而多方掩饰,寝食难安,"如王莽者,多方掩饰,穷极诈伪,以盖其篡弑者也。如曹丕司马炎者,妄?禅让,褒封先代,篡而未敢弑者也。如萧衍者,已行篡弑,旋知愧憾,深悔为人所误者也。如朱温者,公行篡弑,犹畏人言,归罪于人以自解者也。他如王敦桓温谋篡多年,而至死不敢;曹操司马懿及身不篡,而留待子孙。凡此等固由人有天良,未尽泯灭,亦由《春秋》之义,深入人心,故或迟之久而后发,或迟之又久而卒不敢发。即或冒然一逞,犯天下之不韪,终不能坦怀而自安"。《春秋》礼义之大宗,礼禁未发,若无此等禁止,乱臣贼子之发,当不计其数。

第二节 《春秋》三传

《春秋》记事虽然基本可信,但是显得过于简单,很多时候只有寥寥数语,让人难明就里。孔子及其后学的时代,因为师说存在,或许不成问题。但是随着战争纷乱的发生,师门弟子流离走散,师说不存,《春秋》大事记背后的事实、思想、褒贬等变得难以讲明,不得正解,各种误解、歧解纷纷出现。于是,对《春秋》的注解开始出现。《春秋》是经,注经之作称为传。历史上,注解《春秋》有三部重要的传,称为"春秋三传"。

一、三传由来

关于孔子作《春秋》以及《左传》的由来,《汉书·艺文志》曾有非常细致的描述,"周室既微,载籍残缺,仲尼思存前圣之业,乃称曰:'夏礼吾能言之,杞不足征也;殷礼吾能言之,宋不足征也。文献不足故也,足则吾能征之矣。'以鲁周公之国,礼文备物,史官有法,故与左丘明观其史记,据行事,仍人道,因兴以立功,败以成罚,假日月以定历数,借朝聘以正礼乐。有所褒讳贬损,不可书见,口授弟子,弟子退而异言。丘明恐弟子各安其意,以失其真,故论本事而作传,明夫子不以空言说经也"。班固此《志》受刘歆影响很大,而刘歆力主《左传》立为官学,因此班氏以为《左传》撰述最早,左丘明甚至亲与孔子同观史记,共历《春秋》创作过程。关于其他诸传,班《志》曰:"《春秋》所贬损大人当世君臣,有威权势力,其事实皆形于传,是以隐其书而不宣,所以免时难也。及末世口说流行,故有《公羊》《穀梁》《邹》《夹》之《传》。四家之中,《公羊》《穀梁》立于学官,邹氏无师,夹氏未有书"。《左传》虽然成书最早,但是流传较晚,反倒是《公羊》《穀梁》先立于学官。

关于三传的传授,《隋书·经籍志》有过简要的概述,"汉初,有公羊、穀梁、邹氏、夹氏,四家并行。王莽之乱,邹氏无师,夹氏亡。初,齐人胡母子都传《公羊春秋》,授东海嬴公。嬴公授东海孟卿,孟卿授鲁人眭孟,眭孟授东海严彭祖、鲁人颜安乐。故后汉《公羊》有严氏、颜氏之学,与穀梁三家并立。汉末,何休又作《公羊解说》。而《左氏》汉初出于张苍之家,本无传者。至文帝时,梁太傅贾谊为训诂,授赵人贯公。其后刘歆典校经籍,考而正之,欲立于学,诸儒莫应"。西汉时期,《公羊》《穀梁》立为官学,而《左传》并未立于学。"至建武中,尚书令韩歆请立而未行。时陈元最明《左传》,又上书讼之。于是乃以魏郡李封为《左氏》博士。后群儒蔽固者数廷争之。及封卒,遂罢。然诸儒传《左氏》者甚众。永平中,能为《左氏》者擢高第为讲郎。其后贾逵、服虔并为训解。至魏,遂行于世。晋时,杜预又为《经传集解》。《穀梁》范宁注、《公羊》何休注、《左氏》服虔、杜预注,俱立国学"。汉代以后,《左传》传授渐渐盛行。

《春秋》学史上,《左传》属于古文经,《公羊传》《穀梁传》属于今文经。《左传》在西汉没有立学,东汉时期短暂立为官学,但是很快就被废除。汉代以降,随着经学的解体、微言大义的失落以及名家学者的注解,《左传》渐渐盛行起来。与此同时,《公羊传》《穀梁传》转而逐渐消歇下去。直到清代,《公羊》《左传》的斗争才又重新热烈起来。

二、三传驳异

皮锡瑞《经学通论》曰："汉今古文家相攻击，始于左氏公羊，而今古文家相攻若仇，惟左氏公羊为甚。"《穀梁传》虽然在汉宣帝朝短暂立为官学，但是不久罢免。所以《春秋》学领域，斗争最激烈的还是《公羊传》和《左氏传》。皮氏叙斗争情状曰："四家易之于费氏易，三家尚书之于古文尚书，三家诗之于毛诗，虽不并行，未闻其相攻击。汉博士惟以《尚书》为备，亦未尝攻古文，惟刘歆请立《左氏》，则博士以左丘明不传《春秋》抵之，韩歆请立《左氏》，则范升以《左氏》不祖孔子抵之。郑众作《长义》十九条十七事，论《公羊》之短，《左氏》之长。贾逵作《长义》四十条云《公羊》理短，《左氏》理长。李育读《左氏传》，虽乐文采，然谓不得圣人深意，作《难左氏四十一事》。何休与其师羊弼，追述李育意以难二传，作《公羊墨守》《左氏膏肓》《穀梁废疾》，郑康成《针膏肓》《发墨守》《起废疾》。隗禧谓左氏为相斫书，不足学，钟繇谓左氏为大官，公羊为卖饼家。各经皆有今古文之分，未有相攻若此之甚者。"皮氏认为，《公羊传》《左氏传》大相反对，势不两立，事出有因。二传不但义例不合，甚至基本事实都存有舛异，"《左氏》以文宣为父子，昭定为兄弟，《公羊》以文宣为兄弟，昭定为父子，鲁十二公伦序，已大不同。《左氏经》作君氏卒，以为鲁之声子，《公羊经》作尹氏卒，以为周之世卿，所传之经，一字不同，而一以为妇人，一以为男子，乖异至此，岂可并立？"今观三传，后世歧义较大的问题有四个。

首先，《左传》的作者问题。《汉书·艺文志》言之凿凿，左丘明与孔子同观史记，共同创作，但是宋代刘敞早有异议，"仲尼之时，鲁国贤者无不从之游，独丘明不在弟子之籍。若丘明真受经作传者，岂得不在弟子之籍哉？岂有受经传道而非弟子者哉？以是观之，仲尼未尝授经于丘明，丘明未尝受经于仲尼也"。宋代程颐也有疑义，"或问伊川曰，左氏是丘明否？曰：传无丘明字，不可考"。异常谨慎，非常明白。赵匡对此也有疑义，"今观左氏解经，浅于公穀，诬谬实繁，若丘明才实过人，岂宜若此，推类而言，皆孔门后之门人，但公穀守经，左氏通史，故其体异耳。丘明者，盖夫子以前贤人，如史佚迟任之流，见称于当时耳"。赵氏之意，《论语》中的左丘明与《左氏传》的作者并非一人。王安石曾著《左氏解》，以为左氏为六国时人。不过，持此论最坚者数郑樵，其著《六经奥论》曰："左氏终纪韩魏知伯之事，又举赵襄子之谥，若以为丘明，自获麟至襄子卒，已八十年矣，使丘明与孔子同时，不应孔子既没七十有八年之后，丘明犹能著书，此左氏为六国人明验一也。左氏战于麻隧,秦师败绩,获不更女父,又云秦庶长鲍、庶长武帅师及晋师战于栎,秦至孝公时立赏级之爵乃有不更、庶长之号,明验二也。左氏云,虞不腊矣,秦至惠王十二年初腊,明验三也。左氏师承邹衍之说而称帝王子孙,案齐威王时邹衍推五德终之运,明验四也。左氏言分星皆准堪舆,案韩魏分晋之后,而堪舆十二次,始于赵分曰大梁之语,明验五也。左氏云,左师殿将以公乘马而归,案三代时有车战,无骑兵,惟苏秦合从六国,始有车千乘骑万匹之语,明验六也。左氏序吕相绝秦,声子说楚,其为雄辩狙诈,真游说之士,捭阖之辞,明验七也。左氏之书,序晋楚事最详,如楚师熸犹拾沈等语,则左氏为楚人,明验八也。据此八节,可以知左氏非丘明,是为六国时人无可疑者。"《左传》作者既遭到怀疑,后来公羊学者刘逢禄进而怀疑《左传》的凡例、书法皆出于刘歆伪造。

　　其次,《左传》的注经问题。《公羊传》《穀梁传》皆依经文施注,或有有经无传,绝无无经有传。二传发挥经文大义,经传在时间起讫上保持一致。因此,《公羊》《穀梁》传经,无人置疑。与二传不同,《左传》有无传之经,还有无经之传,经传并非完全对应,致使后人疑云丛生。晋代王接曾谓,《左氏》自是一家书,不主为经发。宋代刘安世对于牵合《春秋》和《左氏》,也有疑义,认为不合而为一可能更好。"《公》《穀》皆解正《春秋》,《春秋》所无者,《公》《穀》未尝言之。若《左传》,则《春秋》所有者或不解,《春秋》所无者或自为传。故先儒以谓《左氏》或先经以起事,或后经以终义,或依经以辨理,或错经以合异,然其说亦有时牵合。要之读《左氏》者,当经自为经,传自为传,不可合而为一也,然后通矣"。南宋张杓进而认为,"传"有两种意义,有训诂之传,有载记之传,前者用于释经,后者用于纪事。张氏认为,《公羊传》《穀梁传》属于训诂之传,用于通经,而《左氏传》属于载记之传,以纪事为主。"《公》《穀》依经立传,经所不书,更不发义。故康成谓《穀梁》善于经,王接亦曰《公羊》于文为俭,通经为长,此而例之训诂之传犹或可也。若《左氏》之书,据太史公《十二诸侯年表》,则曰《左氏春秋》,而不言传。据严彭祖引《观周篇》之文,则言为传与《春秋》相表里,而不言是释经。据卢氏植、王氏接,则谓囊括古今,成一家之言,不主为经发。据高氏祐、贺氏循,则并目之为史。是汉晋诸儒言《左氏》者,莫不以为纪事之书,所谓载记之传是也"。在张杓看来,《左氏传》与《春秋》本来分行,互不相关,只因后来杜预割传附经,导致混淆错乱,"汉《左氏传》与《春秋》分行,至杜元凯作《集传》,始割传附经,妄生义例,谓传或先经以纪事,或后经以终义,或依经以辨理,或错经以合异,一似左氏此书,专为解驳经义者。独不思经止哀十六年,而传则终于二十七年,如依杜说,此十有一年之传,为先后何经,依错何经耶? 甚矣其惑也"。张氏认为,《春秋》与《左氏传》分行则两善,至杜预割裂混一则两伤。清代刘逢禄《左氏春秋考证》则以为将《左氏传》比附《春秋》经文者乃刘歆。"左氏后于圣人,未能尽见列国宝书,又未闻口授微言大义,惟取所见载籍如晋乘楚梼杌等,相错编年为之,本不必比附夫子之经,故往往比年阙事。刘歆强以为传《春秋》,或缘经饰说,或缘《左氏》本文前后事,或兼采他书以实其年。如此年之文,或即用《左氏》文,而增春夏秋冬之时,遂不暇比附经文,更缀数语。要之皆出点窜,文采便陋,不足乱真也"。因为人为比附,所以文采谫陋,高下立现。不过,刘氏并未把责任全部推到刘歆头山,而是认为贾逵等人也有过错,"歆虽略解经文,颠倒《左氏》,二书犹不相合。《汉志》所列《春秋》古经十二篇,经十一卷,《左氏传》三十卷是也。自贾逵以后,分经附传,又非刘歆之旧,而附益改窜之迹益明矣"。

再次,《穀梁》《公羊》的先后问题。郑玄《释废疾》主张《穀梁传》早于《公羊传》,"孔子虽有圣德,不敢显然改先王之法以教授于世,若其所欲改,其阴书于纬,藏之以传后王。《穀梁》四时田者,近孔子故也,《公羊》正当六国之亡,谶纬见读,而传为三时田,作传有先后虽异,不足以断《穀梁》也"。不过,《经典释文·序录》曰:"公羊高受之于子夏,穀梁赤乃后代传闻。"陆德明的排序与郑玄正好相反,陈澧赞同《经典释文》之言,"《释文》序录之言是也"。陈澧曾经引据刘敞的《春秋权衡》,认为《穀梁传》曾见《公羊传》,用以修正完善自己的观点。"庄二年,公子庆父师师伐于余邱,《公羊》云:'邾娄之邑也。曷为不系乎邾娄? 国之也。曷为国之? 君存焉尔'。《穀梁》云:'公子贵矣,师重矣,而敌人之邑,公子病矣。其一曰,君在而重之也'。刘原父《权衡》云:'此似晚见《公羊》之说而附益之。'隐二年,无骇帅师入极,八年无骇卒。《穀梁》传皆两说,刘氏亦以为《穀梁》见《公羊》之书,而窃附益之。"姑存两说以备考,引用他说以使得自己的论断更加谨慎合理,就是所谓的"附益之"。陈澧通过考索,发现《穀梁传》有时直接采用《公羊传》的说法,"《公羊》《穀梁》二传同者,隐公不书即位,《公羊》云成公意,《穀梁》云成公志。郑伯克段于鄢,皆云杀之,如此者不可枚举矣。僖十七年夏灭项,《公羊》云:'孰灭之,齐灭之,曷为不言齐灭之,《春秋》为贤者讳。此灭人之国,何贤尔? 君子恶恶也疾始,善善也乐终,桓公尝有继绝存亡之功,故君子为之讳也。'《穀梁》云:'孰灭之,桓公也。何以不言桓公也? 为贤者讳也。既灭人之国矣,何贤乎? 君子恶恶疾其始,善善乐其终,桓公尝有存亡继绝之功,故君子为之讳也。'此更句句相同。盖《穀梁》以《公羊》之说是,而录取之也。"著书立说,或有闭门造车,出而合辙,简单论其袭用录取,容有不确。不过,将对方观点作为批评对象,则其沿袭参考之事可以确然矣。陈澧发现,《穀梁传》有时将《公羊传》的观点作为批评的对象,其后于《公羊传》,更无疑矣。"文十二年子叔姬卒,《公羊》云:'此未适人,何以卒?许嫁矣。'《穀梁》云:'其曰子叔姬,贵也,公之母姊妹也。其一传曰:许嫁以卒之也。'此所谓其一传,明是《公羊传》矣。宣十五年初税亩,冬蝝生,《穀梁》云:'蝝非灾也,其曰蝝,非税亩之灾也。'此《穀梁》驳《公羊》之说也。《公羊》以为宣公税亩,应是而有天灾,《穀梁》以为不然,故曰:非灾也,驳其以为天灾也。又云:'其曰蝝,非税亩之灾也。'驳其以为应税亩而有此灾,其在公羊之后,更无疑矣。"

最后,《左氏》《公羊》《穀梁》的经史问题。《春秋》学史上,唐代啖助较早斟酌三传,各取其长。"《左氏》叙事尤备,能令百代之下,颇见本末,因以求意,经文可知。二传传经,密于《左氏》,《穀梁》意深,《公羊》辞辨。"宋人进一步发展啖氏融通三传的倾向,推衍其说。胡安国曰:"事莫备于《左氏》,例莫明于《公羊》,义莫精于《穀梁》。"叶梦得曰:"《左氏》传事不传义,是以详于史而事未必实,《公羊》《穀梁》传义不传事,是以详于经而义未必当。"朱子从经史分殊的角度区别三传,"《左氏》是史学,《公》《穀》是经学,史学者记得事却详,于道理上便差,经学者于义理上有功,然记事多误。"又曰:"《左氏》曾见国史,考事颇精,只是不知大义,专去小处理会,往往不会讲学,《公》《穀》考事甚疏,然义理却精,二人乃是经生,传得许多说话,往往不会见国史。"吕大圭沿此经史分殊的角度,曰:"《左氏》熟于事,《公》《穀》深于理,盖《左氏》曾见国史,而《公》《穀》乃经生也。"吴澄曰:"载事则《左氏》详于《公》《穀》,释经则《公》《穀》精于《左氏》。"

事义区分与经史分别常常联系在一起。史学注重叙事,经学重要在大义。《公羊》《穀梁》依附经文,发明大义,属于经学。《左传》偏于叙事,记事详赡,属于史学。皮锡瑞认为,《左氏》自有长处,可以千古,不必依傍《春秋》。"左氏叙事之工,文采之富,即以史论,亦当在司马迁班固之上,不必依傍圣经,可以独有千古。《史记》《汉书》,后世不废,岂得废《左氏》乎?且其书比《史》《汉》近古,三代故实,名臣言行,多赖以存,如纳鼎有谏,观社有谏,申缟名子之对,御孙别男女之贽,管仲辞上卿之飧,魏绛之述夏训虞箴,郯子之言纪官,子革之诵祈招,且有齐虞人之守官,鲁宗人之守礼,刘子所云天地之中,子产所云天地之经,胥臣敬德之聚,晏子礼之善物。王应麟《汉制考序》尝历举之,顾栋高、陈澧皆引之,以为左氏之善矣。然左氏记载诚善,而于《春秋》之微言大义,实少发明。"《左氏传》的长处在叙事富美,自有长处,但是对于治经实在没有什么发明。因此,后世研究《左传》者必须审所择从,坚持发挥经学大义,而不可留恋名物史实考订,否则终究不入经学大门。"后之治左氏者,能诠释经义,解说凡例,可附于春秋家。若专考长历地名人名事实,或参以议论者,止可入左氏家,以与圣经大义无关,止可谓之史学,不得谓之经学也"。唐代陆淳《春秋纂例》也曾经论及此理,"此经,《春秋》也,此传,《春秋》传也。非传《春秋》之旨,理自不得录耳。非谓其不善也,且历代史籍善言多矣,岂可尽入《春秋》乎?其当示于后代者,自可载于史书尔。今左氏之传见存,必欲耽玩文彩,记事迹者览之可也,若欲通《春秋》者,即请观此传焉"。

唐代陈商《立春秋左传学议》,可谓历来分别《春秋》《左氏》最为明晰者。"以孔子修经,褒贬善恶,类例分明,法家流也。左丘明为鲁史载述时政,惜忠贤之泯灭,恐善恶之失坠,以日系月,修其职官,本非扶助圣言,缘饰经旨,盖太史氏之流也"。又曰:"夫子所以为经,当与《诗》《书》《周易》等列,丘明所以为史,当与司马迁、班固等列。"《左传》是史,与《史记》《汉书》同类,据事直书,无所谓褒贬大义。《春秋》则是垂世立教的经书,与《周易》《诗经》《尚书》同类,有微言大义,有褒贬教化。

三、三传趋同

尽管历代学者对于《春秋》三传的异趋有过许多论述,但是客观分析,三传尚有趋同之处。《春秋》既是礼义大宗,礼禁未发,所以注解此经皆当讲明其中礼义思想。《春秋》既是记载东周二百四十二年之变迁,其中人事自然带有当时贵族社会之特质,所以注解此经皆当呈现贵族言行之规范仪节。《春秋》既是孔子所作,借事寓义,所以注解此经应该领会并讲明孔子的礼义思想。今观三传,礼学思想阐释恰是其共同的内容特质。当然,我们也可以说,只要讲明其中的礼义思想,有助于领会蕴含其中的《春秋》大义,皆可以视为解经辅经之作。

《春秋》的礼义思想从内容上讲,包括三个层面:名物、制度与义理。完整礼义思想阐释需要讲明其中的礼器名物,考证其中的礼仪制度,发挥其中义理思想。只有这样,才能领会寄寓其中的政治思想和社会理想。

首先,三传对礼器名物的阐释。许慎《五经异义》曾经引用三传关于脤膰的解释,"《左氏》说,脤社祭之肉,盛之以蜃。宗庙之肉名曰膰。《公羊》《穀梁》皆云生居俎上曰脤,孰居俎上曰膰。"《左传》以社祭宗庙与盛器区分脤膰,《公羊》《穀梁》以生熟区分脤膰。薛士龙融通三传,"社稷主腥谓之脤,宗庙主孰谓之膰。兄弟之国,亲也,故兼脤膰以赐之;诸侯之国,疏也,故归脤而已"。这些考析对于理解《春秋》所言"天王使石尚来归脤",极有裨益。又比如黄以周《礼书通故》曾经引用《公羊》《穀梁》关于世室的解说,纠正《礼记》的误说。《礼记·明堂位》曰:"鲁公之庙,文世室也。武公之庙,武世室也。"《礼记》主张鲁国有两个世室,实则有误。"鲁无武世室,武公之庙止称武宫。成六年《公羊传》云:'武宫者何?武公之宫也。'《明堂位》文多后人羼入,不可信也。《春秋》书'世室屋坏',《穀梁传》云:'世室者何?鲁公之庙也。周公称太庙,鲁公称世室,群公称宫。'如鲁有两世室,《春秋》当别白书之,如桓宫、僖宫之例矣"。《公羊》《穀梁》二传关于世室的考析,对于正确理解《春秋》的记载极为必要。

其次,三传对制度仪节的阐释。《左传》鲁昭公十一年秋,单子会韩宣子于戚,叔向断定单子将死,并且发表一段关于礼容的论述。"朝有著定,会有表,衣有襘,带有结。会朝之言,必闻于表著之位,所以昭事序也。视不过结襘之中,所以道容貌也。言以命之,容貌以明之,失则有阙。今单子为王官伯,而命事于会,视不登带,言不过步,貌不道容,而言不昭矣。不道不共,不昭不从,无守气矣。"这年冬天,单子去世。礼的节度不只是动作方位,也包括眼神、语速、神态与表情。礼容的造诣与表现,往往可以见出内心的状态、使命的承担、修养的功夫等信息,而这些信息又往往与身心状态、社会处境等相关,进而成为祸福生死的征兆。《左传》鲁隐公五年九月,鲁国仲子之宫落成,将举行万舞。鲁隐公向众仲询问执羽人数,对曰:"天子用八,诸侯用六,大夫四。夫舞所以节八音而行八风,故自八以下。"鲁隐公听从众仲之言,"始用六佾也"。这一番阐析对于理解礼义制度,审视其后季氏八佾舞于庭的僭越内涵颇有意义。鲁僖公二十五年,《春秋》载"宋人杀其大夫"。《公羊传》解释大夫何以不书名,"何以不名?宋三世无大夫,三世内娶也"。按照礼制,诸侯不内娶,大夫不外娶。诸侯内娶,有嫌渔色,"礼,不臣妻之父母,国内皆臣,无娶道,故绝去其大夫名,正其义也"。诸侯如果在国内娶妻,将使得夫人的父母成为臣子,亲戚关系将会危及君臣上下的关系。《公羊传》此处基于婚姻制度的解释,对于了解《春秋》记载背后的深意颇有价值。《穀梁传》对于锡命之说,颇有反对意见,"礼有受命,无来锡命,锡命非正也"。又以为王使荣叔锡鲁桓公命,非礼也。"礼有受命,无来锡命。锡命,非正也。生服之,死行之,礼也。生不服,死追锡之,不正甚矣"。黄以周赞同《穀梁传》的阐释,"春秋时世朝之礼废,而天子乃就其国而锡之,如'王使荣叔来锡桓公命','天王使召武公赐晋侯命','天王使毛伯来锡公命',皆非正也,当从《穀梁》"。这些阐释,对于正确理解《春秋》的措辞,必不可少。

最后,三传对义理思想的阐释。礼的器物、制度是礼的外显层面,礼的义理思想则是礼的深层内蕴。礼器会有迭代,礼制容有革新,但是义理却是礼器、礼制的精神旨求。也可以说,礼器、礼制背后的义理是礼义系统更为稳定、更为根本的部分。鲁隐公十一年,秋七月,郑庄公会和齐侯、鲁公伐许。壬午,攻入许国,许庄公逃奔卫国。齐侯将许国让与郑人。郑伯使许大夫百里奉许庄公之弟以居许国东鄙,表示自己不贪许地,不问许国内政。郑庄公此举被视为有礼。《左传》发挥礼之大义,"礼,经国家,定社稷,序民人,利后嗣者也。许无刑而伐之,服而舍之,度德而处之,量力而行之,相时而动,无累后人,可谓知礼矣"。礼之大用在于安国定民,在于合理合度,无累后人。这层发挥,对于理解《春秋》的大义颇为有益。之后,《左传》关于周郑失和的论述,亦足以阐释礼以恕为本的义理思想,"恕而行之,德之则也,礼之经也。已弗能有,而以与人,人之不至,不亦宜乎!"鲁僖公八年,《春秋》载曰:"春,王正月,公会王人、齐侯、宋公、卫侯、许男、曹伯、陈世子款盟于洮"。《穀梁传》曰:"王人之先诸侯,何也?贵王命也。朝服虽敝,必加于上;弁冕虽旧,必加于首;周室虽衰,必先诸侯。"《春秋》安排会盟诸侯国的先后顺序,实际上基于礼以序尊卑、别嫌疑的义理思想。《穀梁传》将这层意思加以发明,十分必要。鲁庄公十九年,《春秋》载:"秋,公子结媵陈人之妇于鄄,遂及齐侯、宋公盟。"《公羊传》对遂事作了深入的阐释,"媵不书,此何以书?为其有遂事书。大夫无遂事,此其言遂何?聘礼,大夫受命,不受辞。出竟有可以安社稷利国家者,则专之可也。"遂事的合理性与聘礼所言"使从宜,辞无常"有关,因为聘问在境外,"外事不素制,不豫设",所以需要因事制宜,灵活处置。公子结出境,赶上齐、宋准备讨伐鲁国,所以临时矫君命而与之结盟,解除国家之危难,保全百姓之性命,因此《春秋》加以详细的记载,以示褒奖。这层义理的阐释,对于理解《春秋》的记载,极有价值。

第三节 《春秋》功过

《春秋》记事简练,而又意蕴丰富,后世学者围绕"《春秋》义例""《春秋》笔法""微言大义"等议题展开大量考论,形成《春秋》学传统。当我们检讨这个传统,梳理历来学者观点,可以总结出四条批评性意见。

一、素王之说,僭越颠乱

素王,指拥有君王德行却没有居其位者。杜预《春秋经传集解序》提到孔子素王之说，"说者以为仲尼自卫反鲁，修《春秋》，立素王。丘明为素臣"。其实，孔子素王之说在汉儒中间，风行一时。董仲舒对策云："孔子作《春秋》，先正王而系以万事，是素王之文焉。"刘安《淮南子·主术篇》曰："孔子之通，智过于苌宏，勇服于孟贲，足蹑郊菟，力招城关，能亦多矣。然而勇力不闻，伎巧不知，专行教道，以成素王。"贾逵《春秋序》云："孔子览史记，就是非之说，立素王之法。"郑玄《六艺论》云："孔子既西狩获麟，自号素王，为后世受命之君制明王之法。"卢钦《公羊序》云："孔子自因鲁史记而修《春秋》，制素王之道。"可见孔子素王之说，一度成为诸儒的共同主张。尽管如此，杜预对此说还是反对，"子路欲使门人为臣，孔子以为欺天。而云仲尼素王，丘明素臣，又非通论也"。孔颖达认同杜预的意见，以为圣人不为，"圣人之生，与运隆替，运通则功济当时，运闭则道存身后。虽复富有天下，无益于尧舜；贱为匹庶，何损于仲尼？道为升降，自由圣与不圣；言之立否，乃关贤与不贤。非复假大位以宣风，藉虚名以范世，称王称臣，复何所取？若使无位无人，虚称王号，不爵不禄，妄窃臣名，是则羡富贵而耻贫贱，长僭逾而开乱逆，圣人立教，直当尔也！"孔颖达认为素王素臣之说，与孔子一向以来的原则不符，"臧文仲山节藻棁，谓之不知；管仲镂簋朱纮，称其器小；见季氏舞八佾，云孰不可忍？若仲尼之窃王号，则罪不容诛。而言素王素臣，是诬大贤而负圣人也。呜呼！孔子被诬久矣，赖杜预方始雪之"。

《孔子家语》曾经提供了一个关于素王的新解，但是并不为后世注意。"《孔子家语》称齐大史子馀叹美孔子，言云'天其素王之乎！'素，空也。言无位而空王之也。彼子馀美孔子之深，原上天之意，故为此言耳，非是孔子自号为素王。先儒盖因此而谬，遂言《春秋》立素王之法"。或许因为《孔子家语》来历不明的原因，这个观点并不为大多数学者引用。

皮锡瑞《经学通论》对素王之说，另提解释，"据杜孔之说，则《春秋》素王，非独公羊家言之，左氏家之贾逵亦言之，至杜预始疑非通论，杜所疑者是仲尼素王，以为孔子自王，此本说者之误。若但云《春秋》素王，便无语弊。孔疏所引云，素王之文，素王之法，素王之道，皆不得谓非通论。试以孔疏解素为空解之，何不可通？杜预序云'会成王义，垂法将来'。其与素王立法之说，有以异乎？无以异乎？"皮氏认为，以《春秋》为素王，而不是孔子，那么就毫无问题。素王也就是树立典范、垂法后世的意思，并未有僭越非常之意。刘向《说苑·贵德》曰："（孔子）睹麟而泣，哀道不行，德泽不洽。于是退作《春秋》，明素王之道，以示后人。"刘向的叙述，与皮锡瑞所言以《春秋》为素王，较为相合。

二、三统三世，奇怪非常

《公羊传序》徐彦疏引何休《文谥例》，论及三科九旨，"三科九旨者，新周，故宋，以《春秋》当新王，此一科三旨也。所见异辞，所闻异辞，所传闻异辞，二科六旨也。内其国而外诸夏，内诸夏而外夷狄，是三科九旨也"。科是指段，旨是意义，三科九旨就是指三个科段之内，有九种意义。徐疏又引宋氏《春秋》注说，三科者，"一曰张三世，二曰存三统，三曰异外内，是三科也"；九旨者，"一曰时，二曰月，三曰日，四曰王，五曰天王，六曰天子，七曰讥，八曰贬，九曰绝"。何休的三科与九旨重合，九旨包含在三科之内，而宋氏的九旨在三科之外。其实，二者也有相通之处，何休的一科三旨，"新周故宋，以春秋当新王"，接近宋氏的"存三统"；何休的二科六旨，"所见异辞，所闻异辞，所传闻异辞"，接近宋氏的"张三世"；何休的三科九旨，"内其国而外诸夏，内诸夏而外夷狄"，接近宋氏的"异外内"。可见，宋氏的三科，实际上类同于何休三科九旨。

三科九旨之义，其实早见于公羊学大师董仲舒之书。《春秋繁露·楚庄王篇》曰，"春秋分十二世以为三等，有见，有闻，有传闻；有见三世，有闻四世，有传闻五世；故哀定昭，君子之所见也；襄成宣文，君子之所闻也；僖闵庄桓隐，君子之所传闻也；所见六十一年，所闻八十五年，所传闻九十六年"，此即张三世之义。《王道篇》曰，"内其国而外诸夏，内诸夏而外夷狄，言自近者始也"，此即异外内之义。《三代改制质文篇》曰，"《春秋》应天作新王之事，时正黑统，王鲁尚黑，绌夏新周故宋"，此即存三统之义。

根据董仲舒《春秋繁露》所论，可知古代王者兴起之常例。"古王者兴，当封前二代子孙以大国，为二王后，并当代之王为三王。又推其前五代为五帝，封其后以小国。又推其前为九皇，封其后为附庸。又其前则为民。殷周以上皆然"。《春秋》托王于鲁，继周而王，"当封殷周为二王后，改号夏禹为帝。《春秋》托王于鲁，为继周者立法，当封夏之后以小国，故曰绌夏。封周之后为二王后，故曰绌周"。这是绌夏新周故宋。根据皮锡瑞《经学通论》的观点，存三统之科旨，首先源于古制，其次可以通行后代，纤细至深，并未有古怪之说。"后世古制不行，人遂不得其说。学者试取董书《三代改制质文篇》，深思而熟读之，乃知春秋损益四代，立一王之法，其制度纤悉具备，诚非空言义理者所能解也"。

鲁隐公元年，《公羊传》明载张三世之义，"所见异辞，所闻异辞，所传闻异辞"。《解诂》言所见、所闻与所传闻，同乎董仲舒所说，"所见者，谓昭、定、哀,己与父时事也。所闻者,谓文、宣、成、襄,王父时事也。所传闻者,谓隐、桓、庄、闵、僖,高祖曾祖时事也"。三世异辞,基于人道恩义,止于人伦有序,"异辞者,见恩有厚薄,义有深浅,时恩衰义缺,将以理人伦,序人类,因制治乱之法,故于所见之世,恩己与父之臣尤深,大夫卒,有罪无罪,皆日录之,'丙申,季孙隐如卒'是也。于所闻之世,王父之臣恩少杀,大夫卒,无罪者日录,有罪者不日,略之,'叔孙得臣卒'是也。于所传闻之世,高祖曾祖之臣恩浅,大夫卒,有罪无罪皆不日,略之也。公子益师、无骇卒是也"。三世异词,还与借事明义、寓大义于行事有关,通过具体的时代展示政治的不同阶段。"于所传闻之世,见治起于衰乱之中,用心尚粗糙,故内其国而外诸夏,先详内而后治外,录大略小,内小恶书,外小恶不书,大国有大夫,小国略称人,内离会书,外离会不书是也。于所闻之世,见治升平,内诸夏而外夷狄,书外离会,小国有大夫,宣十一年'秋,晋侯会狄于攒函',襄二十三年'邾娄劓我来奔'是也。至所见之世,著治大平,夷狄进至于爵,天下远近小大若一,用心尤深而详,故崇仁义,讥二名,晋魏曼多、仲孙何忌是也"。

对于存三世的批评,常在于它与历史现实不符。亦即拨乱、升平、太平之递进顺序与时代衰败趋势,二者不能同步。从历史演变的角度考察,春秋时世之败是渐次严重,终致不可收拾,可谓由盛入衰。"春秋初年,王迹犹存;及其中叶,已不逮春秋之初;至于定哀,骎骎乎流入战国矣"。但是论春秋三世之义,则是由衰转盛,由乱入治,"春秋始于拨乱,即借隐桓庄闵僖为拨乱世;中于升平,即借文宣成襄为升平世;终于太平,即借昭定哀为太平世"。面对这层批评,皮锡瑞以为,《春秋》这是借事明义,理解三世之义,不可拘泥。"《春秋》本据乱而作,孔子欲明驯致太平之义,故借十二公之行事,为进化之程度,以示后人治拨乱之世应如何,治升平之世应如何,太平之世应如何。义本假借,与事不相比附"。

三、断烂朝报,陈腐无用

《宋史·王安石传》载其经学立场,"初,安石训释《诗》《书》《周礼》,既成,颁之学官,天下号曰新义。晚居金陵,又作《字说》,多穿凿附会。其流入于佛、老。一时学者,无敢不传习,主司纯用以取士,士莫得自名一说,先儒传注,一切废不用。黜《春秋》之书,不使列于学官,至戏目为断烂朝报"。断烂指陈腐杂乱的意思,朝报指古代传抄皇帝诏令和官员奏章一类的文件,断烂朝报即陈腐过时而又没有意义、系统和用处的材料。王安石在经学上过于鲁莽,出此言论,亦在可信。

　　不过王应麟《困学纪闻》引王安石《答韩求仁问春秋》文,曰:"此经比他经尤难,盖三传不足信也。"宋人尹和靖云:"介甫不解《春秋》,以其难之也,废《春秋》非其意。"林希逸曰:"尹和靖言介甫未尝废《春秋》,废《春秋》以为断烂朝报,皆后来无忌惮者,托介甫之言也。"据此诸说,则王安石并未有罢废《春秋》之意,可能出于后人依托。假托他人,发表观点,在传统学术历史上,倒也并不少见。

　　皮锡瑞《经学通论》以为,《春秋》之废,王安石固然不得脱其咎,然此事由来有自。"自《左氏》孤行,杜预谬解,人之视《春秋》者,莫不如是。专信左氏家经承旧史之说,一年之中,寥寥数事,信手抄录,并无义例,则是朝报而已。不信公谷家一字褒贬之义,日月名氏爵号有不具者,皆为阙文,万六千余字,而阙文百数十条,则是朝服之断烂者而已。如杜预孔颖达之说《春秋》,实是断烂朝报,并不为诬。若不谓然,则当罪杜孔,不当罪宋人矣"。皮氏视《公羊》为《春秋》学正统,认为《左氏》杜预是断烂朝报之始作俑者,虽有理据,犹有立场因素。

　　不过,《春秋》实不得以为杂乱无章,全无用处。《困学纪闻》又引朱文公之言,"《春秋》义例,时亦窥其一二大者,而终不能自信于心,故未尝敢措一辞"。义例之深,使人难以窥见堂奥,即便学富如朱熹者,亦不敢自信于心。不过,朱熹虽然信不过义例,但是仍然主张《春秋》是义理之书,大有用处。朱子认为《春秋》,"本是正谊明道,权衡万世典刑之书,如朝聘会盟侵伐等事,皆是因人心之敬肆,为之详略,或书字,或书名,皆就其事而为之义理,最是斟酌,毫忽不差"。此前,程子《春秋传自序》已论《春秋》之大用,"夫子当周之末,以圣人不复作也,顺天应时之治不复有也,于是作《春秋》,为百王不易之大法,后王知《春秋》之义,则虽德非禹汤,尚可以法三代之治,自秦而下,其学不传,予悼夫圣人之后,论《春秋》者鲜知此义"。程子之书,今虽不见,但是此论甚确。

　　其实,被朱子誉为醇儒的董仲舒早已发抒高论,足见《春秋》之精深内涵与修身治国之用。

　　孔子著《春秋》,不见于《论语》记载。但是,孔门对于春秋人事多有评议。根据董仲舒记载,孔门弟子对于《春秋》一书也有很高的评价。"至于杀君亡国,奔走不得保社稷,其所以然,是皆不明于道,不览于《春秋》也。"子夏甚至认为,《春秋》可以祛除危险,成就圣王之德,《春秋繁露·俞序》载曰:"有国家者,不可不学《春秋》,不学《春秋》,则无以见前后旁侧之危,则不知国之大柄,君之重任也。故或胁穷失国,掩杀于位,一朝至尔,苟能述《春秋》

之法,致行其道,岂徒除祸哉! 乃尧舜之德也。"

董仲舒认为孔子创作《春秋》,出于深思熟虑,"仲尼之作《春秋》也,上探正天端,王公之位,万民之所欲,下明得失,起贤才,以待后圣,故引史记,理往事,正是非,见王公,史记十二公之间,皆衰世之事"。孔子为什么要选择衰世之事,采用一种曲折的方式,而不是直接论道言理? 其中有审慎的考虑,《春秋繁露·俞序》曰:"吾因其行事,而加乎王心焉,以为见之空言,不如行事博深切明。"在董仲舒看来,《春秋》是一部精深的著作,许多思想都符合辩证精神。比如《春秋》对王权的合法性问题,即有辩证的看法,并不拘泥。受之先君,固然是王权合法性的重要来源,但是若不能得众,亦有危患。反过来说,虽然得位不正,却能忧患自处,爱民得众,亦能为人接受,《春秋》不予否定。《春秋繁露·玉英》:"非其位而即之,虽受之先君,《春秋》危之,宋缪公是也。非其位不受之先君,而自即之,《春秋》危之,吴王僚是也。虽然,苟能行善得众,《春秋》弗危,卫侯晋以立书葬是也。"可见得位于先君固然重要,但是并非王权合法性的唯一来源,深得民心同样重要。在这方面,齐桓公算是最著名的例子。齐桓公得位不正,但是因为能够忧患自处,敬贤守礼,所以《春秋》对其称霸,亦有赞词。"故齐桓非直弗受之先君也,乃率弗宜为君者而立,罪亦重矣,然而知恐惧,敬举贤人而以自覆盖,知不背要盟,以自湔浣也,遂为贤君,而霸诸侯。使齐桓被恶,而无此美,得免杀戮乃幸已,何霸之有!"

《春秋》含有圣人诸多深意,极有教诲,比如重信、仁爱等,不一而足。《春秋》对于治国安身尤为切要,其中含有极为宝贵的政治经验与智慧。《春秋繁露·王道》曾经列举亡国之政十六事,见出警醒之意,曰:

(1)潞子欲合中国之礼义,离乎夷狄,未合乎中国,所以亡也。

(2)吴王夫差行强于越,臣人之主,妾人之妻,卒以自亡,宗庙夷,社稷灭,其可痛也!

(3)晋灵行无礼,处台上,弹群臣,枝解宰人而弃之,漏阳处父之谋,使阳处父死,及患赵盾之谏,欲杀之,卒为赵盾所弑。

(4)晋献公行逆理,杀世子申生,以骊姬立奚齐卓子,皆杀死,国大乱,四世乃定,几为秦所灭,从骊姬起也。

(5)楚平王行无度,杀伍子胥父兄,蔡昭公朝之,因请其裘,昭公不与,吴王非之,举兵加楚,大败之,君舍乎君室,大夫舍乎大夫室,妻楚王之母,贪暴之所致也。

(6)晋厉公行暴道,杀无罪人,一朝而杀大臣三人,明年,臣下畏恐,晋国杀之。

（7）陈侯佗淫乎蔡，蔡人杀之。古者，诸侯出疆，必具左右，备一师，以备不虞，今陈侯恣以身出入民间，至死闾里之庸，甚非人君之行也。

（8）宋闵公矜妇人而心妒，与大夫万博，万誉鲁庄公曰："天下诸侯宜为君者，唯鲁侯尔。"闵公妒其言，曰："此虏也。""尔虏焉故？鲁侯之美恶乎至。"万怒，搏闵公，绝脰，此以与臣博之过也。古者，人君立于阴，大夫立于阳，所以别位，明贵贱，今与臣相对而博，置妇人在侧，此君臣无别也，故使万称他国，卑闵公之意，闵公藉万，而身与之博，下君自置，有辱之妇人之房，俱而矜妇人，独得杀死之道也。《春秋》传曰："大夫不适君"，远此逼也。

（9）梁内役民无已，其民不能堪，使民比地为伍，一家亡，五家杀刑，其民曰："先亡者封，后亡者刑。"君者，将使民以孝于父母，顺于长老，守丘墓，承宗庙，世世祀其先，今求财不足，行罚如将不胜，杀戮如屠，仇雠其民，鱼烂而亡，国中尽空，《春秋》曰："梁亡。"亡者，自亡也，非人亡之也。

（10）虞公贪财，不顾其难，快耳悦目，受晋之璧，屈产之乘，假晋师道，还以自灭，宗庙破毁，社稷不祀，身死不葬，贪财之所致也。故《春秋》以此见物不空来。宝不虚出，自内出者，无匹不行，自外至者，无主不止，此其应也。

（11）楚灵王行强乎陈蔡，意广以武，不顾其行；虑所美，内罢其众，乾溪有物女，水尽则女见，水满则不见，灵王举发其国而役，三年不罢，楚国大怨；有行暴意，杀无罪臣成然，楚国大慽；公子弃疾卒令灵王父子自杀，而取其国，虞不离津泽，农不去畴土，而民相爱也，此非盈意之过耶！

（12）鲁庄公好宫室，一年三起台，夫人内淫两弟，弟兄子父相杀，国绝莫继，为齐所存，夫人淫之过也，妃匹贵妾，可不慎邪！此皆内自强，从心之败已。见自强之败，尚有正谏而不用，卒皆取亡。

（13）曹羁谏其君曰："戎众以无义，君无自适。"君不听，果死戎寇。

（14）伍子胥谏吴王，以为越不可不取，吴王不听，至死伍子胥，还九年，越果大灭吴国。

（15）秦穆公将袭郑，百里蹇叔谏曰："千里而袭人者，未有不亡者也。"穆公不听，师果大败殽中，匹马只轮无反者。

（16）晋假道虞，虞公许之，宫之奇谏曰："唇亡齿寒，虞虢之相救，非相赐也,君请勿许。"虞公不听,后虞果亡于晋。

亡国败政,令人惊心,不过败亡之至,由来有渐,因此治国之君尤当防患未然。《春秋繁露·王道》对于见微知著,未雨绸缪,多有论述。其言曰:

(1)观乎蒲社,知骄溢之罚;

(2)观乎许田,知诸侯不得专封;

(3)观乎齐桓、晋文、宋襄、楚庄,知任贤奉上之功;

(4)观乎鲁隐、祭仲、叔武、孔父、荀息、仇牧、吴季子、公子目夷,知忠臣之效;

(5)观乎楚公子比,知臣子之道,效死之义;

(6)观乎潞子,知无辅自诅之败;

(7)观乎公在楚,知臣子之恩;

(8)观乎漏言,知忠道之绝;

(9)观乎献六羽,知上下之差;

(10)观乎宋伯姬,知贞妇之信;

(11)观乎吴王夫差,知强陵弱;

(12)观乎晋献公,知逆理近色之过;

(13)观乎楚昭王之伐蔡,知无义之反;

(14)观乎晋厉之妄杀无罪,知行暴之报;

(15)观乎陈佗、宋闵,知妒淫之祸;

(16)观乎虞公、梁亡,知贪财枉法之穷;

(17)观乎楚灵,知苦民之壤;

(18)观乎鲁庄之起台,知骄奢淫逸之失;

(19)观乎卫侯朔,知不即召之罪;

(20)观乎执凡伯,知犯上之法;

(21)观乎晋郤缺之伐邾娄,知臣下作福之诛;

(22)观乎公子翚,知臣窥君之意;

(23)观乎世卿,知移权之败。

为人君者若能察微知著,及时作为,防微杜渐,则不至于亡国败家,失政祸民。

在董仲舒看来,《春秋》不但有精深的思想,而且还是精致的著作。《春秋》纪事,多有条贯,许多看似矛盾、冲突的地方,其实皆有深意,自有一贯,并非散乱。《春秋繁露·玉英》曰:"故《春秋》之道,博而要,详而反一也"。

比如,同样是受先君遗托,春秋四臣,表现不一,或守或拒,或与或不与,看似矛盾,但是其本质相同,故而皆为忠臣,得到《春秋》称扬。"公子目夷复其君,终不与国;祭仲已与,后改之;晋荀息死而不听;卫曼姑拒而弗内;此四臣事异而同心,其义一也。目夷之弗与,重宗庙;祭仲与之,亦重宗庙;荀息死之,贵先君之命;曼姑拒之,亦贵先君之命也。事虽相反,所为同,俱为重宗庙,贵先帝之命耳"。正是因为《春秋》如此精致一贯,所以能够从中总结出许多条例和义法,成为领略经典奥义的钥匙和关键。董仲舒言《春秋》三科九旨,已见前文,《春秋繁露·十指》言《春秋》十指曰:"《春秋》二百四十二年之文,天下之大,事变之博,无不有也。虽然,大略之要,有十指。十指者,事之所系也,王化之所由得流也。举事变,见有重焉,一指也;见事变之所至者,一指也;因其所以至者而治之,一指也;强干弱枝,大本小末,一指也;别嫌疑,异同类,一指也;论贤才之义,别所长之能,一指也;亲近来远,同民所欲,一指也;承周文而反之质,一指也;木生火,火为夏,天之端,一指也;切刺讥之所罚,考变异之所加,天之端,一指也。"因其精致,所以许多表面看似矛盾的地方,其实自成一贯;许多看似无理的地方,其实大有深意。因此阅读《春秋》,必须仔细领会,反复参比,方能得出其中道理,而不是畏难而却之,轻诋而罢之。

四、诛意之论,刻深不广

四库馆臣论孙复《春秋尊王发微》,提到宋代《春秋》学深刻的风气。"(孙)复之论,上祖陆淳,而下开胡安国,谓《春秋》有贬无褒,大抵以深刻为主。晁公武《读书志》载常秩之言曰:'明复为《春秋》,犹商鞅之法,弃灰于道者有刑,步过六尺者有诛。'盖笃论也。而宋代诸儒,喜为苛议。顾相与推之,沿波不返,遂使孔庭笔削变为罗织之经。夫知《春秋》者莫如孟子,不过曰《春秋》成而乱臣贼子惧耳。使二百四十二年中无人非乱臣贼子,则复之说当矣。如不尽乱臣贼子,则圣人亦必有所节取,亦何至由天王以及诸侯、大夫无一人一事不加诛绝者乎?"《春秋》一字褒贬,并非有贬无褒。不过,《春秋》刻深之论,也确实事出有因。《史记·酷吏列传》曰"是时上方乡文学,汤决大狱,欲傅古义,乃请博士弟子治《尚书》《春秋》,补廷尉史,平亭疑法",又曰,"依于文学之士,丞相弘数称其美"。又《平准书》曰:"自公孙弘以《春秋》之义绳臣下,取汉相,张汤用峻文决理为廷尉,于是见知之法生,而废格沮诽穷治之狱用矣。"张汤酷吏,本无学术,恰逢汉武帝穷奢黩武,用度靡费,遂以酷虐行聚敛,逢君之恶。张汤以腹诽之罪杀害颜异,即是利用酷虐刑罚辅助汉武帝横敛之政。司马迁将此事记在《平准书》中,极有深意。

清代俞正燮不明真相,反将酷虐归到《春秋公羊传》上面,"《公羊传》者,汉人所致用,所谓汉家自有法度,奈何言王道?《公羊》集酷吏佞臣之言,谓之经义,汉人便之,谓之通经致用"。皮锡瑞对俞氏谬说,曾有反讽之言,"俞氏以为《公羊》罪案,则庄子云:儒以诗礼发冢,可以发冢归罪诗礼,王莽动托《周官》,可以王莽归罪周官乎?《公羊传》由胡毋生著竹帛,公孙弘受学胡毋生,则《公羊》成书,必不在弘汤用事之后。据俞氏说,似作《公羊传》者集弘汤之言为之,年代不符,甚不可通。若酷吏佞臣不指弘、汤,则胡毋生之前,酷吏佞臣为何人,更无可据?"皮氏此言,委实在理。汉武帝名义上尊儒,实际却名不符实。宋代王应麟曾对汉武帝没有采纳董仲舒重义轻利的建议,颇感遗憾。《通鉴答问·淮南衡山狱》曰:"建元初,董仲舒对策,明辨义利之间,谓居君子之位,当君子之行,舍公仪休之相鲁,无可为者矣。此清原正本之论,杜渐防微之几也。帝能深省斯言,则必厉大臣以廉耻,律近臣以节行,未有义而后其君者,同姓有维城盘石之固,在位有羔羊素丝之风,岂至纵寻斧于葛藟之本根,殄戮数万人,若薙氏之芟草哉?"其实,汉武帝没有采纳的建议何止义利一旨?董仲舒之学根本道德仁义,而汉武帝看重功烈;董仲舒看重正心诚意,而汉武帝偏重外在事为;董仲舒强调以义制利,而汉武帝却致力聚敛;董仲舒强调清静任贤,而汉武帝却追求集权;董仲舒宣扬敬畏与节制,而汉武帝却醉心于荒诞与淫侈;董仲舒主张天人古今之说,而汉武帝却驰骛于眼前功利;董仲舒主张积渐务本,而汉武帝却躁急苟且、杀鸡取卵、竭泽而渔;董仲舒主张吏道清明,而汉武帝却不断破坏吏道选举与朝廷纲纪,卖官卖爵;董仲舒主张治术一统,而汉武帝却延端百家之术,正不压邪,儒道绌而小道兴。因此,把汉代酷吏、佞臣的作为全盘归到《春秋公羊传》,实有偏颇。

《春秋》一字褒贬,虽然宅心仁恕,却也法严不贷。《经学通论》曰:"《春秋》之法,弑君者于经不复见,以为其人本应伏诛,虽未伏诛,而削其名不再见经,即与已伏诛等。赵盾弑君所以复见者,以其罪在不讨贼,与亲弑者稍有分别。《春秋》之法,弑君贼不讨不书葬,以为君父之仇未报,不瞑目于地下,虽葬与不葬等。许止弑君未讨而君书葬,以其罪在误用药,与亲弑者稍有分别,是亦立法严而宅心恕也。"《春秋》之法严,在于它不但追求行为事实,还要探究内心动机。恶行固然诛绝,恶意同样遭到诛责。《春秋》之心恕,在于它虽然按照行为褒贬,但是始终探究内心隐微,原情定罪,以示区别。

　　不过,因为《春秋》法严诛意,也确实容易滋生深刻之习,这里以汉代翟方进为例进行分析。翟方进字子威,汝南上蔡人。始为太守府小吏,十分困顿。后辞官就学,研治《春秋》,积十余年,经学明习。

　　翟方进既熟悉文法吏事,又精研《春秋》之学,奏议可观,然亦刻深至骨。《汉书·翟方进传》载其举劾司隶校尉陈庆曰:"庆有罪未伏诛,无恐惧心,豫自设不坐之比。又暴扬尚书事,言迟疾无所在,亏损圣德之聪明,奉诏不谨,皆不敬,臣谨以劾。"又载其举劾司隶校尉涓勋曰:"臣闻国家之兴,尊尊而敬长,爵位上下之礼,王道纲纪。《春秋》之义,尊上公谓之宰,海内无不统焉。丞相进见圣主,御坐为起,在舆为下。群臣宜皆承顺圣化,以视四方。勋吏二千石,幸得奉使,不遵礼仪,轻谩宰相,贱易上卿,而又谲节失度,邪诐无常,色厉内荏。堕国体,乱朝廷之序,不宜处位。臣请下丞相免勋。"又载其奏免故人陈咸、逢信曰:"邪枉贪污,营私多欲。皆知陈汤奸佞倾覆,利口不轨,而亲交赂遗,以求荐举。后为少府,数馈遗汤。信、咸幸得备九卿,不思尽忠正身,内自知行辟亡功效,而官媚邪臣,欲以徼幸,苟得亡耻。孔子曰:'鄙夫可与事君也与哉!'咸、信之谓也。过恶暴见,不宜处位,臣请免以示天下。"总观奏劾,翟方进攻击政敌,极具杀伤力。首先,翟方进秉承《春秋》学探求心意的传统,并且求之过深,多从简单行为事实背后挖掘当事人内心的动机,将那种深层的、隐秘的、阴险的、恶毒的谋划和想法揭露出来,使得当事人显得无比凶残,面目可憎。在翟方进嘴里,陈庆明知职位准则,知道汉成帝的期望,却不以为意,反而预留后路,一意谋私,全无忠心,行为放肆,毫无顾忌。涓勋则是一个放肆妄为、表里不一、蓄意败坏朝纲的人。在翟方进笔下,陈咸的内心世界无比险恶,善于谋划,善于权衡,善于攀附,全无法纪,全无廉耻。那批依托红阳侯的朝臣,也被翟方进描述得非常丑陋、阴险和可怕。事实上,人之行事虽有动机和谋划,但是也有习惯与外因,并不能简单地从行为事实推导出动机。人生复杂,同样的行为,在不同的人可有不同的原因和意义,而且环境、时势等因素皆应考虑其中。当时太中大夫平当就认为,翟方进所言别有用心,求之过深,不合实情。"方进国之司直,不自救正以先群下,前亲犯令行驰道中,司隶庆平心举劾,方进不自责悔而内挟私恨,伺记庆之从容语言,以诋欺成罪"。其次,翟方进秉承儒家思想追求超越的传统,在奏劾政敌的时候,往往上纲上线,将其行为事实放到崇高的社会道德标准之下,两相对照,高下分明。使得政敌的行为,在崇高标准的映衬下显得无比渺小和丑恶。在举劾陈庆的时候,他树立了崇高的汉成帝和朝纲的形象,使得陈庆相形见绌,令人愈发不可容忍。在举劾涓勋的时候,他又树立王道纲纪,张大《春秋》之义,使得涓勋所为,愈发丑陋,让人觉得不可宽恕。在奏免陈咸诸人的时候,他反复称引孔子之言,以仁人君子作为标杆,使得陈咸诸人显得无比庸鄙,丑陋和险恶。事实上,每个人都生活在具体的生活情境,并不能时刻操执理想的、崇高的标杆进行比照。翟方进打击政敌,可谓不遗余力,无所不用其极。

翟方进善于为官,后来却被汉成帝逼死,令人嘘唏不已。翟方进之死,原因复杂,但是为人刻深却是重要事实。太中大夫平当给事中曾经奏言:"议者以为方进不以道德辅正丞相,苟阿助大臣,欲必胜立威,宜抑绝其原。"平当之言,实际上道出了翟方进持法刻深至骨的一面。

第八讲　史学概论

下面我们来讲中国史学传统相关的内容，主要包括三个部分：中国史学悠久的传统，良史的精神与求善的宗旨。

第一节　悠久传统

中华民族史学传统之悠久，举世无双。郑鹤生先生在《文献学》中曾说："我国史学发生之早，典籍之博，学者之注意，实可谓世界各国中首屈一指。"这一点也得到西方史家的首肯，皮思雷和蒲立本在合编的《中国与日本之史家》中也说，"中国史学传统持续之悠久，中国史学典籍之宏富，在世界上也是独一无二的"。

第八讲史学概论上

《隋书·经籍志》正式为史部书，单独开列一部。经史子集，排在经部之后。此前在西晋荀勖、东晋李充的书目中，史部书，其实已经单列出来。一个称为丙部，排在第三；一个称为乙部，排在第二。中国史学在两汉经学解体之后，就一直走在蓬勃发展的路上，史学的门类越来越多，史学著作的数量越来越多，相关史官的设置越来越细致。

《隋书·经籍志》的史部，分为十三类，到了清代的《四库全书总目》已经增长为十五类。正史采用以人物为中心的纪传体，包括二十四正史；编年包括《资治通鉴》《汉纪》等以年代先后记载的史籍；记事本末体包括《通鉴纪事本末》《左传纪事本末》等以事件为中心的史籍；别史包括《东观汉纪》《逸周书》等史籍，成为正史的补充；杂史包括《国语》《战国策》等体例不一的史书；载记包括《吴越春秋》《华阳国志》等史籍，专门记载正统史书缺略的史实；政书专记典章制度,包括《通志》《通典》《文献通考》等史籍。此外还有诏令奏议、传记、史钞、时令、地理、目录与史评等门类。

今人说一个人学识渊博,常说他通读二十四史。但是,通过上面的讲述,可以发现,二十四史只是中国史学著作不多的一个部分。读史不能专门读正史,为什么呢?因为各种史书都是有长有短。编年史按照年代先后记载历史,容易看清楚因果先后的关系,但是容易割裂,很难坚持看下去。很多人都知道司马光的《资治通鉴》是一部伟大的著作,宋孝宗曾经说,看到这部书,就知道司马光这个人可以做宰相。但是,说实话,这本书委实让人难以通读。一年当中有许多事,有许多人,掺杂在一起,没有清晰的线索,看了后面,忘了前面。有一年寒假,本人到外地旅游,每到一个地方,就到书店看看,有没有高士奇的《左传纪事本末》。当时本人正在重读《左传》,如痴如醉,就是因为编年史太过割裂的原因,云里雾里,始终不能对其中的人事有一个系统的纵贯的了解。所以各种史书,都是要结合起来的读的。读编年史,结合纪事本末,读起来就非常有益。

史学典籍既已丰富存在,人类生活的记忆便得到保存,不至于因为个人的死亡而消失得无踪无迹。刘知几说,"竹帛长存,则其人已亡,杳成空寂,而其事如在,皎同星汉。用使后之学者,坐披囊箧,而神交万古;不出户庭,而穷览千载。"历史上,在很多地方,很早就有人类繁衍生息,四大文明古国的说法,我们也耳熟能详,但是唯有中华民族的文化传统生生不息。几千年之后,我们仍然能够悬想尧舜夏禹,能够梦回三代,这里面少不了历史典籍的贡献。正是这种悠久灿烂的史学传统,才使得今天的中国人仍然知道自己民族的过往,而不至于迷失。

第二节　良史精神

中国史学传统不但悠久,其中还有一种高贵的精神,叫做良史精神。刘知几曾经对孔子的《春秋》表示遗憾,他认为"善恶必书,斯为实录",但是孔子修《春秋》,常常对尊者、贤者有隐讳之笔,不能称为实录。比如鲁僖公二十八年,周天子明明被晋文公召至践土,参加会盟,孔子却记载成"天子狩于河阳"。幸亏有《左传》等书的记载,今人才能知道事实,否则真的以为是天子打猎?刘知几主张实录,当然不错,不过孔子并没有完全失掉实录的精神。他只是有所隐讳而已,并不回避真相。孟子说,"孔子成《春秋》而乱臣贼子惧",正是因为孔子不篡改事实,不回避真相,才使得乱臣贼子无法瞒天过海,无法欺世盗名。

此后,司马迁作《史记》,"其文直,其事核,不虚美,不隐恶",得到后世的肯定和赞美。班固在实录精神上不及司马迁,有饰过文非之嫌,但是对于汉廷政治的许多阴暗面,基本上还能够如实记载。

刘知几说:"烈士徇名,壮夫重节,宁为兰摧玉折,不作瓦砾长存。若南董之仗气直书,不避强御,韦崔之肆情奋笔,无所阿容。"这里提到的南史、董狐、韦曜、崔浩,都是中国历史上有名的秉笔直书、无所回避的典范。韦曜因为不肯听从孙皓的指令,不愿意破坏史书实录的精神,最终惨遭处死。崔浩续修《国记》,秉笔直书,尽述拓跋氏的历史,详备而无所避讳,被指控有意暴扬国恶。拓跋焘命令收捕崔浩及秘书郎史,审查罪状,这是有名的"国史之祸"。最后崔浩及其宗族联姻,都遭到灭族,北方士族遭遇重大挫折。

吕祖谦说:"身可杀而笔不可夺,铁钺有敝,笔锋益强。"意思是,头可杀,但是史官之笔不可歪曲。又说:"使其阿谀畏怯,君举不书,简编失实,无所考信,则仲尼虽欲作《春秋》,以示后世,将何所据乎?"意思是说,一个社会的史官如果失掉自己的立场,阿谀奉承,那么后人将如何得到信史呢?如何了解这个时代呢?方孝孺说:"吾腕可断,笔不可枉"这些话,都透露了中国史官的那种良知与自觉的使命感。这种实录精神,确实让人心生敬意。

第三节　求善宗旨

尽管中西方对于史学表彰善良、针砭罪恶的教化作用都非常看重,在西方的中世纪,史学还一度成为基督教推行教化的重要工具。但是,比较而言,中国传统史学对于求善与教化,似乎更为执着。西方史学在近代以来,在实证派史学家看来,善善恶恶尤其应该摒弃。他们认为,这种价值判断与宣扬,有损于史学

第八讲史学
概论下

的公正与客观。对于急于为史学树立科学地位的西方近代史学家而言,历史应当以求真为本质,像物理学、地质学一样,不多也不少。中国传统史学固然重视求真,但是求善与教化同样是始终不渝的追求。

中国传统史学求善的开端,可以追溯到孔子的《春秋》。司马迁说:"夫《春秋》,上明三王之道,下辨人事之纪,别嫌疑,明是非,定犹豫,善善恶恶,贤贤贱不肖,存亡国,继绝世,补敝起废,王道之大者也。"唐代刘知几说:"《春秋》之义也,以惩恶劝善为先。"《春秋》,考虑到它对司马迁等人的深刻影响,实际上开传统史学求善之先河。

在传统的四部分类中,《春秋》并不属于史部,而是属于经部。不过,传统史学,追本溯源,来自《春秋》。清代章学诚就说过:"史之大原,本乎《春秋》"。不但如此,后世史家心中实际上常有《春秋》的影子,以它为效法的对象。司马迁自不必说,直到宋代欧阳修,在修《新五代史》的时候,还曾经努力模仿孔子的《春秋》,"法严词约,多取《春秋》遗旨"。同为北宋的名臣,司马光撰修《资治通鉴》,专取"善可为法,恶可为戒者"编为一书,以达到嘉善矜恶的目的。

中国史学为什么会有这种求善的传统?西方史学家认为拜儒家思想所赐。在他们看来,儒家思想已是宗教。既是宗教,便要讲究教化,劝人为善。孔子是儒教的开创者,后世史家是儒教传人,史书既然出自儒者手笔,自应称为儒教史学,自然拥有求善传统。不过,中国史学的求善传统似乎应该早在儒家之先,比《春秋》更早的《尚书》,今天也被看作史书,在《尚书》里面已经含有非常浓重的教化气息,道德成分。

《春秋》讲究惩恶劝善,后世史家又效法《春秋》,可见,中国传统史学对于求善自有一贯的追求。西方史学界对于求善,却是开始相亲相近,后来相离相弃。转至近代,进而变得互相仇视,不胜厌恶。受此影响,中国现代史学界对于求善主旨也一度充满鄙夷,其中的原因较为复杂,不过求善不易却是比较重要的原因。

求善而善难求,所以难求,在于高远,不可企及,更在于分歧,难得统一。每个史官,每个时代的史官,都有自己的立场,都有自己的价值观,在评价善恶,在表达褒贬的时候难免会各有倾向,难以一致。比如同为伟大的史学家,班固对于司马迁的是非观、善恶观就非常不满,他说:"其是非颇缪于圣人,论大道而先黄老而后六经,序游侠则退处士而进奸雄,述货殖则崇势利而羞贱贫,此其所蔽也。"班固出身儒学世家,坚守儒学正统,认为司马在褒贬惩劝方面皆有问题,褒奖不该褒奖的人,针砭不该针砭的人,推崇不该推崇的人,黜退不该黜退的人。司马迁虽然尊重儒家,尊重孔子本人,但是他身上有着很深的黄老道家思想的痕迹。学术思想的不同、人生经历的不同、生活地位的不同,都容易影响到善恶的判断。

求善而善难求,所以难求,在于分歧,更在于变化。时代在变化,形势在流转,不同的时代有不同的难题,有不同的呼唤,生当其中,感受时代脉搏的史家,在惩恶劝善的时代,难免受到时代的影响,带有时代的特色。比如同一个汉武帝,有人看到雄才大略,开疆拓土,造福后世,但是也有人看到坏乱朝纲,生灵涂炭,民不聊生,难以维持。前者以刘歆、班固为代表,后者以司马迁、王应麟等人为代表。

　　史学求善固然有难以企及的时候,固然有与求真互相冲突的时候,但是唯其求善,才保证了史学的人文传统,维护了史学的崇高地位。在中国,史学不等于物理学、地质学,不等于专门研究外部物质世界的学问,史学在研究过去的时候,始终在关注着现实世界。历史虽然是古代的人和事,但是研究历史的人却是生活在现实世界的人。史学不是冰冷的镜子,而是温暖的火烛,它既照亮了现实的世界,也温暖了生活在烛光中的人。杜维运《中西古代史学比较》认为:"《春秋》书法褒贬之学,使中国的史学,到达一最高境界,人类文明,赖以维持。孔子以后的中国史学家,大致皆尊奉孔子之教不渝。这是西方古代史学所未曾达到的一个境界。达到此境界,历史才有真价值"。历史不只是知识,不只是是非,历史更是善恶,更是教化。

第九讲　儒家思想选讲

儒学思想是传统中国很有生命力的思想学说之一,两千多年以来,历经起伏,依然保有强大的理论解释能力、实践指导能力和思想启迪价值,依然拥有大量的研究者与践行者。作为一个有生命力的学说,儒家思想扎根于悠久的历史传统、深入的人性考察与宏阔的社会视野,生生不息,呈现出深刻、理性与现实的特点。

第一节　历史演变

从历史演变的角度来看,儒家思想在不同时期都有经典的著作,代表一个时代的思想结晶。比如先秦两汉时期,即有《晏子》八篇,《曾子》十八篇,《孟子》十一篇,《孙卿子》三十三篇,《陆贾》二十三篇,《贾山》八篇,《贾谊》五十八篇,《董仲舒》百二十三篇,《公孙弘》十篇等。晏子思想倾向近墨家,但是爱民重礼还有儒家特质。曾子是孔子弟子,重视践行;孟子自称为孔子私淑,始终以维护孔子之道为己任;荀子根本礼义,对后世经典传承大有意义。陆贾被称为汉代儒学开山人物,不断劝导刘邦及时改弦易辙,宣扬《诗经》《尚书》之道;贾山是汉文帝时期著名儒生,以儒家之道劝勉帝王;贾谊学有本源,重视道德,高举礼义,看重风俗。董仲舒被后世称为醇儒,学宗孔子,发挥《春秋》大义,思想圆融通贯;公孙弘虽然被称以儒学缘饰法术,但是尚属儒家范围。魏晋时期,代表性著作即有魏文帝撰《典论》五卷,王肃撰《王子正论》十卷,《诸葛武侯集诫》二卷,《女篇》一卷,《女鉴》一卷,《妇人训诫集》十一卷,《曹大家女诫》一卷,《贞顺志》一卷等。魏晋时期一方面是玄风大盛,另一方面却是礼法谨严。这个时期的丧服之学很盛,对于女性的修养规范也很重视。此后的儒家经典著作还包括宋司马光撰《家范》十卷,范祖禹撰《帝学》八卷,《张子全书》十四卷,《二程遗书》二十五卷,朱子与吕祖谦同撰《近思录》十四卷,黎靖德编《朱子语类》一百四十卷等。这些书的内容涉及家庭伦理、行为规范、学术思想与政治教化等主题。程朱理学、元明心学,之前的两汉经学,之后的清代朴学等都在儒学的领域,是儒学在不同时期的别称。它们都共有一些儒学的特质。可见,儒家思想在不同的时期都有经典的代表著作。

从学术思想演变的角度来看,儒家思想一直在调整之中,并非僵化不动。孔子被认为是儒家学派的创始人,思想博大圆融,止于中庸。虽然被誉为孔子之道的捍卫者,但是孟子已经有所变革。程颐在评论孟子时说:"孟子有些英气,才有英气,便有圭角。"孔子的思想不偏不倚,中正博大,但是孟子的性善、仁政、养心等主张容易让人感到失之一端,难以把持。荀子在《非十二子篇》对子思、孟子之儒进行批评,"略法先王而不知其统,犹然而材剧志大,闻见杂博。案往旧造说,谓之五行,甚僻违而无类,幽隐而无说,闭约而无解。案饰其辞,而只敬之,曰:此真先君子之言也。子思唱之,孟轲和之。世俗之沟犹瞀儒、嚾嚾然不知其所非也,遂受而传之,以为仲尼子弓为兹厚于后世,是则子思孟轲之罪也。"孟子多讲仁义,少讲礼制,而荀子以礼义为根本。对于孔子而言,礼义只是修身的道路,仁德才是礼义的目的和方向。对于孟子而言,礼制已经崩坏,难以恢复,只有立足仁义,兴起仁政,符合人心,符合民本,才能实现儒道理想。对于荀子而言,仁政、霸政的争论已经成为过去,儒道已经难以左右政治的走向。儒家学派当时面临的真正难题,不在于社会政治的理想和道路,而在于如何融入社会,如何在变动的社会政治当中保持自己的地位,发挥应有的作用。在这种情况下,礼义对于儒家学派的个人和群体都具有特别的意义。所以在荀子看来,礼义的修养至为重要。孟子考究仁人与否,往往察其心迹,特别推崇心志的区别作用。《孟子·离娄下》曰"君子所以异于人者,以其存心也";对于荀子而言,君子小人分殊的关键却在于礼义。"今人之化师法,积文学,道礼义者为君子;纵性情,安恣睢,而违礼义者为小人"。如果说先秦时期的孔孟荀重在思想创新,用于解释社会现实,解决现实问题。之后的儒生重在传承,保留学术的火种。到了汉代,儒生通经致用则成为时代主流。因此,汉代的儒学与社会政治有更深入全面的融合,举凡政治、经济、司法、文化诸领域都有儒学的参与,儒生也因此获得高官厚爵,先后公卿,经明拾芥,父子丞相,黄金满籯。

但是这个时期儒学也存在本末脱节的问题,反映在儒生身上,就体现为学术与为人表里不一。比如匡衡习齐诗,为丞相,但是贪鄙自污。萧望之言议可观,但是被后世讥为华而不实。张禹位高权重,但是患得患失,私心甚重。其他儒生名不副实,不一而足。此后,程颢程颐、朱熹陆九渊诸儒,虽然官位不高,但是为人淳笃,深有根本。这里不妨以程明道为例,史载:"(明道)先生资性过人,而充养有道,和粹之气,盎于面背。门人交友从之数十年,未尝见其忿厉之容。遇事优为,虽当仓卒,不动声色。"侯仲良曾言:"朱公掞见明道于汝州,归谓人曰:某在春风中坐了一月。"范淳夫亦曰:"颜子之不迁不贰,惟伯淳有之。"

明代王阳明的心学时下颇有重视,从中可以清楚看到儒学生生不息的发展态势,这里以其知行学说为例进行讨论。早在《尚书》时代,已经有知易行难的论述,"知之匪艰,行之惟艰"。春秋时期,孔子认为行重于知,"知之者不如好之者,好之者不如乐之者"。好之尚有心理因素,而乐之者已经见诸实行。至孔子后学,已经提出知先行后的观点,"格物致知,正心诚意,修身齐家,治国平天下"。宋代二程已经区别真知常知,"真知与常知异。尝见一田夫。曾被虎伤,有人说虎伤人,众莫不惊,独田夫色动异于众。若虎能伤人,虽三尺童子莫不知之,然未尝真知。真知须如田夫乃是,故人知不善而犹为不善,是亦未尝真知,若真知,绝不为矣"。朱子对知行问题比较重视,认为知行相须,互相成就,"知行常相须,如目无足不行,足无目不见"。知行互益,互相提升,"知与行,工夫须着并到。知之愈明,则行之愈笃;行之愈笃,则知之益明。二者皆不可偏废。如人两足相先后行,便会渐渐行得到。若一边软了,便一步也进不得"。朱子还认为,真知必行,"知而未能行,乃未得之于己,岂特未能用而已乎?此所谓知者,亦非真知也,真知则未有不能行者"。又曰:"不真知得,如何践履得?若是真知,自住不得。"若不得已,要分先后轻重,朱子认为知先行后,行重知轻,"论先后,知为先;论轻重,行为重"。可见,朱子对于知行的联系、先后、轻重等有较为全面的论述。王阳明在前人的基础上,对知行问题做了新的思考。他认为知行不可分,知行无先后,把知行分成两件,"已被私欲隔断,不是知行的本体了。未有知而不行者。知而不行,只是未知"。比如,"见好色属知,好好色属行。只见那好色时,已自好了。不是见了后,又立个心去好。闻恶臭属知,恶恶臭属行。只闻那恶臭时,已自恶了。不是闻了后,别立个心去恶",知行原本不可分割。王阳明认为,无行不称知,无知不成行,"称某人知孝,某人知弟。必是其人已曾行孝行弟,方可称他知孝知弟。不成只是晓得说些孝弟的话,便可称为知孝弟。圣人教人，必要是如此，方可谓之知。不然，只是不曾知"。冥行不是行，有知才是行，"世间有一种人，懵懵懂懂的任意去做，全不解思惟省察，也只是个冥行妄作，所以必说个知，方才行得是"。揣摩不是知，有行才成知，"又有一种人，茫茫荡荡，悬空去思一索。全不肯着实躬行，也只是个揣摸影响，所以必说一个行，方才知得真"。可见，王阳明认为，知中有行，行中有知，"只说一个知，已自有行在。只说一个行，已自有知在"。可以讲，知行合一，知行并进，"知食乃食"，"知路乃行"。概括王阳明对之前知行学说的发展，可以称为两个方面，首先是视行为知，"将知行分作两件去做。以为必先知了，然后能行。我如今且去讲习讨论做知的工夫。待知得真了，方去做行的工夫。故遂终身不行，亦遂终身不知。此不是小病痛，其来已非一日矣。"其次是溶知于行，"今人学问，只因知行分作两件，故有一念发动，虽是不善，然却未曾行，便不去禁止。我今说个知行合一，正要人晓得一念发动处，便即是行了。发动处有不善，就将这不善的念克倒了。须要彻根彻底，不使那一念不善潜伏在胸中。此是我立言宗旨"。王阳明对知行的发展，乃是救世之病。

至清代儒生又以实事求是之精神，考索经典，探求真是，直与现代学术衔接。可见，儒家学派作为一个有生命力的学派，始终在调整当中，保持思想的活力。

因此，我们在讨论儒学的时候，首先需要有全面的视角，其次需要有一个动态的眼光，不要以偏概全，也不要僵化静止地看待儒学。

第二节 仁义学说

"仁"字之用，在孔子之前，先秦文献多有记载。《尚书·金縢》载周公之言，曰："予仁若考能，多材多艺，能事鬼神"，孙星衍曰："仁若考能，言仁顺巧能也。"《左传·成公九年》载范文子赞楚人钟仪之言，曰："名其二卿，尊君也。不背本，仁也；不忘旧，信也；无私，忠也；尊君，敏也。仁以接事，信以守之，忠以成之，敏以行之，事虽大，必济。"《左传·襄公七年》又载韩无忌荐韩起之言，曰"无忌不才，让其可乎？请立起也。与田苏游，而曰好仁……恤民为德，正直为正，正曲为直，参和为仁"，孔颖达《正义》疏曰："能忧念下民，是为德也；正直己心，是为正也；能以己正，正人之曲，是为直也。此德也、正也、直也三者和备，是为仁也。人能如是，则神明听顺之，大福降与之。"《国语·晋语一》载骊姬之言，曰"爱亲之谓仁"，又载"仁不怨君"。

孔子之前,仁作为道德伦理之名词已被较多使用,这个概念并不是孔子首创。但是孔子在传统的基础上,结合自己的思想体系,对仁的内涵作了新的开拓。从此以后,仁这个概念带上了孔子思想的烙印,成为儒家思想的重要标志。概括来讲,孔子给仁这个概念带来的本质的变化,就是让它带有中庸的特色。孔子之道以中庸为指归,此后,仁恰恰成为中庸之道最好体现。仁者爱人,不限于亲亲之爱;爱由情发,却强调等差,保持一种真挚。仁者务外,所以孔子称许管仲之功;仁心恻隐,重视内心真诚,没有完全驰骛于功利。道不远人,仁道易知易行;守仁不易,没有因此失去其崇高、博大而深沉的特点。因其崇高,所以难以企及;因其博大,所以仁不仅存于个人内心与人际关系,也存在于社会政治、礼乐制度当中;因其深沉,所以诸种制度、德行皆以之为根本。

一、孔子论仁

今人谈到孔子的儒学思想,不可避免要谈到仁学思想。那么什么是仁呢?孔子在很多地方都有谈到。但是,说法并不一样。这使得后人意见纷纭。有的人认为孔子讲话比较随意,率性而为;有的人认为孔子说仁,因人而异,没有固定的内涵;有的人甚至说孔子有教主心态,专断而没有商量。

第九讲儒家
思想选讲上

这里以《论语·颜渊篇》中三则语录作为材料,进行分析。这一篇开头,颜渊向孔子问仁,孔子说,克己复礼为仁。一日克己复礼,天下归仁焉。第二则材料,仲弓向孔子问仁,孔子说:"出门如见大宾,使民如承大祭。己所不欲,勿施于人。在邦无怨,在家无怨。"第三则材料,司马牛向孔子问仁,孔子回答说,"仁者其言也讱"。讱是迟钝木讷的意思。与前面的两位弟子不同,司马牛有点迟疑。仁是德行,言是说话,这两者能够等同吗?孔子补充了一句,"为之难,言之得无讱乎?"

历来的注本,多是随文施注;历来的研究著作,又多是各取所需。同一个仁,孔子有不同的说法,但是却没有人起来回答这个问题。在我看来,孔子的思想非常圆融通贯,并无冲突、随意的现象。(1)克己复礼,不是克己成仙,不是克己升天,克己的目的是复礼。礼,是人类社会的准则,克己的目的是适应、融入、符合社会,不是为了异端邪教。异端邪教也有克制自己的要求,但是他们最主要的问题在于反社会,反人生。(2)对于孔子而言,克己复礼就是修己立人,由近及远;就是内圣外王,内外兼修,有本有末;就是忠恕而已,忠以尽己,恕以接人,严于律己,宽以待人;就是社会人生的和谐有序,克己代表人生境界的提升，复礼代表面向社会的情怀。"出门如见大宾，使民如承大祭"。是说要有恭敬之心。恭敬之心就是克己复礼，是克制自己的轻慢、懈怠，恢复和保持恭敬之心，使得自己的行为符合礼制。"己所不欲，勿施于人"，自己渴望得到尊重，渴望别人对自己有一个恭敬的态度，也用同样的方式对待他人。"在邦无怨，在家无怨"，怨恨生于不公不正，生于不恭不敬，若能克制自己的傲慢、放纵，使得人际往来合礼合度，温情脉脉，自然和谐，不会招致怨恨。可见，孔子回答颜渊与回答仲弓，并无冲突，都是克己复礼。

其实，孔子回答司马牛的问题，也可以用克己复礼加以通贯。其言也讱，就是孔子在其他地方说的"巧言令色鲜矣仁""刚毅木讷近仁"。其言也讱，就是克己复礼，是言顾行、行顾言的体现，是敏于事、慎于言的体现。为什么要慎于言呢？为什么要其言也讱呢？因为行动不易，因为实践较难。《礼记·曲礼上》："吊丧弗能赙，不问其所费。问疾弗能遗，不问其所欲。"如果不能在资财给人帮助，就不要问人家的开支；不能在物质上给人赠送，就不要问人家需要什么。也就是说，如果不能在行动上加以跟进，就不要显得过分客气。话说得特别漂亮，却不能有实行，这是虚伪。其言也讱，就是克制这种虚伪，克制这种巧言令色，使得自己的言行符合礼制。

在我看来，孔子好像一个植物学家。植物学家对于樟树这样的植物有着透彻的、全面的了解，可能他在某一节课上，专门讲樟树的根部，在另一节课上，专门讲樟树的叶部。学生不同，讲授的内容不同，但是他终究不会把樟树讲成桃树、李树。与之相似，孔子对于仁有着透彻的、全面的了解，尽管面对不同的学生，他可能措辞不同，重点不同，但是他终究不会把仁，讲成异端邪教，讲成另外一种东西。思想博大精深却能圆融通贯，是一流思想家的特征。孔子曾经跟曾子说，"吾道一以贯之"，说的正是这种圆融通贯的意思。下面，我们再来讲孟子的仁政思想。

二、孟子的仁政思想

孟子曾经和齐宣王有一段关于牛和羊的对话，齐宣王舍不得用牛行祭祀之礼，改用羊。牛比羊贵，所以齐国人认为齐宣王吝啬小气，用一个小的换了一个大的。孟子为齐宣王开脱，认为那是仁术，是仁心的体现。君子对于动物既见其生，则不忍其死；既闻其声，则不忍食其肉。为什么用羊不用牛呢？因为齐宣王亲眼看到了牛，看到它无辜觳觫的样子，不忍杀它，用它的血来祭祀，而羊则没有看到。在感知、感情上都有差别，仁就是有差等的爱。

　　一般人可能会对此嗤之以鼻，认为没有差别。杀生就是不对，无论牛羊都不该杀。对于今天的读者而言，他们也会不以为然，认为没有买卖，就没有杀戮；没有食用，就没有杀戮。无论亲手杀，还是假借他人之手杀，结果并没有什么不同，谈不上仁人之心。

　　孟子说牛说羊，容易让人想到孔子对于名誉的态度。雁过留声，人活一世，终究不可以默默无闻。孔子说："君子疾没世而名不称焉"，可见儒家学派看重立功立名。但是孔子又不赞成刻意钻营的出名，他说，"素隐行怪，后世有述焉，吾弗为之矣"。今天，靠绯闻，靠炒作，求得出名，肯定不是孔子赞成的态度。孔子对于名誉，既看重又克制，既追求又敬畏，进退之间，自有一种限度。内心有火热的情感，但是外在的行为还是遵守规矩。内心有情感，才是真性情；外行有规矩，才是仁人君子。外与内，要有一种平衡与节度。这就是中庸。

　　孟子说牛说羊也有这种意味。人生世上，不能不吃肉，不能要求所有的人都苦行寡欲；各种典礼，不能不用牛羊牺牲。但是君子仁民爱物，对于养过的、接触过的动物，毕竟会有内心的、真挚的情感，在食用时，自然会有一种等差，有一种区别。虽然等差有序的爱，不如普遍的、博大的、无差别的爱听起来那么高尚，但是毕竟有一种真诚，有一种节度。这就是仁人君子。

　　不过孟子说牛说羊的深意还不在这里，透过这个故事，我们更可以看到他的仁政思想。孔子生活的年代，虽被称为"礼崩乐坏"，但是周礼依然存在，斯文亦未完全扫地。所以孔子要实现政治理想，只要强调各个阶层克己复礼，恪守本分，阻止社会秩序的解体。道德的地位依然很高，所以孔子并不需要过多论证修身敬德的意义，只需辨别似是而非的情形，表彰完善的境界，以示引导。在孔子的时代，虽然周王共主地位早已遭到削弱，霸主功业也已日渐消歇，但是尚未沦为战国纷乱的境地，因此孔子只是追求恢复西周的社会政治，并不存在治国道路的选择问题。然而，到了孟子生活的时代，最后的礼序也被打破，道德仁义的价值成为问题。恃强凌弱，以大吞小，司空见惯；强力与权诈成为通行的法则。宋代王应麟曾经看到孟子高举仁义、压抑功利的时代背景，"自邪说诐行充塞仁义，战国之君知有强弱众寡，不知有恻隐羞恶，战争不息，惟利是谋，而仁义之言绝响，孟子不得不拔本塞源，深排而力闭之。仁义之效，不遗其亲，不后其君，利之祸至于不夺不餍，可谓深切著明矣"。

　　孟子生当这样一个时代，要坚守儒家的政治理想，面临三大难题。第一，道德仁义有无可能？第二，道德仁义有何价值？第三，道德仁义如何实践？为了应对第一个难题，孟子提出了自己的人性理论。孟子并非不知现实的人性善恶并存，但是他抓住人性的细微亮点，暂时忽略后天形成的恶习，主张扩充和推广这些亮点，使之逐渐形成大的事业。尽管齐宣王这个人好色、好货，又好勇，但是孟子依然认为人性之善并未完全泯灭。正是一个以羊换牛的细节，让孟子从他身上看到了人性闪光的部分。孟子抓住这一闪光点，加以肯定，培育开发，使其推恩扩充，成就仁政事业。我们可以相信，孟子面对的即便不是齐宣王，面对任何人，他也可以从日常生活中，找到人性闪光的地方，因为他相信人人皆有恻隐不忍之心。因为人性本善，所以道德仁义成为可能。只要找回本性，就找到了道德仁义；只要保有本性，也就坚持了道德仁义。孟子因此论证了道德仁义的可能性。为了应对第二个难题，孟子提出了仁政理论。王道与霸道的根本区别，对于孟子而言，在于前者基于道德仁义，后者基于功利权势。孟子认为仁政直达人心，而人心可以感化，催生义举，所以仁者无敌。仁政可以笼络天下的农夫、商贾与行旅，可以赢得天下的长者、老者与壮者，得人心者得天下。孟子因此论证了道德仁义的价值。为了应对第三个难题，孟子提出了自己的人心理论、民本思想以及尧舜三代的标准。何谓仁政？何谓正道？孟子主张首先对照上古，其次反求内心，最后质诸民众。合乎三代圣王的标准，发自内心至诚的呼唤，赢得民众的广泛支持，才是真正的仁政王道。孟子因此阐明了仁政的实践问题。

因此，在孟子的思想体系中，性善、仁政、人心、民本与三代等皆是关键。对于孟子而言，性善既是政治思想的出发点和基础，也是仁政的维系和前提。正是因为人性本善，仁政才有可能。仁政是性善、民本、三代最可靠的实现和保障方式。人心是仁政的检验标准，也是仁政的重要支撑。民本则是仁政的自然归宿，也是仁政的目标。三代则是仁政的引领和方向。

孟子的思想是正统的儒家思想，他一方面用力排斥杨墨纵横诸家之学，另一方面努力树立儒家思想的基本理念。孟子的思想秉承了孔子思想的传统，其有不同，正是时代的烙印，而非实质的变化。

三、董仲舒的仁学思想

董仲舒是汉代的大儒，在儒家思想发展历史中占有重要的地位。朱熹曾经说，"汉儒惟董仲舒纯粹，其学甚正，非诸人比"。董仲舒的仁学思想对后世颇有影响，值得讨论。孟子之后，人性本善的学说遭到许多驳斥，告子与荀子是其中很有名的代表，告

第九讲儒家思想选讲下

子说人性无善无不善,荀子说人性恶。人性既然难以断定本善,那么道德仁义就不是本性所有,是外部世界的东西,是后来才有的东西。道德仁义的合理性价值就遭到怀疑。为什么要实践仁?仁义还有什么价值?后来的儒者如果要坚守仁义,首先要面对的问题,就是如何证明仁义的合理性价值。董仲舒接受了这个挑战,用自己的方式,对这个问题作了回答。

董仲舒认为,仁义之所以具有价值,根本原因在于仁义代表了天意,是天道的体现。他说:"霸王之道,皆本于仁。仁,天心。"《春秋繁露·基义》又曰:"是故仁义制度之数,尽取之天,天为君而覆露之,地为臣而持载之,阳为夫而生之,阴为妇而助之,春为父而生之,夏为子而养之,秋为死而棺之,冬为痛而丧之,王道之三纲,可求于天。"王者称为天子,效法上天,而天意本仁,王者自应推行仁义。仁义因此来到人间,成为人世的道德规范。诸侯效法王者,大夫效法诸侯,士人效法大夫,仁义因此成为普遍的道德价值。

董仲舒对儒家仁学思想的另一个重要发展,在于他明确仁、义的内涵及其相互区别。董仲舒认为,仁与义,在指向对象上是不同的。仁指向他人,义指向自己。所以"仁"的偏旁是"人",而"義"的偏旁是我,"以仁安人,以义正我;故'仁'之为言人也,'義'之为言我也"。换句话讲,仁主爱人,义主正我,"仁之法在爱人,不在爱我;义之法在正我,不在正人"。可见,仁义具有人我之分的内涵。不了解这种区分,会导致两种错乱的结果。一者仁以自处,对自己宽容放纵;一者严以责人,对别人严厉,求全责备。春秋时期晋灵公属于前者。晋灵公吃熊掌,煮得不好,就把厨官给杀了,让妇人用装垃圾的容器,把尸体从公开场合拖出去。晋灵公为了自己开心,跑到高台以弹丸弹人,以看到别人狼狈躲闪的样子取乐。晋灵公对自己不可谓不好,既要吃熊掌,保养身体;又要恶作剧,寻开心,保持好的心情。但是对自己好,不是仁,对别人好才是仁。楚灵王属于后者,对于陈蔡两个国家的罪行,他非常严厉,攻打并且灭亡陈蔡二国,迁徙两国的人民。但是他自己行为却多有不正。楚灵王,芈姓,熊氏,初名围,是楚共王的次子,杀了侄儿楚郏敖自立,即王位后改名虔。楚灵王六年,攻打吴国失败,他不吸取教训,反而建造宫室,名为"章华宫",占地四十里,中间建了一座高台,高三十仞,叫做"章华台",又叫"三休台",登上台顶,中间要休息三次。又在台周围修建了大量亭台楼榭,极尽精美之能事。楚灵王十一年的冬天,他发兵去打徐国。当时正值下雪天气,士兵们身着铁甲。手执兵器,暴露在风雪之中,寒冷难耐。楚灵王自己穿"复陶裘",外披"翠羽披",头顶皮帽,足踏豹皮装饰的锦靴,站在中军帐前观看雪景,连声赞叹"好雪!"使得士兵们心都凉了。"楚王好细腰,宫中多饿死",说的就是楚灵王。朝中一班大臣,为了把腰练成细腰,就把一日三餐改成只吃一餐。起床整装,先要屏住呼吸,然后把腰带束紧,扶着墙壁站起来。一年后,满朝文武官员脸色都是黑黄黑黄的了。最后,楚灵王在众叛亲离之后,自杀而亡。《春秋》所以不赞成他,是因为义不是针对别人,而是针对自己,修正自己。把这层意思推衍开来,就可以见出,仁之至高境界在于推恩及远,而义之至高境界在于反躬责己。爱人愈远,仁德愈高,责己愈深,道义愈强。仁的最高境界,不是只爱自己,也不是只爱自己的家人亲友,而是去爱普通的、认识与不认识的、跟自己一样的人,是爱自己的同类。义,不是作秀,不是在人前故作高论,不是表里不一,而是要反躬责己,扪心自问,正心诚意,严于律己。最后,我们来总结一下。尽管孔子、孟子、董仲舒所处的时代不同,仁学的具体内涵不同,但是他们讲仁,仍然具有共同的内涵。自私自利不是仁,狭隘浅陋不是仁,麻木不仁不是仁。仁者爱人,推己及人,这些都是共同的精神。

第三节　思想要旨

儒家思想除仁义之外,尚有其他要义值得讨论。前人言孔儒之道,或归于仁义,或归于道德。细思之,皆有不妥。道德之说自周公以来,标举者后代不绝,不待孔儒始为主张。可以说孔子及后儒秉承周公以来以德立身、以德为政之传统,却不能说孔儒思想以道德为要旨。其实,《汉书·艺文志》论儒家者流,早已揭示儒家思想的要义。今以此论作为纲领进行讨论。

《汉书·艺文志》曰:"儒家者流,出于司徒之官,助人君顺阴阳、明教化者也。游文于六经之中,留意于仁义之际,祖述尧舜,宪章文武,宗师仲尼。"从中可以概括出六个关键词:尧舜、司徒、仲尼、仁义、教化与六经。仁义前面已有论及,这里主要讨论其他四个关键词。

一、司徒

历来学者对于儒家思想来自司徒之官,并未有详细讨论,其实儒家思想的许多特质都与来自司徒有关。司徒之官,掌管土地之图与人民之数,辨别各种土地的物产,因民之常性施以十二类教化,"一曰以祀礼教敬,则民不苟。二曰以阳礼教让,则民不争。三曰以阴礼教亲,则民不怨。四曰以乐礼教和,则民不乖。五曰以仪辨等,则民不越。六曰以俗教安,则民不愉。七曰以刑教中,则民不虣。八曰以誓教恤,则民不怠。九曰以度教节,则民知足。十曰以世事教能,则民不失职。十有一曰以贤制爵,则民慎德。十有二曰以庸制禄,则民兴功"。以十二荒政聚集万民,"一曰散利,二曰薄征,三曰缓刑,四曰弛力,五曰舍禁,六曰去几,七曰眚礼,八曰杀哀,九曰蕃乐,十曰多昏,十有一曰索鬼神,十有二曰除盗贼"。以保息六政养育万民,"一曰慈幼,二曰养老,三曰振穷,四曰恤贫,五曰宽疾,六曰安富"。以本俗六安万民,"一曰美宫室,二曰族坟墓,三曰联兄弟,四曰联师儒,五曰联朋友,六曰同衣服"。同时,司徒还要颁布各种教化的政令,"正月之吉,始和布教于邦国都鄙。乃县教象之法于象魏,使万民观教象,挟日而敛之。乃施教法于邦国都鄙,使之各以教其所治民"。以乡三物教育万民,"一曰六德,知、仁、圣、义、忠、和;二曰六行,孝、友、睦、姻、任、恤;三曰六艺,礼、乐、射、御、书、数"。可见,司徒之职在于教化和安民,儒家学派主于教化、擅长教化、以民为本、关注民生,与源于司徒不能说没有关系。

司徒主要关注民生事物,并不执掌鬼神祭祀事务,不掌祝号祈祷之事,也不涉及通神解梦之事。因此,儒家学派敬鬼神而远之,不言怪力乱神,都能够得到合理的解释。可以说,儒家学派的世俗性、现实性与源自司徒也有较大的联系。

二、尧舜

用《礼记·礼运》的话来说,尧舜之世可以称为大同社会,"大道之行也,天下为公,选贤与能,讲信修睦。故人不独亲其亲,不独子其子。使老有所终,壮有所用,幼有所长,矜寡孤独废疾者,皆有所养。男有分,女有归,货恶其弃于地也,不必藏于己,力恶其不出于身也,不必为己。是故谋闭而不兴,盗窃乱贼而不作。故外户而不闭,是谓大同。"尧有子,而传位于舜,看重其德;舜有子,而传位于禹,看重其功。此谓天下为公。后世天下为家,隘而私矣。

后世儒生对于尧舜三代情有独钟,甚至因此被认定是古非今,遭到屠戮。这里不妨以西汉眭弘为例,进行分析。眭弘在《公羊春秋》传授历史上占有重要地位,在经学史上享有盛誉。眭弘之学传自汉武帝时期大儒董仲舒,元帝朝名儒贡禹在他指导下完成了《公羊春秋》的研习。《公羊春秋》后来得以流传的两大派别"严""颜"二派,皆出于眭弘。其中颜安乐在亲戚关系上还是眭弘的外甥。正是这样一位在《公羊春秋》学领域发挥承前启后作用的名儒,却丧命于霍光专权期间。《汉书·眭弘传》记载,孝昭帝元凤三年正月,泰山、莱芜山南有匈匈之人声,有大石自立。与此同时,昌邑有枯社木卧而复生,上林苑中有大柳树断枯卧地,亦自立生。面对这些怪异现象,眭弘说:"先师董仲舒有言,虽有继体守文之君,不害圣人之受命。汉家尧后,有传国之运。汉帝宜谁差天下,求索贤人,禅以帝位,而退自封百里,如殷、周二王后,以承顺天命。孟(眭弘)使友人内官长赐上此书。时,昭帝幼,大将军霍光秉政,恶之,下其书廷尉。奏赐、孟妄设祅言惑众,大逆不道,皆伏诛。"眭弘对当时的政治不满意。他认为汉昭帝作为继体之君,并不能妨碍真正的圣人即位为帝王,所以应该积极寻找贤人代替自己。禅让是儒生心目中较为理想的政权交接形式。这种形式的实行,据儒者昌言,发生在尧舜之时。汉昭帝时期,汉廷的最高权力掌握在霍光手中。霍光虽然任用了很多儒生,但是任儒的目的,要有利于他操控汉廷政权。任儒像任用其他党羽一样,首先要有限度,其次要有利于实现专权。霍光专权时期社会政治的现实情况,不符合儒生眭弘的本意,攻击与批判之言论在所难免。禅让的主张,在这里就是攻击现实政治的弊端。霍光一味专权,不知艺极,无所忌惮,其对儒生的不满和批判,甚至采取杀戮政策同样在所难免。

班固在翼奉本传之末,有一赞语,把眭弘与董仲舒、李寻等人放到一起进行评论,认为他们的遭遇跟推阴阳言灾异有关,以为天道不可妄说,妄说灾异的倾向是学者大戒。其实,这些学者的不幸遭遇,与其说因为持术不当,还不如说因为冒犯了帝王的利益。比较董仲舒与眭弘二人对现实社会政治的批判,可以发现他们具有共同的特点,在批判现实社会政治的时候,他们都曾经根据古代的标准,用古代理想的社会政治对照现实中不如人意的社会政治,在对照之中加以批判。当然,他们也有差别。董仲舒对武帝政治的批判显得较为含蓄,提出的解决方案也较为温和。虽然董仲舒的对策批判了现实,但并未否定汉武帝政权存在的价值,而眭弘在批判现实的时候则显得更为激烈。他对霍光专权有更为猛烈的抨击,提出的解决方案也更为激进。他不但攻击了现实的社会政治,而且否定了当时政权继续存在的价值。

三、教化

儒家思想注重教化,也擅长教化,今天我们谈到古代的教育思想常常集中在儒家学派。比如:(1)启发教学,"不愤不启","举一隅不以三隅反,则不继也"。教育者要观察并选择最佳时机进行教学。(2)教学相长,"是故学然后知不足,教然后知困。知不足然后能自反,知困然后能自强也。故曰:教学相长也。"教育者的教学与学生的学习是相得益彰、共同进步的关系,教师"教"的过程也就是"学"的过程。(3)长善救失,"教也者,长善而救其失也"。

教育不是在一张白纸上作画,而是培育已有的善性,抑制和预防不好的习气。(4)藏息相辅,"大学之教也,时教必有正业,退息必有居学。故君子之于学也,藏焉修焉,息焉游焉"。课堂上的有效教学与课堂之外的学习实践活动要相辅而行。

儒家所以注重并擅长教化,与其人性理论、人际相感观点有关。教育实行的首要前提是相信人性的阳光面,坚信人性不断向善前进。儒家思想的共同要义就包括人性善的内容。即便是荀子,也还认为人可以化性起伪,通过接近君子和不断学习,终究可以成为大儒硕儒。人与人之间可以互相感动,举贤授能可以产生示范和激励作用,见贤思齐,见不贤而内自省,所以学习和向上成为可能。

四、仲尼

儒家学派对于创始人孔子,大都充满温情。唐人杜牧以为如果没有孔子华夏将要混同于夷狄。"傥不生夫子,纷纭冥昧,百家斗起,是己所是,非己所非,天下随其时而宗之,谁敢非之?纵有非之者,欲何所依据而为其辞?是杨墨骈慎已降,百家之徒庙貌而血食,十年一变法,百年一改教,横斜高下,不知止泊。彼夷狄者为夷狄之俗,一定而不易,若不生夫子,是知其必不夷狄如也"。唐代程浩曾经将孔子与三代圣王并列,对夫子之道极尽赞美之情。"夫子后天地而生,知天地之始,先天地而没,知天地之终。非日非月,光之所及者远,不江不海,润之所浸者博。三代礼乐,吾知其损益,百王宪章,吾知其消息。君臣以位,父子以亲,家国以肥,鬼神以享。道未可诠其有物,释未可证于无生,一以贯之,我先师夫子,夫子圣人也。帝之圣者曰尧,王之圣者曰禹,师之圣者曰夫子。尧之德有时而息,禹之功有时而穷,夫子之道久而弥芳,远而弥光,用之者昌,舍之者亡"。李观认为夫子之道与天地周施,与日月合明,在《谒夫子庙文》中更是错落时空,展开遐想,在对比中对夫子之圣德深表赞美。"噫!俾夫子生于尧之代,尧必后舜而先夫子,生于舜之代,舜则必先夫子而后禹,圣人得时,化可知也。如舜禹生于夫子之年,则不过守于田亩之中,安有夫子之教垂于无穷,若今日之澶漫者乎?惟夫子生实陪臣,没乃王爵,有圣德也。"

孔子的弟子宰我以为夫子贤于尧舜远矣,后来孟子也认为生民以来未有如夫子。世人皆以为出于弟子门人之私言,非天下之公论。宋代王安石曾有驳议,力图扶正孔子贤于圣王之说。"夫伏羲既发之也而其法未成,至于尧而后成焉,尧虽能成圣人之法,未若孔子之备也"。当然孔子所以超越远古圣王，自有时代因变的原因。王安石言曰："夫以圣人之盛，用一人之知，足以备天下之法而必待至于孔子者，何哉？盖圣人之心不求有为于天下，待天下之变至焉然后吾因其变而制之法耳。至孔子之时，天下之变备矣，故圣人之法亦自是而后备也。《易》曰'通其变使民不倦'，此之谓也。故其所以能备者，岂特孔子一人之力哉？盖所谓圣人者莫不预有力也。孟子曰'孔子集大成者'，万世之法耳，此其所以贤于尧舜也。"

历代学人不断发扬，夫子之道后世日益昌明，唐宋之际承前代尊儒之制，官方民间祭孔赞美之风兴盛，一时风行并不奇怪。不过，历史上最早明言孔子与三代圣王并驾的人却是荀子。《荀子集解·解蔽篇》曰："孔子仁知且不蔽，故学乱术足以为先王者也。一家得周道，举而用之，不蔽于成积也。故德与周公齐，名与三王并，此不蔽之福也。"荀子对于孔子之道极有领悟，他认为在多才艺、精通治术、不滞旧习等方面，孔子可与三王并列齐名。

荀子之前，孟子认为孔子不能"有天下"，是因为天子没有向上天推荐他，这是导致他不能继舜禹之后成为圣王的根本原因。但是从个人的德行来看，孔子完全可以跻身圣王贤达的系列，构成一个统系。《孟子·尽心下》曰："由尧舜至于汤，五百有余岁，若禹、皋陶，则见而知之。若汤，则闻而知之。由汤至于文王，五百有余岁，若伊尹、莱朱，则见而知之；若文王，则闻而知之。由文王至于孔子，五百有余岁，若太公望、散宜生，则见而知之；若孔子，则闻而知之。由孔子而来至于今，百有余岁，去圣人之世若此其未远也。"苏轼认为若与周公相较，孔子甚至要略优一筹。其言曰："每读《诗》至《鸱鸮》，读《书》至《君奭》，常窃悲周公之不遇。及观《史》见孔子厄于陈蔡之间而弦歌之声不绝，颜渊仲由之徒相与答问，夫子曰：匪兕匪虎，率彼旷野，吾道非耶？吾何为于此？颜渊曰：夫子之道至大，故天下莫能容。虽然，不容何病？不容然后见君子。夫子油然而笑曰：回，使尔多材，吾为尔宰夫。天下虽不能容而其徒自足以相乐如此，今乃知周公之富贵反不如夫子之贫贱。夫以召公之贤，管蔡之亲，而不知其心，则周公谁与乐其富贵？而夫子之所与共贫贱者皆天下之贤材，则亦足为乐乎此矣。"

后世评议经历了时间的过滤可能更显客观，但是道有兴衰，后世学者隆鄙其道进而褒贬其人也是平常现象。孔子死后，褒贬两重天的情况在不同时期都曾经出现过。因此，回过头来看孔子生活年代的评价可能更有意义。显然，孔子在他自己的年代已经享有贤达的名号。遍观过往君子的仪封人，以夫子为木铎，代表了天意。其言曰："天下之无道也久矣，天将以夫子为木铎。"陈亢向伯鱼打听是否曾有异闻，以君子称呼孔子，"问一得三，闻诗，闻礼,又闻君子之远其子也"。孔子擅长礼学,故而得到敬重。达巷党人对孔子学问之博大表达赞叹。"大哉孔子! 博学而无所成名"。而太宰则对孔子多能留有深刻印象,称为"圣者","夫子圣者与? 何其多能也?"

作为生活在孔子身边的弟子,子贡对夫子学问之大,极有体会。"文武之道,未堕于地,在人。贤者识其大者,不贤者识其小者,莫不有文武之道焉。夫子焉不学,而亦何常师之有!"当叔孙武谤毁孔子时,子贡以日月之光华做比喻。"无以为也。仲尼,不可毁也。他人之贤者,丘陵也,犹可逾也。仲尼,日月也,无得而逾焉。人虽欲自绝,其何伤于日月乎? 多见其不知量也"。当然,对夫子之道推崇备至的言论还是来自颜回。其言曰:"仰之弥高,钻之弥坚,瞻之在前,忽焉在后。夫子循循然善诱人,博我以文,约我以礼。欲罢不能,既竭吾才,如有所立卓尔,虽欲从之,末由也已。"在颜回的描述中,孔子在前在后,恍惚不可为形象也。

第四节　儒术独尊

儒术独尊是中国儒学史上的重大问题,学界从思想学术、社会政治和历史演变等多个角度进行了研究,但是时至今日,始终不能解决的问题仍然很多。(1)儒术独尊的原因:究竟是因为董仲舒等儒生? 还是因为汉武帝等帝王? 如果不是因为个别卓越的人物,那么真正的原因是什么? (2)儒术独尊的历程:汉代历史过程中究竟有没有一个儒术独尊的历史事实? 什么时候实现儒术独尊的? 儒术独尊的历程究竟是怎样的? (3)儒术独尊的影响:如果儒术独尊果真存在,那么它对汉代社会政治究竟产生了怎样的影响? 儒术能否真正融入汉代社会政治,带来积极的改进?

一、儒术独尊的历程

在讨论儒术独尊的原因之前,我们首先要理清思想与治术的关系。治术与思想不尽相同,思想注重传统和系统,而治术关注现实与实践。思想注重体系建构,强调自圆其说,人性论、历史观与价值论等彼此统贯,互相和谐,犹如高楼大厦,衔接照应,互相支撑;而治术关注对象,强调与时俱进,随事物变化而变化,理想的治术固然追求前后一致,但是更加在意解决实际问题。思想要有主张,要有理据,要有逻辑,要能够解释问题,解答疑难;而治术则要求效果,要求应变,要求解决困难。思想之高下,依其圆融、涵盖、持久与解释力;治术之高下则依其效果、效率、达到目的之成败。事实上,当我们谈论"独尊""罢黜"的时候,实际上是在讨论政治对于学术的态度。就政治的本性而言,其举措的重心皆放在诸家思想贴近政治实践的部分。或者说,诸家思想所以进入政治、政令的视野,主要基于它们有政治品性,与政治有关,对政治有益。而这种视野下的诸家思想其实就是治术,与治国为政的指导思想、指导方针、策略路线有关。

儒家思想,作为一种治术,融入汉廷政权经历了一个较为漫长的历程。在它之前,诸家治术在汉廷的政治舞台上多有尽情地展现。先是刘邦兴起的黄老之术,以因循、守道、察时、重势、变化为主要特征。事实上,熟谙黄老思想的精髓是刘邦集团战胜项羽集团的重要原因。黄老思想对时世、形势的关注,使得它在对抗中常常得到外力的帮助,远超人为所得。项羽欲诛刘邦而失时,欲主天下而去关中,欲成霸王而失去人心,齐、赵、彭越先后反叛。而刘邦集团对时势有着明悉的察觉,巧加利用。当其可为,操刀必割,齐赵之反,刘邦果断出关东向。联合齐赵、争取韩魏、南通越人,张立天下大势,营造有利局面。当其不可为,辗转南下,移师北向,等待时机,瓜熟蒂落。得其形胜,誓死守卫,成皋荥阳之间,徘徊不去,关中形势,尽力经营。"虽有智慧,不如乘势;虽有镃基,不如待时"。特定的情况下,时势所成,远超人力经营,不懂得利用形势,所成终究有限。黄老思想对主体局限的清醒认识,对个人心智的抑制,使得刘邦集团在大多数时候避免了血气之勇、妄动之祸、主持之过,尊重并且赢得了众人心力,实现了群策群力,集思广益。项羽气力过人,有兼人之勇,战必胜,攻必取,但也因此怙恃气力,以为天下可以勇力劫夺。项羽看重英雄之功,看不到诸侯之力,看不到形势之利,皆出于自蔽。与之相反,刘邦虚己重贤,形若愚笨,以从善如流为己志。集天下之才智,成就天下之功。黄老思想对道化的尊崇,使得刘邦集团对于斗争的残酷性、曲折性、复杂性有着充分的认识,不以主观的感受和判断决定取舍。世间事物,运行消息,祸福吉凶,皆由道化。道之为物,恍恍惚惚,变动不居,因此遵道与体道同样重要。明察并顺应时势的变化,把握并等待利钝的转化,皆是遵道的要义。项羽的成败让人动容,极度地彰显了主体精神,是人为的至高境界。其胆识、意志、勇力,皆超越常人,极具感召力。但是刘邦对于胜败无常、利钝转化、一波三折、暗流涌动等复杂曲折的情况有着更为顽强的忍耐能力。在对抗与斗争的情况下,专注、时势、清醒、坚韧皆是制约最终成败的关键。

如果说,汉高祖执黄老之术,受到楚地道家思想文化的影响,那么汉文帝随后兴起刑名之术,则主要受到三晋刑名法术传统的影响。汉文帝操持刑名之术,重视明察,以名实考验为主干,归本黄老,能够躬行节俭,清静无为。后来,汉景帝又偏重于纵横家长短之术,流于权诈、狠毒。汉武帝以尊儒著名后世,然而其作为、用心皆与儒道大相违背,并非真实尊重儒术。汉武帝时期确有制度优待儒生,利于儒术发展,然而作为有限。此后霍光专权,因仍武帝之政,加之本人不学无术,儒术沦为配角、帮手,甚至遭到攻击。汉宣帝杂王霸之治,治术驳杂冲突,用心急躁,虚伪苛惨之风仍然较盛,对于儒术、儒生颇有贬斥。至汉元帝、汉成帝时期,汉廷在政治、经济、文化诸多领域开始遵照儒道运行。儒术最终成为汉廷治术之主干,可谓儒术独尊。

二、儒术独尊的原因

儒家学术在汉朝经历漫长的历程,终于在元、成时期实现独尊,实由多种因素促成,不能简单地归结为汉武帝的一纸诏令。首先,儒家思想传统提供了儒术成长、演进以及独尊的基因。儒家思想讲究仁义,看重秩序,利于社会长治久安;儒家思想以民为本,反对严刑峻法,反对赋役沉重,利于缓和社会矛盾,杜绝社会自下而上的崩溃;儒家思想讲求举贤授能,发挥社会精英的能量,为社会改良提供引擎和动力;儒家思想看重风俗,维护家庭伦理,维系社会整合,为法律刑罚找到极好的补充,防止社会冲突的产生和激化。

其次,儒生在这个漫长的历程中发挥了巨大的作用。正是一代又一代造诣不同、专长不同、个性不同的儒生前赴后继的努力和争取,使得儒术终于走出低谷,走向顶峰。在儒术独尊的历程中,既有董仲舒、贡禹这样的醇儒,也有贾谊、陆贾、晁错这样的杂儒;既有激切不枉如盖宽饶、眭弘一类的雅儒,更有狡诈圆滑如公孙弘、魏相一类的俗儒;既有潜心著述的经生,也有希世用事的儒生官吏。尽管作为不同,影响不同,但是他们对于儒家学派日渐壮大、儒术日益成为汉廷治术之主干皆有重要影响。

再次,汉廷帝王对儒术、儒生的利用、接受和扶持,也是儒家学派日渐得到壮大、儒术日渐成为治术主干的重要原因。汉廷皇帝,对于儒术、儒生的态度并不能简单地归为不尊重、不任用。虽然史书上言"汉高祖不喜儒",但是其真实的态度和影响并不能简单看待,仍需要具体分析。其实汉高祖对儒术、儒生的态度,既有无心顾及,亦有顺其自然、因循利用的意味,这种开明、宽松的态度,是汉代儒术独尊的重要开端。汉文帝执刑名之术,重明察参验,对于儒术、儒生,并非一概弃绝。汉景帝平生喜欢术数,不任用儒生,儒术在其统治时期也较为沉寂。然而儒术在汉景帝时期并未遭到压抑,其演进历程并未中断。事实上,汉景帝至晚年也开始注意利用儒术的力量,并且安排儒生担任太子少傅。这些都是儒术发展的有利方面。汉武帝时期诸种方术并兴杂进,而且各种政令、心术皆与儒道精神严重违离,并未独尊儒术。汉武帝对待儒术的真实态度可用喜欢概括,但是喜欢的程度有限。汉武帝时期立五经博士、设博士弟子、引纳儒生、附会经义,对于儒术发展皆有促进作用。真实效果虽然需要具体分析,但促推作用却是不容否定的事实。霍光延续汉武帝的聚敛、征伐、残杀甚至荒诞的政策,加之不学无术,对于儒术的推进,作为有限。但是霍光既有残杀儒生、鄙视儒术的一面,也有引纳儒生、利用儒术的一面,不能一概否定其积极性影响。汉宣帝杂王霸之术,治术驳杂,然而能够"修故事",踵事增华,增广儒学博士。虽然汉宣帝主观上鄙视儒生,但是因为"修故事"等原因,却不能完全阻止儒术向前发展。汉代儒术发展,到汉元帝、汉成帝时期终于开花结果,成为占统治地位的治国方针,成为治术之主干。儒术思想、儒道精神开始全面渗透到汉廷的政治、经济、文化等领域,对汉廷社会政治产生深远的影响。

最后,汉代儒术至元成时期成为占统治地位的治术,最根本的原因在于儒术思想、儒道精神与汉代社会吻合。政治制度、统治方针皆不可完全背离社会现实。中国古代社会以家庭为根基,以地缘、血缘为纽带,以伦理道德、风俗礼教为准则的特点,使得汉代的政治制度、统治方针不能完全违亲亲贤贤、尊尊贵贵以及仁爱礼让等基本原则。在汉代社会的总体现状、基本结构、组织形式、维系原则等没有发生根本变化的情况下,完全抛开儒术的主张,难以实现社会和谐、有序与进步。这也是儒术,在经历了曲折的历程之后,终于成为汉廷治术主干或者实现独尊的根本原因。

三、儒术独尊的影响

在儒术独尊之前,各家学术多被采以治国,称为治术。诸种学术,皆有所长,各有所用,并不能一概弃绝。法家之术,依仗刑罚,重视公平,强调效率。若能持之有度,未尝无助于政。黄老道家思想讲究守道,注重因循,清静无为,特别适合保存、恢复实力,适合对抗的环境。刑名之术,归本黄老,讲究明察,注重参验,特别长于辨识奸伪能否。不过,因为尤其在意功效,故而亦有卑俗之讥。纵横长短之术,根本利害,注重权衡,长于应变。若能用之有度,足以应对危机。

然而,诸家学术,所以不能实现长治久安,根本原因在于治术独尊与帝国政治之间有根本的冲突。法家独尊,造成嬴秦政权速亡,治理一个庞大的国家,不可能完全依靠刑罚律令,法治并非万能。黄老独尊,造成汉初社会难以为继,因循不能解决所有的问题。概括地讲,黄老思想特别适合对抗的环境,适合严峻的形势。它对力量消长的专注和明悉,使它撇开了种种干扰因素的影响,能够集中力量和精神,但是当社会趋于和缓与平稳时,这种思想的弊端就开始凸现出来。其弊端突出地表现在三个方面。首先,不重道德,有损教化,风俗浇薄。黄老思想对实力、能力的专注,使得它对于道德、伦理、教化等因素往往较为淡漠甚至忽略不计。刘邦不问出身、履历,不计廉耻,不顾人言,都是此种倾向的体现。在战争年代,这种倾向能够较好地保持专注,集中资源,攻坚破难。但是形势一旦发生变化,这种倾向的弊端即刻显现出来。道德伦理与风俗教化对于社会的有序运行,具有巨大的不可或缺的意义。同样的倾向,时代不同,它的作用也有不同,黄老思想不重道德教化的倾向,在天下安定的时代背景下,与社会的需求格格不入。事实上,后来学人批评刘邦集团无耻、肆无忌惮,都是这种扞格不入的反应。其次,精于眼前,不图长远,苟且不经。黄老思想对时势瞬息万变的关注,对特定形势的精细分析,使它往往能够同中求异,明察秋毫。然而,察于近则遗于远,黄老思想虽然对具体时势有着精确的察知,但在谋求社会的长远利益方面却存有欠缺。对于人类社会而言,无欲速无近小利,皆为谋求长远利益的要义。刘邦集团对于切近功利的追求,使得他们常常因小失大,因近失远。细思古来批判,刘汉政权所以不能并肩三代,图一时之苟且而不追求传之久远,往往是主要的原因。最后,重视因循,顺势迁流,无意建设。面对严峻的形势,顺势因循往往是最有效、最经济的选择,因为它很好地利用了历史、外力的资源,平添了无数助力,节省了主体的投入,保存更多的实力。但是顺势因循只能取得既有框架下的成就,不能更弦易辙,别开生面,另起时势。刘邦因循本性,做到人尽其才,才尽其用,但是却不能使贪者廉、顽夫有耻;刘邦集团能够顺应时势,发挥诸侯势力的影响,取得楚汉相争的胜利,却不能建设崭新的制度,从根本上解决好集权与分封的冲突。后世学人对刘邦政权"汉袭秦制"的批判实际上也反映了黄老思想的在建设崭新制度上的惰性与缺陷。刑名之术,要求君主明察、谨慎、清静,并非所有的君主皆能居安思危,躬自俭约,并非所有的君主皆能善始善终,表里如一。而且刑名之术鄙薄仁义,流于卑俗,社会风俗日渐浇薄。纵横之术,长于权变,但是治理国家当有长远、根本的考虑,而不能仅仅贪图眼前、苟且之利。纵横之术险诈、狠毒、世俗的特性,都不适合社会政治长治久安的追求。

儒术独尊,造成元成时期政治松弛,反反复复,难以维持。儒术治国,讲求贤能,问题在于儒术造诣、个人品行皆有可观的儒生,一旦进入汉廷政坛,面对激烈的权力争斗,面对复杂的政治形势,难免深陷政治漩涡。他们或者结党营私,或者尸位素餐。儒生要在汉廷政坛站稳脚跟,要么残酷狡诈,强者生存,要么放弃立场,随世偃仰。后人常常感叹汉廷没有真儒,问题在于真儒一旦进入政坛,将难以保留儒者的本色与立场。儒术治国,讲究道德仁义,追求和谐有序,问题在于刘汉政权实施中央集权,偌大的财政开支,庞大的官僚集团,没有限制的权力滥用,难以清除的腐败堕落,若不采取聚敛搜刮的政策,将入不敷出,难以为继;若不采取严刑峻罚,法术督察,将会奸伪成风,诡诈万端;若不能诡谲权变,将难以应对危机,渡过艰险。汉代元成之际的政治危机,足以说明儒术独尊,仍然不能使汉政追踪三代。

第十讲　道家思想选讲

道家是先秦诸子中很重要的思想学派之一,历史上文景之治、贞观之治与开元盛世的背后都有道家思想的影响。魏晋玄学、宋明理学也都糅合了道家的思想精华。道家倡导自然的世界观和方法论,尊黄帝、老子为创始人,并称黄老。道家思想主张清静无为的生活态度,尊老子、庄子为代表,并称老庄。

第一节　清静无为

关于道家思想的主要观点,汉代有两家较为重要的概述。一家来司马迁的《史记》,一家来自班固的《汉书》。《汉书·艺文志》提到道家思想出于史官,懂得秉要执本,清虚自守,卑弱自持。

一、执本

本是根本,执本就是抓住事物的根本。根本与末梢相对,风雨之中,树木是否倒下,常常取决于根本,而不是末梢。本是本始本源,执本就是追本溯源,由无入有,原始察终。

第十讲道家
思想选讲

事实上,道家思想批判儒家学派的礼治思想,就以执本为依据。我们都知道,儒家治国非常看重礼制,认为克己复礼是社会治理的根本途径,也是仁德的最高表现。《礼记》当中有一篇《坊记》,专门讲儒家学派如何用礼制来防止社会的混乱。坊,是堤坝的意思,是说礼制犹如防洪的大堤。要是没有这个堤坝,社会将会异常混乱。比如这里讲到儒家学派如何用礼制防止叛乱，"故制国不过千乘，都城不过百雉，家富不过百乘"。如何用礼制防止暗杀，"君不与同姓同车，与异姓同车不同服，示民不嫌也"。如何用礼制防止世态炎凉，人走茶凉，"利禄先死者而后生者，则民不偷；先亡者而后存者，则民可以托"。如何用礼制防止人们先慈后孝，"父母在不称老，言孝不言慈，闺门之内，戏而不叹"。如何用礼制防止男女淫乱，"故男女无媒不交，无币不相见，恐男女之无别也。重男女之会，所以远别之于禽兽也"，如何用礼制限制男女交往，"寡妇之子，不有见焉，则弗友也。故朋友之交，主人不在，不有大故则不入其门"。当然，我们也知道儒家对治欲望，并非只有礼制一个途径。《孟子》载齐宣王自承好色，孟子告诉他自己好色也让别人好色，这是仁爱的途径。视不下带，不目逆，这是礼制的限制。命以制欲，这是命的途径。但是这些途径在道家看来都不是执本，没有从根本上解决问题。

道家思想认为：不能执本，则繁文缛节，博而寡要，劳而无功；不能执本，则见识浅陋，境界狭小，不能体悟道化。人们常说，孔子门人三千，贤者七十二人，但是《淮南子》却不以为然。"夫颜回、季路、子夏、冉伯牛，孔子之通学也，然颜渊夭死，季路菹于卫，子夏失明，冉伯牛为厉"。孔子优秀的学生，结局都不好。"颜回好学，不幸短命死矣"，颜渊死的时候，只有三十一岁；子路在卫国的内乱中，被砍成肉酱；子夏后来眼睛失明，称为盲子夏；冉伯牛患有重病，斯人也而有斯疾也。对于孔子而言，这些都是命，虽然遭遇厄运，并不能归为主观的原因。君子为人，居易俟命，尽人事听天命。但是依照《淮南子》的说法，这些都是自找的，是不贤所致。孔子门人的遭遇，归根到底，是因为思想学术、修行实践有缺陷。在《淮南子》看来，儒家礼乐之说都是衰世末学，不懂得原心反本，不懂得顺应道化，只知道雕琢性情。"衰世凑学，不知原心反本，直雕琢其性，矫拂其情，以与世交。故目虽欲之，禁之以度；心虽乐之，节之以礼。趋翔周旋，诎节卑拜，肉凝而不食，酒澄而不饮，外束其形，内总其德，钳阴阳之和，而迫性命之情，故终身为悲人"。不能执本，不但治民无功，修身难成，生命也将陷于危险。

如果不想终身作为悲人，那么应该怎么做呢？《淮南子》认为修身治民，犹如放牛放羊。捆住它们的头脚，束缚它们的形体，毕竟是下策。若能放开束缚，它们不会奔逸，不会狂野，这才是上策。为什么不会奔逸狂野呢？因为此处已是最好，不知山外有山，水外有水，青草之外更有青草。身体的安闲，来自内心的安定，内心的满足，来自差异的消失与目标的隔绝。孔子说非礼勿视，非礼勿听，非礼勿言，非礼勿动。已经动心起意，强行压抑，毕竟是下策。最好的策略是不动心，不起意。

让我们回到前面的例子，儒家的策略在道家看来都不是"执本"，没有从根本上解决问题。那么什么是根本的方法呢？就是以道观物，取消差异。如果能够等同美丑，世上就没有西施、东施的差别。人人皆是美女，家家都有艳妻，何必去猎艳呢？道家思想认为，美丑都是相对的，一个人穿连衣裙是好看，大家都穿连衣裙，那稀松平常了。而且美丑是人类的执着，比如从人的审美观念来看，西施是美，但是从鱼的角度，从鸟的角度，一点都不美。西施浣纱，对于人类来说是美人图，但是对于鱼儿来说，躲避还来不及。沉鱼落雁不是惊叹她们的美，而是嫌恶和躲避。我们觉得皮肤白是美的，但是也有人觉得黑就是美。而且美丑观念会发生变化，唐朝人以肥为美，今天的人以减肥为美。钱锺书先生有一次还说商纣王时期的大美女妲己其实是黑美人。可见，即便是中国人，在不同的时期，美丑的标准也是变化的。如果明了这一层意思，知道美丑的相对性，知道美丑标准的变易性，放弃内心的执着，丢掉所谓身高、三围的偏执。从自然的角度，从道的角度去看她，而不是从我的角度，从我们这个时代的角度去看她，那么到处都是美女，丢掉对中国小姐、世界名模、电影明星的痴迷，也就不会辗转反侧，夜不能寐。既然波澜不起，心如止水，又何必需要礼制的约束呢？在道家思想看来，这才是秉要执本。

又比如生与死，"庄子妻死，惠子吊之，庄子则方箕踞鼓盆而歌"。庄子看来，死亡只是气在聚散过程中的一个阶段，如同四季运行般自然。庄子把人的生命当成气的变化，气聚则生，气散则死。气是一种元素，宇宙万物以气为元素而彼此相通。这个气可以变成一棵树，也可以变成一个人，整个宇宙就是一个气的变化。所以没有死亡，没有生成，方生方死，方死方生，不必因为死亡而万念俱灰。从长视野、大格局来看待生死问题，才能从根本上去除哀伤绝望。又比如是非成败，甚至是得失祸福，在庄子、列子看来，根本没有是非之分，没有祸福之辨。谁能决断是非呢？他的是非一定是正确的吗？塞翁失马，焉知非福？祸兮福之所倚，福兮祸之所伏。孰知其极？如果能取消是非、美丑、成败、祸福之间的区别，人们又怎么会生心争夺，日思夜梦，辗转难眠呢？又何必需要外在的那些礼制规定去限制呢？这才是釜底抽薪，连根拔起，从根本上加以解决。这才是执本。

二、清虚

《淮南子·原道训》曰："是故清静者，德之至也；而柔弱者，道之要也；虚无恬愉者,万物之用也。"清虚的主张,从本质上讲,是要求人为服从天道,"不以人滑天,不以欲乱情",做到不轻举妄动,敬畏天地之道,循道而动,守理而动。行为上不妄作,坚持无为,关键又在于内在清虚自守,节制欲求,不任聪明,不烦思虑。嗜欲太深,妨害甚大。《老子》十二章曰:"五色令人目盲,五音令人耳聋,五味令人口爽,驰骋畋猎,令人心发狂,难得之货,令人行妨。"所以圣人之治,"常使民无知无欲,使夫智者不敢为也"。思虑太深,智慧聪明,则壅蔽甚多。"是故至人之治也,掩其聪明,灭其文章,依道废智,与民同出于公。约其所守,寡其所求,去其诱慕,除其嗜欲,损其思虑"。

万物依道演化,最明智的选择是循道而行。但是道化恍惚,所以守道不易。看似无常的变迁,持续不断,反反复复,必然要求内心没有主持与阻挠,做到与道迁移,从变如流。内心的欲求和思虑,皆是主持、执着的因素,往往构成障蔽和阻碍,使人不能随物迁流。没有主体的固执,方能与道沉浮,迁变不居。"虚而不屈,动而愈出"。正是从这个角度讲,虚静无欲、思虑冲淡是守道的关键所在。

钱穆先生认为《淮南子》以"精神"对"形骸",混淆了早期道家思想对"精""神"的分殊,大违庄老原意。然而,《淮南子》伸道化而抑人为,委实符合老子崇道、庄子自然的思想精髓。仔细考察,《淮南子》抑人为实际上包括两层含意:抑制人欲,裁抑人知。人欲所以要抑制,首先因为情欲与道化之冲淡、寂漠违背,伤害神明。《淮南子·原道训》曰:"夫喜怒者,道之邪也;忧悲者,德之失也;好憎者,心之过也;嗜欲者,性之累也。"其次,因为欲望追逐外物,而求之于外,往往失诸于内。"夫静漠者,神明之定也;虚无者,道之所居也。是故或求之于外者,失之于内"。精神有限,逐物无穷,必然耗尽精神。精神乃生命之精华,统摄视听,主导心志,精神耗散则五官存而无用,心不知其所至,因此难以应对和抵御祸难忧患。"精神盛而气不散则理,理则均,均则通,通则神,神则以视无不见,以听无不闻也,以为无不成也。是故忧患不能入也,而邪气不能袭"。人生若不能抑制欲望,则外之祸难,内之耗散,不可避免。"精神驰骋于外而不守,则祸福之至,虽如丘山,无由识之矣"。

另一方面,物有长短,材有所偏,难以兼备,所以任使重在因循本性,发挥其特长,做到尽其材,收其效。《淮南子·主术训》曰:"故古之为车也,漆者不画,凿者不斫,工无二伎,士不兼官,各守其职,不得相奸,人得其宜,物得其安。是以器械不苦,而职事不嫚。"与因循相关,既然才性有偏,且不能兼该,所以君主个人才智不足以依赖。"由此观之,则人知之于物也浅矣,而欲以遍照海内,存万方,不因道之数,而专己之能,则其穷不达矣。故智不足以治天下也"。这对于人主的启示在于,只有各尽其才,汇聚天下之才,方可成就大业。"故不出户而知天下,不窥牖而知天道,乘众人之智,则天下之不足有也。专用其心,则独身不能保也"。人主之伟业往往建立在众人智力的基础上,是众智众力的结果。"故积力之所举,则无不胜也;众智之所为,则无不成也"。真正圣明的人主,往往可以做到人尽其材,材尽其用,各得其所,各有其效,既无遗才,也无废功。既然人主之才不可过分依赖,而天下之才各有长短,且皆有其效,所以人主首先不可刚愎自用,专任一己之力,其次应该善待众材,巧于任使。"人主之术,处无为之事,而行不言之教。清静而不动,一度而不摇,因循而任下,责成而不劳"。

三、无为

与班固的《汉书·艺文志》略有不同,《史记·太史公自序》提到道家思想"无为"而"无不为"。一般人只看到作为的益处,天行健,君子以自强不息,君子终日乾乾,死后而已,但是道家思想却看到无为的好处。《老子》第六十三章说:"为无为,事无事,味无味"。可见,无为的好处首先在于避免妄为。有为当然好,但是也有很多错误是因为太想作为、太过作为而导致的。《淮南子·原道训》曰:"所谓无为者,不先物为也;所谓无不为者,因物之所为。所谓无治者,不易自然也;所谓无不治者,因物之相然也"。不违背自然,不错过时机,不躁急,也就是不妄为。所以无为的第一要义在于杜绝妄为。

当然无为的价值,不全在于消极地防止妄为,它有更积极的意义。无为才能闲暇,而闲暇极有价值。宋代程颢《偶成》曰"万物静观皆自得,四时佳兴与人同",可见,要获得真知洞见,必须要静下来,不能躁动,闲暇自有美德。程颢另有一首诗《游月陂》,中间两句是这样讲的,"水心云影闲相照,林下泉声静自来"。动荡的水面,无法映照云影,犹如躁动的心灵,无法感知泉声。闲暇是宝贵的,因为闲暇,才能保养精神。很多人以忙碌为骄傲,一说闲暇就担心被人看不起,无用之人才是闲人,因为没有人需要他。其实,人一旦忙起来,就容易忘事,容易迟钝,也没有灵感。所以创造力不一定是忙出来,有时候恰恰是闲出来、静出来的。现代心理学实验表明,一定要有充足的睡眠,才会有真正的创造。创新能力跟睡眠质量很有关系,用道家的话来讲,就是五官用得太多,精神容易耗散。精神耗散,就会视而不见,听而不闻,走路都会撞电线杆,浑浑噩噩,毫无灵气。生活中,我们常有这样的经历,当我们试图去找寻一物,翻箱倒柜,往往找不到。此时,若能静下来,反而会记起放在哪里,这就是精神。闲静下来,精神就得以回归。精神一旦回来,很多事情就容易想起来,记起来。可见,要获得真知灼见,要有真正的创造,有时候还必须静下来,不要躁动奔波,闲暇自有美德,无为自有价值。

四、因循

万物有道自然,因此应当遵循物理,顺应道化。因循所以重要,源于人为至卑而道化洪大。人为不若守道,守道而动,不偏执一己之私,即是因循。

因循思想在道家思想体系中占有非常重要的地位。老子《道德经》虽然并未出现"因循"二字,但是因循道化的思想却实有存在。《道德经》二十七章曰:"善行无辙迹,善言无瑕谪,善数不用筹策,善闭无关楗而不可开,善结无绳约而不可解。"这里描述了一种特别高妙的境界,它超乎寻常思维的框架,超过技术层面的界限。何以实现这种超越呢?是因循的力量。王弼注解曰:"顺自然而行,不造不始,故物得至,而无辙迹。顺物之性,不别不析,故无瑕谪,可得其门也。因物之数,不假形也。因物自然,不设不施,故不用关楗绳约而不可开解也。此五者,皆言不造不施,因物之性,不以形制物也。"王注很好地发掘了老子的因循思想。如果老子的因循思想稍嫌含蓄,那么庄子思想中这种因循的特质就变得明晰起来。《庄子·养生主》描述庖丁高超的解牛技巧,"依乎天理,批大郤,导大窾,因其固然,技经肯綮之未尝,而况大轱乎?"这就是因循,遵循事物本来的特性和规律,不妄自造作。《庄子·德充符》曰:"吾所谓无情者,言人之不以好恶内伤其身,常因自然而不益生也。"亦言因循。

真正全面阐述因循思想的是《淮南子》。其首篇《原道训》围绕因循思想,主要讲了三个问题。首先,因循思想何以可能?因为道是广泛存在的,并且道化之功非常神奇。"夫道者,覆天载地,廓四方,柝八极,高不可际,深不可测,包裹天地,禀授无形"。其次,因循思想何以必要?因为一方面人为之成就有限,另一方面合道则万物自然,成就巨大,而且自然是最好的结果。"故任一人之能,不足以治三亩之宅也。修道理之数,因天地之自然,则六合不足均也。是故禹之决渎也,因水以为师;神农之播谷也,因苗以为教"。又曰:"万物固以自然,圣人又何事焉?"最后,因循思想如何进行?清静无为,压制主体妄作,同时体察时势,顺应本性。"是故圣人内修其本,而不外饰其末,保其精神,偃其智故。漠然无为,而无不为也;澹然无治也,而无不治也。所谓无为者,不先物为也;所谓无不为者,因物之所为。所谓无治者,不易自然也;所谓无不治者,因物之相然也"。在《淮南子·主术训》中,淮南子又论述了因循思想对于君人治国的启示。第一,在于无为,不主持,随物流转。"人主之术,处无为之事,而行不言之教。清静而不动,一度而不摇,因循而任下,责成而不劳"。因循思想对于人君治国的第二个启示,在于迁变不居,不先导,虚无因循。"主道员者,运转而无端,化育如神,虚无因循,常后而不先也"。

今人讲到因循,常常与守旧连在一起,因循守旧,已经成为惯用语。其实,与那些躁动的改革,失败的改作相比较,因循在特定的场合,特别有价值。我们生当一个改革的年代,看到许多改革的巨大成就,但是也有些改作,其实没有必要,反而不如因循。我们看到很多干部,为了政绩,不断改革,等到离任,成绩一箩筐,汇报起来,滔滔不绝,连篇累牍,但是百姓并没有得到实惠。司马迁在《史记》中专门为循吏立了一个传,叫做《循吏列传》。这些人看上去毫无作为,没有风采,但是黎民百姓很受益。好的政策、做法、传统,应该得到继承,保持政令一贯性,才会有好的效果。在道家思想看来,道是广泛存在的,万物皆有道,宇宙间一切人事,不论大小巨细,都体现着道的存在。因为各自有道,所以即便没有人为,万物也已经自然生成,自然演进。道化之功,已然神奇。既然万物有道,而且万物自然,那么因其自然就是最好的选择。

通过上面讨论,我们可以发现,与儒家思想高举主体精神、崇尚刚健有为不同,道家思想注重执本,看重无为,主张清虚,注重因循。道家思想未必完全放弃主体的作为,他们只是反对妄为轻举,反对违道而行,反对太多主持与人为。当然,正像许多思想理论一样,道家思想也有自己适合的特定范围,超过了这个范围,必定显现种种弊端。道家思想适用于严峻的形势,长于保存实力。但是当社会趋于和缓平稳时,这种思想的弊端就凸现出来。它的弊端突出地表现两个方面:首先,不重道德,有损教化,风俗浇薄。道家思想对时势、变化的专注,使得它对于道德、伦理、教化等因素往往较为淡漠,甚至忽略不计。然而道德伦理、风俗教化对于社会的有序运行,具有不可或缺的意义。其次,重视因循,顺势迁流,无意建设。面对严峻的形势,顺势因循往往是最有效、最经济的选择,因为它利用了先前的基础和资源,节省了主体的投入,保存更多的实力。但是顺势因循只能实现既有框架下的成就,不能更弦易辙,别开生面。后世学人对"汉袭秦制"的批判,实际上就侧面反映了道家思想的在建章立制上的惰性与不足。

《汉书·艺文志》在概述道家思想要旨的时候,提到执本、清虚与卑弱。"道家者流,盖出于史官,历记成败存亡祸福古今之道,然后知秉要执本,清虚以自守,卑弱以自持,此君人南面之术也"。比较而言,太史公的论述更为全面。如果要我们遴选道家思想的关键词,毫无疑问应该包括道化、虚静、无为、因循、时势,这些恰恰是太史公论述的要点。《史记·太史公自序》曰:"道家无为,又曰无不为,其实易行,其辞难知。其术以虚无为本,以因循为用。无成势,无常形,故能究万物之情。不为物先,不为物后,故能为万物主。有法无法,因时为业;有度无度,因物与合。故曰圣人不朽,时变是守。虚者道之常也,因者君之纲也"。

第二节　黄老思想

学界对于汉代的道家思想,往往用"黄老之术"加以概括。"黄"指黄帝;"老"指老子,尽管学界对于黄老并称的原因有过各种各样的讨论,但是今天看来最根本的原因还在于思想上的耦合。

一、黄帝

诸家言黄帝,各不相同,儒家言黄帝,勤心政事,管子言黄帝近霸,道家言黄帝近道,法家言黄帝近法术。比如《韩非子·扬权》载黄帝之言,"上下一日百战",对君臣关系评价很低。下匿其私,以试其上,上操度量,以割其下。韩非子眼中的黄老已然成为法家思想学术的典型代表。可见后世言黄帝者虽多,然而大多出于附会,诸子百家,各取所需。宋人钱时对此曾有精到概括,《两汉笔记》言曰:"战国纵横,异端猬起,凡托黄帝以名书者,如道,如名,如阴阳,如小说,如医卜,神仙之类,不一而足,至若封禅登天,恍荡不根之论,汉之方士往往率类聚而归焉,是何诬黄帝之甚也?"黄帝之名甚且流于巫道方术,实为不经。

传说中的黄帝功德崇高,影响深远,后世帝喾、颛顼、唐尧、虞舜等帝王多从他而出。根据《大戴礼记》,孔子认为黄帝"三百年"乃是积极作为的结果,"(黄帝)治五气,设五量,抚万民,度四方,教熊罴貔貅䝙虎,以与赤帝战于阪泉之野,三战然后得行其志。黄帝黼黻衣,大带,黼裳,乘龙扆云,以顺天地之纪,幽明之故,死生之说,存亡之难。时播百谷,草木淳化,鸟兽昆虫,历离日月星辰,极畋土石金玉,勤劳心力耳目,节用水火材物,生而民得其利百年,死而民畏其神百年,亡而民用其教百年,故曰三百年"。孔子的解释让我们看到了一个勤心劳作、刻苦有为的黄帝形象。但是纵观诸子之言,黄帝的功德似乎更多地来自守道与因循。钱时言黄帝通变宜民,实在精当。在淮南子看来,黄帝治天下是至治之世纯朴、和顺的衰退。然而,与昆吾夏后嗜欲连于物、聪明诱于外相比，与周代浇淳散朴、杂道以伪而巧故萌生相比，黄帝的治理仍然保留了循理自然的因素。《淮南子·俶真训》曰："至神农黄帝，剖判大宗，窍领天地，袭九窾，重九垠，提挈阴阳，专捖刚柔，枝解叶贯，万物百族，使各有经纪条贯。"高诱以为这里说明了黄帝能够"因九天九地之形法以通理也"，可见黄帝之治建立在熟察事物道理的基础上。因循道理，所以治化之功兴隆。《淮南子·览冥训》曰："于是日月精明，星辰不失其行，风雨时节，五谷登孰，虎狼不妄噬，鸷鸟不妄搏，凤皇翔于庭，麒麟游于郊，青龙进驾，飞黄伏皂，诸北、儋耳之国，莫不献其贡职。"黄帝之治所以能够取得如此功效，与其持心守道分不开。(1)黄帝的命令具有和正无私的特质，《淮南子·时则训》曰："溥汜无私，正静以和。"(2)黄帝不事主持，与道迁流，和顺无碍。《淮南子·缪称训》曰："芒芒昧昧，从天之道，与玄同气。"(3)黄帝持身以虚静自守，清心少欲。《吕氏春秋·去私》载黄帝之禁令即体现了这种精神，"声禁重，色禁重，衣禁重，香禁重，味禁重，室禁重"。主体的欲望和思虑，容易导致主持和执着，使得体道因循尤为困难，这是体认的一方面；嗜欲太深本身不合道化，伤生劳神，这是养生重本的一方面。(4)黄帝之治得时不怠，尤重时势之学。《汉书·贾谊传》曰："日中必彗，操刀必割。"时势之学即是循道的体现，因为万物之道必然要在时空的维度、自然社会的背景中展开。察时和明势本身就是循道。(5)黄帝之治因道而迁，变动不居。《吕氏春秋·圜道》曰："帝无常处也，有处者乃无处也。"道不拘一，圣人循道而行，故而不能拘束蹇步。今本《黄帝四经》即有"顺道""道原"诸篇，明道之体用。其书亦多言因循、虚无之理。

　　黄老思想讲究道圆不一，既不可能执着于礼治与法治，当然也不可能一概抛弃这些工具，事事皆须依道而动。事实上，黄帝思想从来就不反对这两个方面的措施。《吕氏春秋·上德》载其重德，"为天下及国，莫如以德，莫如行义。以德以义，不赏而民劝，不罚而邪止。此神农、黄帝之政也"。《吕氏春秋·遇合》也载其重德，"厉女德而弗忘，与女正而弗衰，虽恶奚伤？"而《淮南子·兵略训》则载其重兵，曰："有圣人勃然而起，乃讨强暴，平乱世，夷险除秽，以浊为清，以危为宁，故不得不中绝。兵之所由来者远矣！黄帝尝与炎帝战矣，颛顼尝与共工争矣。故黄帝战于涿鹿之野，尧战于丹水之浦，舜伐有苗，启攻有扈。自五帝而弗能偃也，又况衰世乎！"理解了黄老思想，就会发现，当礼治合道时，采取礼乐教化；当刑法合道时，采取惩罚措施。

二、时势

　　体道的要旨虽然在于压制主体的妄动有为，服膺遵循天道的演化，但是在实践层面却往往表现为察时和明势。事物演化皆依道而行,然而其兴衰消亡的历程却必然在时空的维度中展开,在自然与社会的背景中进行。时势演变本身体现了道的特点。明察历程的始终转折,实际上就把握了事物变化的方向、过程和关键。《淮南子·原道训》言时之至要,曰:"时之反侧,间不容息,先之则太过,后之则不逮。夫日回而月周,时不与人游。故圣人不贵尺之璧,而重寸之阴,时难得而易失也。禹之趋时也,履遗而弗取,冠挂而弗顾,非争其先也,而争其得时也。是故圣人守清道而抱雌节,因循应变,常后而不先。"《吕氏春秋·首时》言时不易得,曰:"有汤武之贤,而无桀纣之时,不成;有桀纣之时,而无汤武之贤,亦不成。圣人之见时,若步之与影不可离。故有道之士未遇时,隐匿分窜,勤以待时。"明了演化的背景与形势,实际上也就把握了事物消长起伏的各种动力、阻力、助力及其他影响因素。"时"既有起讫关节的点的含义,也有持续绵延的长度的意蕴。所谓察时,就是要明察事变开始、结束的端倪和节点,知道什么时候花卉开,什么时候雨雪降,什么时候冬去春来,什么时候盛极而衰;明了事物起伏的历程与路径,就会知道从冬至一阳生到春暖花开要经历多久的冷暖反复,知道君子小人之道此消彼长要经历多少的轮回与挫折。察时体现了敏锐的预知、察觉的能力和嗅觉。

"势"有内在本性的必然之势,也有外在偶合的因缘之势。事物的发展变化既受到必然之势的规定,同样也受到因缘之势的影响,走向结果的道路因此呈现出各不相同的面貌。从理论上讲,按照对事变影响的性质,"势"可以分为积极的利势和消极的钝势。实际上,如果善于转化,势多有利便,关键看其运用。当形势直接具有助推的性质,可以顺势引导,因势利导;而当形势似乎不利时,则可以反其道而行之,营造有利局面。枯旱望甘霖,饥者易为食,乘衰而起,都体现了利弊转化的功夫。"时"本身就是"势",日中必彗,操刀必割,趁热打铁,先声夺人,都体现了即时而动的利便性质;滴水穿石,水泽浸润,驽马十驾,都体现了积时成势的性质。"势"也具有"时"特性,形势难得而易失,稍纵即逝,把握势需要敏锐,这是时间迅捷的方面;形势有时需要时间酝酿,得势需要漫长的等待,这是时间绵延的方面。正是因为"时""势"之间这种密切的耦合,所以学人常用时势之学指代明察形势利钝、时变得失的学问。

通过上面讨论,我们可以发现,与儒家思想高举主体精神、崇尚刚健作为不同,道家思想非常注重"道",认为把握"道"、循道而动极为重要。为了把握无所不在、无时不在的道,人们需要清虚自守,坚持无为,排除主观欲望、个人智慧的干扰,做到体道与循道。道家思想未必主张完全放弃主体的作为,只是反对妄为和轻举,反对违道而行。后来,庄子一派放弃自我的立场,与万物合一,内外澄明,只是道家思想一支,并不能视为道家的全体。实际上,道家思想因为主张道化,主张守道,对于察时和明势非常重视(当然为了更好地明察时势,必须排除主体因素的干扰,做到虚静明极)。通过时势之学,体道的精神走向现实生活,变成实践的学问。

总结前面的讨论,可以对黄老思想做一个大致的描述:黄老思想仍然是道家思想,在思想的主干上,仍然保留了道家思想的精神,它讲究体道、守道,在人为与道化中间,它没有专注于人为的力量,而是更加看重道化的意义。从守道的角度出发,因循之所以重要,因为它遵循了对象本身的道,而道化自然,因循之功巨大。时势所以重要,因为道在具体的现实世界中总是展现于时空的维度,要守道就必然要明察时势。清虚所以重要,因为唯有清虚,与道迁移才成为可能。从三者内部的关系而言,因循事物之道,必然要求主体少有主持,尽力做到清虚无我,因此,因循与清虚构成关联。因循既可以是人的本性和长处,也可以是时势的利钝转化,因循因此与时势之学构成联系。要明察时势,必然要求主体放弃对人为的固执,合理的利用时势,达成功业,时势之学因此与清虚构成关系。

道是变动不居,道是具体复杂的,所以守道必然意味着迁化灵动。因此黄老思想一方面重视灵动的变化,讲究善变;另一方面又强调因循,顺应和守道。

第三节　老庄思想

黄老思想与老庄思想都是道家思想,如果说,黄老思想偏重世务和经营,那么老庄思想就重在生命和天性。

老子讲无为,常被认为是为着有为,是为的手段。将欲取之,必先与之,常有阴谋的嫌疑。章太炎先生认为学老子之术流于权谋,汉文帝是学老子的典型。《章太炎讲国学·诸子流别》曰:"汉文帝真得老子之术者,故太史公既称孝文好道家之学,以为繁礼饰貌无益于治,又称孝文帝本好刑名之言。盖文帝貌为玄默躬化,其实最擅权制。观夫平、勃诛诸吕,使使迎文帝。文帝入,即夕拜宋昌为卫将军,领南北军,以张武为郎中令、行殿中。其收揽兵权,如此其急也。其后贾谊陈《治安策》,主以众建诸侯而少其力。文帝依其议,分封诸王子为列侯。吴太子入见,侍皇太子饮博,皇太子引博局提杀之。吴王怨望不朝，而文帝赐之几杖，盖自度能制之也。且崩时，诫景帝：即有缓急，周亚夫真可任将兵。盖知崩后，吴楚之必反也。盖文帝以老、庄、申、韩之术合而为一，故能及此。"又曰："文帝有得于老子之术。老子之术，平时和易，遇大事则一发而不可当，自来学老子而至者，惟文帝一人耳。"章太炎先生之言容有异议，不过老子思想多有阴谋尚有他证。史载，陈平自言："我多阴谋，道家之所禁。吾世即废，亦已矣，终不能复起，以吾多阴祸也。"推原陈平之学，正是黄老道家之术，"陈平，阳武户牖乡人也。少时家贫，好读书，治黄帝、老子之术"。一语成谶，阴谋终致阴祸，陈平之后，"曾孙陈掌以卫氏亲戚贵，愿得续封，然终不得也"。

与黄老道家不同，老庄思想更多地发挥道家思想清静、自然、适性的要义。今以《庄子》为例，《齐物论》破除是非的固执，万物平等，齐是非，去等差，从而获得内心的平静与天性的完满。"方生方死，方死方生；方可方不可，方不可方可；因是因非，因非因是。是以圣人不由，而照之于天，亦因是也。是亦彼也，彼亦是也。彼亦一是非，此亦一是非，果且有彼是乎哉？果且无彼是乎哉？彼是莫得其偶，谓之道枢。"人生的烦恼与痛苦，往往源于差别和不齐。见异见同，方是圆融，见异不见同，则固执一端，难以接受两端的差距。《逍遥游》认为无己、无功、无名，才能获得心灵的自由，逍遥自在。"若夫乘天地之正，而御六气之辩，以游无穷者，彼且恶乎待哉！故曰至人无己，神人无功，圣人无名。"自我意识是自重自爱的前提，但是自我意识过于强烈，也往往催生不必要的对立和张力，使自己不能保持平常心来看待身边的事物，也不能对自己有客观清醒的认识。功名观念是奋发有为的引擎，但是功名观念过于强烈也会导致不能从容处理事物，不能适当体会生命。自我意识、功名观念，若能适度，将不会导致困扰，否则将成为生命的羁绊，不得逍遥自由。

境界是庄子思想中值得注意的内容，《逍遥游》讲大知小知，就是境界，"小知不及大知，小年不及大年。奚以知其然也？朝菌不知晦朔，蟪蛄不知春秋，此小年也。楚之南有冥灵者，以五百岁为春，五百岁为秋；上古有大椿者，以八千岁为春，八千岁为秋。此大年也。而彭祖乃今以久特闻，众人匹之，不亦悲乎！"知有限，而不知无限，限于自身的寿命、见识与环境，有些道理对于某些人来讲，终其一生也不可能知晓。所以，交流相知都是相对有限的。"知效一官，行比一乡，德合一君，而征一国者，其自视也亦若此矣。而宋荣子犹然笑之。且举世而誉之而不加劝，举世而非之而不加沮，定乎内外之分，辩乎荣辱之竟，斯已矣"。德行的分层亦是如此，小德不明大德。既然境界不同,难以逾越,不可相知体认,因此随境界不同,所谓准则智慧,皆有差异,不可互通,相对主义由此而生。

相对主义是破除绝对和固执的利器,但是容易走向虚无主义。在相对主义者看来,是非、智愚、大小、寿夭等皆无固定的标准。《逍遥游》载庄子对惠子的批评,即有这层含义,"夫子固拙于用大矣。宋人有善为不龟手之药者,世世以洴澼絖为事。客闻之,请买其方百金。聚族而谋曰:我世世为洴澼絖,不过数金;今一朝而鬻技百金,请与之。客得之,以说吴王。越有难,吴王使之将。冬,与越人水战,大败越人,裂地而封之。能不龟手,一也;或以封,或不免于洴澼絖,则所用之异也。今子有五石之瓠,何不虑以为大樽而浮乎江湖,而忧其瓠落无所容?则夫子犹有蓬之心也夫!"可见,有用无用皆是相对而言,不可绝对,不可固执。有时看似无用,实则有大用。同一事物,随主体境界不同而呈现出不同的价值。世俗之人只能肤浅赏玩,体道之人则能真正领略万物之美,处处阳春,物尽其美。真正的智慧、自由与快乐,在于不断反省自己的固执,放弃外界对自己的牢笼,解除自己对自己的约束。

既然智慧德行皆是相对,那么主体就应该放弃固执,把握当下,珍惜生命。对庄子而言,最好的养生智慧,在于依道而行。《养生主·庖丁解牛》曰:"良庖岁更刀,割也;族庖月更刀,折也。今臣之刀十九年矣,所解数千牛矣,而刀刃若新发于硎。彼节者有间,而刀刃者无厚;以无厚入有间,恢恢乎其于游刃必有余地矣。是以十九年,而刀刃若新发于硎。"养生的智慧是什么呢?犹如庖丁手中的利刃。人在世间行走,犹如利刃游走以解牛,要依乎"天理",因其"固然",遵循自然的条理,然后才可以游刃有余,令利刃解牛十载而毫发无损。人生世上,不能自立自足,固是失败;荣利加身,却失掉天性,亦是失败。利刃不能解牛,固是无用,虽解牛却崩缺断裂,亦是毁伤。善养生者如庖丁,不困于生计潦倒,不失于天性泯灭。

第四节　楚汉相争

历来学人少有从思想学术的角度研究汉高祖刘邦,研究汉代的黄老思想也绝少提及刘邦,其实他是汉代黄老风潮的引领者。与曹参、窦太后等人相比,刘邦在汉代黄老思想发展的历史上占有更重要的位置。从某种程度上讲,刘邦战胜项羽是黄老道家思想精髓的胜利,是这种特别适用于对抗斗争的思想的胜利。

黄老思想就是道家思想，其核心主张在于察时、明势、因循与清静。依照适用的范围和追求不同，道家思想可以分为两类：适用于社会政治的黄老思想和适用于个体生命的老庄思想。黄老思想当然也会谈到个人，却是站在社会政治的立场上；老庄思想也议论社会政治，抨击仁义礼制，却是站在个体生命的立场上，以生命的自由逍遥为追求。尽管都是道家思想，都有道家思想的本质，但在具体的主张上却并不相同。比如老庄思想为了追求彻底的精神自由，主张无己、无功、无名，主张自然天性；而黄老思想却看重因循时势，以高效的方式建立功业；虽然反对妄为，但是并不一概否定经营。

楚汉相争，刘邦和项羽代表了各自的军事集团。刘邦在亡秦灭楚的过程中非常注意乘势因循，对于时势转变有着敏锐的察觉，往往保持一种无我而清醒的态度，整个斗争过程体现了整体、系统、持久的特点。这些都是黄老道家思想的精髓所在。与之相反，项羽往往失诸自恃过度、主持过度、强执躁竞，对于时势缺乏准确的把握，对于斗争缺乏正确的认识。虽然秦汉之际的历史转变和演进，充满了种种偶然的因素，楚亡汉兴也有许多其他的原因，成王败寇终究不是客观的历史解释，但是斗争双方思想理论的指导无疑发挥着重要的作用。

一、刘邦察时

《管子·霸言》："智者善谋，不如当时，精时者日少而功多。"成大事当善于把握时机，刘邦与项羽对当时天下形势的认识存在重大差异。刘邦认为天下大乱，英雄豪杰辈出，但是诸侯势力仍然是灭亡秦朝的重要力量，不容轻视。而项羽却没有这种清醒的认识，以为这是一个英雄豪杰的时代，对于诸侯势力在当时的重要影响并未有足够的重视。对于时代大势的把握，是建功立业的基础。刘、项在时势问题上的差异，影响极为深远。项羽对待怀王的态度，表明他对诸侯势力在亡秦过程中的作用没有充分的认识。他认为推翻秦朝，安定天下，主要是诸位将领的功劳，诸侯势力并未有太大用处。《史记·项羽本纪》曰："天下初发难时，假立诸侯后以伐秦。然身披坚执锐首事，暴露于野三年，灭秦定天下者，皆将相诸君与籍之力也。"正是基于这种认识，项羽才会大肆改立诸侯。在迁立刘邦为汉王之后，秦降将章邯被立为雍王。都尉董翳因为力劝章邯降楚，有功，故而立为翟王。赵相张耳素有贤名，主要还是因为跟随入关，有功，故而立为常山王。张耳嬖臣瑕丘申阳因为先下河南，故而立为河南王，都洛阳。赵将司马卬平定河内，多次建功，故而立卬为殷王。燕将臧荼追随项羽救赵，故而立为燕王，都蓟。齐将田都因从入关,故而立为齐王,都临菑;齐王建孙田安在项羽渡河救赵之际,"引其兵降项羽",故立为济北王,都博阳。六人当阳君黥布本为楚将,"常冠军",故而立为九江王,都六。鄱君吴芮率领百越佐助诸侯伐秦,又追随项羽入关,有功,故而立为衡山王,都邾。义帝柱国共敖率领军队攻打南郡,"功多",因而立为临江王,都江陵。凡是于项羽有功有旧的人,皆得美地故地以王之;而已经称王的诸侯,如果无功或者与项羽有不合,则往往被褫夺其地,迁徙他处,甚至不加封赏。魏王豹徙为西魏王;赵相张耳、赵将司马卬、婴臣瑕丘申阳皆已封王,而赵王歇徙为代王。将领臧荼被立为燕地之王,而故燕王韩广则被徙为辽东王。田都、田安皆已立王,而齐王田市被徙为胶东王。齐相田荣因为"数负项梁",不肯发兵追随项羽征战,所以干脆不加任何封赏。赵将陈余在巨鹿之战以后,与曾经刎颈相交的张耳反目,弃将印去,加上不从项羽入关,因而也不被立王,后来勉强"绕南皮三县以封之"。纵观项羽分封,赏功罚过的原则比较明显,不忘旧恩、任人唯亲也是确然的倾向。然而,任意改置、迁徙甚至杀害诸侯,却表现了项羽对诸侯势力的轻视,对于这种势力的影响有着较低的估计。楚汉相争时期,韩地的变迁动荡,是考察刘邦、项羽见识的重要依据。项羽轻视诸侯势力,遭到回报,刘邦因为尊重诸侯势力而收到成效。

与项羽不同,刘邦对诸侯势力在亡秦过程中的作用有着非常清醒的认识。秦二世元年秋九月,刘邦在劝服沛县父老时,首次表达了这种认识。其言曰:"天下方扰,诸侯并起,今置将不善,一败涂地。"刘邦在广武数项羽十罪,说项羽"王诸将善地,而徙逐故主",说自己"以义兵从诸侯诛残贼",很好地彰显了自己与项羽在诸侯问题上的差别。

刘邦对诸侯势力的重视,除表现于各种言论,更见于实际的政治军事行动。汉二年冬十月,刘邦拥立韩王。《通鉴纪事本末·高祖灭楚》曰:"汉王以韩襄王孙信为韩太尉,将兵略韩地。信急击韩王昌于阳城,昌降。十一月,立信为韩王,常将韩兵从汉王。"项羽因为田横继起,被困齐地,刘邦此时继续前行,率领五诸侯之兵共五十六万人伐楚。到外黄,彭越将其兵三万余人归汉,刘邦拜彭越为魏相国。刘邦授权彭越,擅将其兵略定梁地,同时要求彭越拥立魏豹。"彭将军收魏地得十余城,欲急立魏后,今西魏王豹真魏后"。刘邦对于彭越势力没有漠视不顾,这是灵活务实的表现;要求拥立魏王,这是对诸侯号召力、聚民能力的清醒认识。

二、刘邦识势

娄敬曾经建议汉高祖迁徙天下豪民,充实关中,实现强本弱末。这个建议体现了形势之学的精髓。山川地形，本是国家政权之依托与屏障，极具意义，但是并非唯一的决定因素。关中和洛阳都曾经见证了王朝的兴衰，说明山川地形可宝，但也不可过分依恃。从长远角度考虑，从根本上立议，治国应该注重军战财富、民生人心、秩序制度以及道德风俗，宏纤巨细，远近利弊，皆须通盘考虑，全面把握。因为诸种因素纷繁复杂，所以是非利弊的决断异常困难。此是彼非，利弊远近，纠结难分，而且祸福转化，难以决断。形势之学的精髓在于抛开理论的、无谓的讨论，将具体问题放到具体情境之中，只就眼前的利害得失做一审视考察，客观的进行衡量比较，抛开种种其他因素，所以容易得出结论。形势之学要求暂时放弃长远的、根本的考虑，只就具体形势、具体问题作出判断，所以容易形成确定的是非、得失等结论。形势之学要求在考虑问题时，保持高度的专注性、针对性与限定性，所以对于利弊转化、似是而非等情况有着非常精准的把握。

其实，刘邦也是精通形势之学的能手，这也是他击败项羽、成就帝业的重要原因之一。刘邦对于种种利弊转化、似是而非的情况，也容易形成确切的、精准的论断，暂且抛开理论的、无谓的讨论。在形势之学当中，刘邦对于山川地形之利弊尤有精准的讲求。刘敬建议定都关中，以为关中之利众多，"被山带河，四塞以为固"，是形胜；"因秦之故，资甚美膏腴之地，此所谓天府"，是富饶；"卒然有急，百万之众可具"，是人众。按照刘敬的说法，关中是形胜可守、富饶可用之地，对于以武力崛起、经营天下的刘邦而言，自是定都的最佳选择。

其实，还在定都以前，刘邦对于关中之利已经了然于心。纵观秦亡汉兴的整个历史过程，可以发现刘邦对于关中之地一直非常重视。秦二世二年，遵照怀王约定，刘邦开始西向征战，至汉元年十月进至霸上，艰难险阻备尝矣。秦二世三年三月，刘邦转战曲遇、颍川之间，闻赵国别将司马卬欲渡河入关，遂北攻平阴，绝河津，阻断司马氏前进之路，沛公欲占关中之心始见矣。六月，刘邦与南阳守齮战于犨东，破之。南阳守走保城守宛，沛公引兵过宛西，张良以"危道"谏阻，刘邦急欲入关之心可见矣。八月，沛公攻武关，入秦。秦相赵高杀二世，使人与沛公约分王关中，不许，刘邦必欲独占关中之心现矣。汉元年冬十月，沛公至霸上，不杀秦王子婴，不贪重宝财物府库，还军霸上。同时，约法三章，除去秦法，稳定吏民，并且派人与秦吏巡行县乡，告谕安抚，争取民心，刘邦欲以关中为根基之心见矣。或说沛公秦富十倍天下，地形强，可使人守函谷关，毋内诸侯军，稍征关中兵以自益。"沛公然其计，从之"。刘邦欲以关中为基抵御项羽之心见矣。项羽违背怀王约定,改立沛公为汉王,王巴、蜀、汉中四十一县,都南郑,三分关中,立秦三将。"汉王怨羽之背约,欲攻之,丞相萧何谏,乃止"。刘邦重惜关中之切可见矣。经萧何引荐,汉王齐戒设坛场,拜韩信为大将军,问以计策。韩信言关中可传檄而定,汉王喜不自胜。"汉王大喜,自以为得信晚,遂听信计,部署诸将所击"。刘邦喜关中复得之心见矣。汉二年二月,"令民除秦社稷,立汉社稷",施恩德,赐民爵。"关中卒从军者,复家一岁。举民年五十以上,有修行,能帅众为善,置以为三老,乡一人。择乡三老一人为县三老,与县令、丞、尉以事相教,复勿徭戍。以十月赐酒肉"。安抚民众、稳定秩序、加强治理,刘邦欲永据关中之心见矣。

宋代苏洵认为入关控制咸阳,则可以控制天下,而项羽不明此理,可见其无谋取天下之虑。《嘉佑集·项籍》曰:"项籍有百战百胜之才而死于垓下无惑也。吾观其战于巨鹿也,见其虑之不长,量之不大,未尝不怪其死于垓下之晚也。方籍之渡河,沛公始整兵向关,籍于此时若急引军趋秦,及其锋而用之,可以据咸阳制天下。不知出此,而区区与秦将争一旦之命,既全巨鹿而犹徘徊河南新安间,至函谷则沛公入咸阳数月矣。"巨鹿之战是项羽人生的高峰,垓下覆败则是项羽人生的低谷,苏洵将二者联系起来,搭建前因后果的关系,说明控制关中对于谋取天下具有举足轻重的意义。刘邦主动选择关中作为根基,表现了他对于山川形势之学有着非同一般的理解。

三、刘邦因循

历代学人对于刘邦用人之妙多有赞词,仔细探究,会发现刘邦用人的精髓多在于道家的因循思想。这里以夏侯婴和灌婴作为案例,进行分析。

统观汝阴侯夏侯婴之传略,可以发现其人擅长御马驾车。夏侯婴之始起,史传不详。沛公起事之前,他担任沛厩司御,驾车御马乃其本职。在长期的职务劳作中,夏侯婴练就了驾车本领,成为他能力的一部分。能力虽然不是天生的,但是从普遍情况来讲,人的能力还是较为稳定的个性特征,一旦养成,终身受用。对于夏侯婴而言,擅长驾车,是他个性的一部分,是其区别于他人并且超越他人的特征,也是他立足社会建立功名的优势。对于刘邦而言,夏侯婴擅长驾车既是一种可以利用的资源,也是一种既成的现实。刘邦可以置若罔闻,不加理会,按照自己的计划任用夏侯婴,这是主持。然而,最好的策略却是遵循夏侯婴的特长,引导和发挥他的长处,这就是因循。因循就是遵从任用对象本身的现实,顺势引导,不加改置。其结果是让对象尽情地发挥潜能,绽放生命的精华,实现人尽其才,保持一种极高的水准。

刘邦首先明了夏侯婴的驱车特长,然后合理地加以任用,不使其离开最熟悉最擅长的本领。尤为难能可贵的是,刘邦始终坚持使用夏侯婴的这种能力,保持己方集团的实力始终处于较高的水平。

下面我们再来看看颍阴侯灌婴。与夏侯婴一样,史书对于灌婴始起,同样没有交代,只是交代了他的职业,"睢阳贩缯者也"。商人往来,时日紧迫,而汉代交通,以驱马速度较快。可以想见,灌婴经商对于驰马奔赴之事必然较多倚重,对于鞍马配合、人马配合、道路险易、快马疾驰诸事也必然较为精通。因此,灌婴后来作战以疾速为特色,就不难理解。史书所载"疾斗""疾力""疾战",都道明这个特长。疾速之外,灌婴作战的另一个重要特点就是善长击败敌方的骑兵。这两个特点其实紧密相关。从擅长驾马,善于奔逐,到疾速战斗,到战功累累,中间有内在相通之理。经验丰富,人马和谐,使得灌婴骑战的速度极快,而疾速又往往是战争胜利的保证。兵贵神速,迅雷不及掩耳,速度快往往先声夺人,摧垮敌人。因此,灌婴从一马当先的勇敢骑士,到骁勇果敢、战功累累的骑士主帅,顺理成章。

刘邦初起事,号称匹夫崛起,大多没有经过正规的军事训练,手下可以任用的骑兵人才尤为稀缺。所以,灌婴的骑战能力对于刘邦而言,是一种极为难得的资源。为了面对楚军庞大的骑兵优势,刘邦身边只有灌婴善骑,可为骑军将领,辅佐秦朝投降过来的骑士重泉人李必、骆甲。如果说灌婴当初从汉军营中被挑选出来担任骑将,得益于他早年经历所形成的能力,那么后来他以骑战本领屡立战功,就不完全是他个人的原因。灌婴因为特殊职业的关系,擅长骑马,练就个人能力,是他区别于其他战士的特征。对于刘邦而言,灌婴身上的这种能力既是资源,也是一种既成的事实。刘邦当然可以以我为主,根据自己的意图,安排灌婴去从事他并不擅长的工作,尽到普通将士的本分,但是他没有这样做。刘邦对灌婴身上的才华非常尊重,没有忽视它,而是正面加以开采,顺势引导,让这种能力展现出来,尽情地开放,这就是因循,是对灌婴骑战能力、特长的遵循。从灌婴的战功上面,我们看到刘邦总是把他安放在最适应同时也是最恰当的位置上,让他更好发挥自己的潜能。没有刘邦这种充满因循精神的任用,灌婴不可能建立如此多的战功。难能可贵的是,刘邦对灌婴的任用,始终遵守着因循的精神。项羽兵败垓下,奉命追杀之人仍然是灌婴,"项籍败垓下去也,婴以御史大夫将车骑别追项籍至东城,破之"。汉王即位之后,对于灌婴之长,仍然十分尊重,没有随意改置,让他处于自己最熟悉最擅长的岗位上,继续建立功勋。灌婴本传载曰:"汉王即帝位,赐益婴邑三千户,以车骑将军从击燕王荼","从击韩王信于代,至马邑,别降楼烦以北六县,斩代左将,破胡骑将于武泉北","黥布反,以车骑将军先出,攻布别将于相,破之,斩亚将楼烦将三人"。

与刘邦相比,项羽在这方面有比较大的欠缺。陈平指责项羽不任用英雄,只知道任用自己的故人和亲戚。职位有限,而全部委任姻亲,自然不能发挥人才的全部潜能,所以整体战斗力自然受到影响。项羽有时候直接任命县令为侯王,直接将副将提任为诸侯。这些都可以看出他对于使用人才的因循精神,对于能力资源的形成、使用等内在规律,既无了解,亦无尊重,显得非常草率和随意。

四、刘邦清虚

若用抑绝欲望作为标准,刘邦显然不符合道家思想。从正面意义上讲,刘邦胸怀大志,积极有为。从反面意义上讲,他为人嗜欲无穷,不顾廉耻。

不过,从无己的角度来看,刘邦为人确与道家思想有吻合之处。道家思想强调体道无为,不妄为,不主持,尽力消除主体的盲动与妄执,真正做到与物消息,因循乘势,迁流不止。体道守道的最大障碍在于主体的固执,固执与主持使得主体与道化之间横亘了一堵墙,无法体道,也无法迁流,所以无己是崇道的根本。因为无己,所以不固执一己之智力,进而能够克服己私,听从善言。从善如流的条件是虚怀若谷,识黯者容易蔽于人,气盛者却容易蔽于己。所以自蔽,正在于己私太盛,善言嘉谋难以入心。苏轼对于高祖无我的特点曾经有过深切的体悟。《历代名贤确论》载其言曰:"古之英主无出汉高,郦生谋挠楚权,欲复六国。高祖曰善,趣刻印,及闻留侯言,吐哺骂曰趣销印。称善未几,继之以骂,刻印销印,有同儿戏,何尝累高祖之知人,适足明圣人之无我。"苏轼以为在高祖出尔反尔的行为背后,其实有一种破除己私、虚静无我的境界。从善如流贵在明善,而欲明善则必先破己私,不蔽于人,亦不蔽于己,不蔽于己之短,亦不蔽于己之长。从善又贵在及时迁善,改过迁善不易,及时而"不远复"尤为不易。胸中若有一丝自我的固执,从善如流就会变得非常困难。

纵观历来评议,罕有学者许刘邦以圣明之名号,其所以历经风雨成败而不倒,原因很多,但是及时改过迁善确实发挥了重要的作用。刘邦能够迁善如流、知变不居,恰恰见出他有虚静无我的特质。

宋代王应麟曾经发现刘邦有汇集众家之长的才能,"方楚汉雌雄未决,竞逐于荥阳成皋间,迭为谋臣,谋臣如云,猛士如雨,未知制楚之策也。出宛叶,掩不备,以分其力,其谋发于辕生。取敖仓,绝粮饷,以饥其师,其谋发于郦生。于是坚壁不战，养锐以待其敝，东驰西骛，使之疲于奔命，则辕生之为也。鸿沟之分，太公吕后之归因其食尽，遂收垓下之功，则郦生之为也。"在王应麟看来，正因为高祖没有自用之弊，故能听取他人谋略，"天下有无穷之才人，才有无穷之智，惟不自用而能用人者，乃能合群才以为才，兼众智以为智"。从这个角度讲，高祖能听确为优点。"二生之纳说非难，高帝之能听为难。楚兵困而汉业成，始于是矣"。王应麟看到了刘邦"不自用"与"能听"之间的关系，极有识见。正是因为高祖不像项羽那样刚愎自用，固执己私，所以才能够听取嘉言善谋，任用天下之才人，成就帝业。清虚与能听，如同刚愎与拒谏，实有必然的联系。

当然，最能见出刘邦无己特点的还是改易太子一事。刘邦因为对赵王之母恋恋不舍，欲改立皇位继承人的念头异常强烈，前后进谏者有周昌、叔孙通、张良与四皓诸人，更不用讲吕氏之阻挠。改立失败后，刘邦十分惆怅。《汉书·张良传》载有刘邦与戚夫人的一段歌舞，颇能表达这种无奈与惆怅。然而，刘邦守住嫡庶之分，终究没有改立太子，最为重要的原因还在于他本人无己，能够听进善言。王应麟认为高祖欲以孽代嫡，见出本心难保、人欲易流而天理难持，但是高祖之本心尚没有完全障蔽，所以最终优于光武帝和唐太宗。"高帝之心不尽蔽也，张良招四老人，帝幡然而改，创业垂统之初，幸而无失，虽不能正其心，而本心之明犹在也"。汉高祖最终能够以天理遏制己欲，其原因正在于无己，在于以外制内，"使心有所制而不敢肆"。

有了这样一层认识，我们再来看看刘邦的临终之言，会有别样的发现。《汉书·高祖纪》云："吾以布衣提三尺剑取天下，此非天命乎？命乃在天，虽扁鹊何益？"刘邦的天命思想，让我们看到在他的心中其实存在一个庞大的主导力量，这个人为之外的力量被他称作天。对天的服膺，使得他在行事过程中始终意识到人为的有限性，可以说，对天的敬畏正是他不放纵一己妄动的根本原因。道的崇高广布与天命的伟力有着本质的相似性，同样是主体人为的对照。主体的狂妄通常只有在道和天命的压制下，才能得到平息。刘邦无论身处顺境还是逆境，皆能保持更多的清醒，对自己的主观判断保持一种克制，正是得益于这种人生态度。

第十一讲　名家思想选讲

名家思想在中国古代常被称为刑名之术，"刑"即"形"，"名"指名号，形名之术就是讲究名实的学术思想。因为这种思想学术，与法家思想有紧密的联系，所以常常又被称为刑名。与其他诸子学说相比，这种思想在政治实践中发挥的作用更为明显，有着非常强的政治意义，所以通常称为刑名之术。名家思想强调名实相符，看重明察，然而其思想根本却归于黄老。

名家思想学术在政治上最大的意义是发现政治制度、政策运作中的冲突，避免资源的浪费，避免力量的相互抵消。因此，它可以提高国君和权力机构的为政效率。刑名之术的另一个重要意义，在于它能有效地帮助君主防止各种奸伪和欺骗，对于种种前后不一、似是而非的现象，皆能拥有一双富有穿透力的眼睛。

第一节　名家其人

中国古代思想家里面，持刑名之术者主要有六人：邓析、尹文子、公孙龙、申不害、商鞅、韩非子和惠施。这里主要介绍前面四位，惠施的思想学术在中国哲学史上多有涉及，韩非子和商鞅将主要放在法家思想学术中讨论。

首先，我们介绍邓析子其人其书。今本《邓析子》一卷，包括"无厚""转辞"两篇文章。《列子·力命篇》提到邓析其人："邓析操两可之说，设无穷之词，子产执政作竹刑，郑国用之，数难子产之治，子产

第十一讲名家思想选讲上

屈之,子产执而戮之,俄而诛之。"刘歆有过一个考证,认为杀害邓析的人不是子产,而是驷歂。刘歆的这个考证基本被后世所接受。

邓析之书,班固列于名家之首,但是宋人高似孙不以为然。高氏以为邓析学术近于申韩,乃是法家思想的代表。高似孙对邓析其人其术评价很低,他甚至认为邓析被杀,乃是郑国之福。"春秋以来,列国棋错,不以利胜则以威行,与其民蹂躏于争抗侵凌之域,岂复知所谓仁渐义摩者?其民苦矣,因有惠而不知为政者,岂不贤于以薄为度,以威为神乎?析之见杀,虽歂之过,亦郑之福也"。郑国是否因为邓析之死,从此走上国家富强的道路,这个问题我们不在此处作深入的讨论,但是高氏对邓析其人其术如此低的评价,确实给我们留下了非常突兀的印象。

其次,我们介绍尹文子其人其书。今本《尹文子》一卷,包括"大道上""大道下"两篇文章,前有山阳仲长氏所撰之序。关于尹文子其人,仲长氏之序提到他是战国齐宣王时期的人,稷下学派的重要成员,与宋钘等人一道,都是公孙龙的后学。其言曰:"尹文子者盖出于周之尹氏,齐宣王时居稷下,与宋钘、彭蒙、田骈同学于公孙龙,公孙龙称之"。《汉书·艺文志》列《尹文子》一篇为名家类,在《邓析》之后,并且说尹文其人曾经游说齐宣王,在公孙龙之前。"说齐宣王,先公孙龙"。尹文是齐宣王时人,佐证较多,看来不成问题。真正引发争议的是尹文与公孙龙之间的师承关系问题。山阳仲长氏提到尹文学于公孙龙,宋代黄震也认为尹氏之学源于公孙龙子,"尹文子二篇以大道自名,而所学乃公孙龙之说,九流所列为名家者也"。但是尹文学于公孙龙的论断,除了《汉志》不同以外,在后世也不断遭到驳议。晁公武《郡斋读书志》认为两人生活年代相差甚远,必无师承。晁氏除了从生活年代进行考辨外,还进一步从思想的角度进行分析,从而否认了尹文与公孙龙之间存有师承关系。"今观其书虽专言刑名,然亦宗六艺,数称仲尼,其叛道者盖鲜。岂若龙之不宗贤圣,好怪妄言哉"。关于尹文子的学术门类,《汉志》《郡斋读书志》《黄氏日钞》列为名家,已如上述。晁公武认为尹文子虽言刑名,但是尊重六艺,思想尚为端正。与晁公武生活年代比较接近的洪迈,在《容斋随笔》中,重拾汉代刘歆的观点,稍加补充。洪氏认为尹文子的学术以黄老思想为本,杂有兼爱成分。"详味其言,颇流而入于兼爱"。洪迈提到兼爱,因为他看到尹文子的思想并不全是淡漠超然、调养身心、自为自足与求全保真,而是有那么一丝治世的情怀流淌其中。

再次,我们介绍公孙龙子其人其书。今本《公孙龙子》三卷,包括"迹府""白马论""指物论""通变论""坚白论""名实论"等六篇文章。关于公孙龙子其人,司马迁曾有一段记载。赵国平原君解救邯郸之后,"虞卿欲以信陵君之存邯郸为平原君请封。公孙龙闻之,夜驾见平原君"。关于公孙龙的学术,司马迁也有论断,"公孙龙善为坚白之辩"。所谓"坚白之辩",正是公孙龙的著名论题,见于今本《公孙龙子》之《坚白论》,后世成为名家学术思想的代名词。而且司马迁还提到时人对公孙龙的名家思想并不赏识。"及邹衍过赵,言至道,乃绌公孙龙"。

宋代陈振孙曾经以为《公孙龙子》浅陋迂僻,对于它当初风靡一时,甚为不解。明代宋濂则更为极端,基本否定了《公孙龙子》的学术价值,以为没有多大存在的意义。其言曰:"予尝取而读之,白马非马之喻,坚白同异之言,终不可解。后屡阅之,见其如捕龙蛇,奋迅腾骞,益不可措手。甚哉!其辨也,然而名实愈不可正。何邪?言弗醇也,天下未有言弗醇而能正,苟欲名实之正,亟火之"。清代《四库全书总目提要》列《公孙龙子》三卷于子部"杂家类",然而认同其为古代名家著作,主旨在于稽核名实。"其书大旨疾名器乖实,乃假指物以混是非,借白马而齐物我,冀时君有悟而正名实,故诸史皆列于名家"。《淮南子·诠言训》称公孙龙"粲于辞而贸名"。扬雄《法言·吾子篇》称公孙龙"诡辞数万",公孙龙当时耸动天下。四库馆臣以为其学术虽然烦琐苛细、义理诡诞,但是其明察功夫、文辞博辩尚为可观,不至于全无价值。"其书出自先秦,义虽恢诞,而文颇博辩。陈振孙《书录解题》概以浅陋迂僻讥之,则又过矣"。

最后,我们介绍申不害其人其书。《汉书·艺文志》列《申子》六篇于法家,并且介绍其人,"名不害,京人,相韩昭侯,终其身诸侯不敢侵韩"。申不害其人履迹,详见于史迁记载。《汉志》所言,概引其人本传,"申不害者,京人也,故郑之贱臣。学术以干韩昭侯,昭侯用为相。内修政教,外应诸侯,十五年。终申子之身,国治兵强,无侵韩者。申子之学本于黄老而主刑名。著书二篇,号曰《申子》"。申不害为韩昭侯相之始末,则见于《史记·韩世家》,"申不害相韩,修术行道,国内以治,诸侯不来侵伐。十年,韩姬弑其君悼公。十一年,昭侯如秦。二十二年,申不害死"。《申子》一书,《史记》言二篇,《汉志》载有六篇,已有不同。此后,虽然《旧唐书·经籍志》《新唐书·艺文志》皆载三卷,但是《隋书·经籍志》已言"梁有《申子》三卷,韩相申不害撰,亡"。《新唐书》《旧唐书》所记,殆亦传闻之辞,未必目见之。惟诸书所引《申子》之文,尚有数条,见于《太平御览》《意林》《群书治要》所征引。

申不害之学术,司马迁曾以"申子卑卑,施之于名实"加以总结。刘子言,卑卑乃自我勉励之意,显然不得其解。其实,司马迁所言"卑卑",正是刑名之术的重要特征:世俗性与现实性。刑名之术不像儒家思想那样,始终追求理想的、超越现实的政治图景,他们对于政治前景有着比较务实的、理性的期待。换句话说,刑名之术不求特别崇高的目标,只是满足于一般的政治效果。可以说世俗卑劣,也可以说是务实理性。关于这一点,我们也将在后文进行讨论。

韩非曾经引用了申不害的言语,非常明显地体现了他的思想特点。"治不逾官,虽知不言"。不在其位,不谋其政,不越职、不渎职,正是刑名思想的特点。后来,韩非子再次提到申不害的刑名之术,他认为申不害之术、商鞅之法,皆帝王之具,犹如衣食之于饥寒,缺一不可。其言曰:"今申不害言术,而公孙鞅为法。术者,因任而授官,循名而责实,操杀生之柄,课群臣之能者也,此人主之所执也。"钱穆先生对于申子学术,曾有精到入微的评议。"韩非书言昭侯申子遗事尚多,要其归在于用术以驭下,与往者商鞅、吴起变法图强之事绝不类"。钱先生从术与法分殊的角度,将申不害、商鞅分开,确有理据,与韩非子同意,也符合二人思想学术的实际情况。但是,从刑名之术的运用来看,商鞅和申不害并无本质区别,二人皆精通刑名之术的那一套。司马迁言商鞅以刑名之术为本,尚不可轻易否定。

第二节　名实相符

诸家思想尽管博大,但是仔细考析,多有一二核心主张。刑名之术的核心主张是什么呢? 是名实考验,名实相符。

第十一讲名家思想选讲下

一、循名责实、按实定名

邓析的刑名参验思想包括两层意思,一者循名责实,要求实符合名;一者按实定名,要求名接受实的检验。"循名责实,实之极也;按实定名,名之极也。参以相平,转而相成,故得之形名"。以名责实,要求先有一名,悬于其上,用以考校后来的实,名实分隔,名先于实。以实定名,实为标准,名为对象,名实独立,二者相校。循名责实,用今天的话讲,就是标准先于事物和行为。先有一个标准,高悬于事物行为之上,以之考验现实的事物和行为,判断其是否背离要求。标准的制定,往往出于拥有话语权力者,因此循名责实容易走向独断专制,为君主等有势力阶层服务。邓析说君主独擅循名责实,就是这个意思,"循名责实,君之事也"。又曰:"循名责实,察法立威,是明王也。"

按实定名,用今天的话讲,就是根据现实确定标准,以实践考察理论,用以考察行为的标准不能背离现实。这种思想对于君主而言,就是要采用理性的标准。邓析认为,君人者虽然自己制名,考验群臣,但却不能随意妄为,否则也会妨害政治。名自己出,尤当谨慎,不可纵恣,"所美观其所终,所恶计其所穷。喜不以赏,怒不以罚"。君主治国,应当用心庙算,防患未然。按实定名的思想,在一定程度上制约了君主的随心所欲,有一种理性而谨慎的气息。

对于众臣而言,按实定名就是要努力达到君主的标准,是事实去证验当初的承诺,用尽忠去获得利禄,用后事证验前行。邓析的名实相符思想,一方面是君主独擅循名责实,另一方面是群臣尽力以实合名。因为名实展现的时间有早晚,为人上者已经保留了前面的名:承诺、职责、标准,所以众臣必须用后来的实践和行为表现去证明、对照,以示名实相符,职位作为相符,"奉法宣令,臣之职也"。对于君主而言,这叫做以虚责实,以名责实,以前御后。对于众臣而言,这叫做以实定名,以形合名,以后验前。

纵观邓析的刑名相符思想,二元对立的思维模式非常明显。名实对立,有名有实,而且可以共同存在,互相参验。名实对立,与君臣对立相连,君制名,臣奉实。这种二元对立的模式,使得邓析能够同时在君臣、主客两个角度来思考问题。他会站在君的角度思考臣有四责:"受重赏而无功,一责;居大位而不治,二责;理官而不平,三责;御军阵而奔北,四责。"也会站在臣的角度思考君有三累:"惟亲所信,一累;以名取士,二累;近故亲疏,三累。"他会站在名的角度,考验实的高下优劣,也会在实的角度,考察名的妥当与否。所以,邓析在考虑政治的时候,常能兼顾君臣、名实两个方面,"治世:位不可越,职不可乱,百官有司,各务其形。上循名以督实,下奉教而不违"。

这种二元对立的思维模式,使得邓析避免自见而不见人、见人而不察己的错误,对于自己与对方的权责、强弱、利弊、长短等皆有着非常清醒的明察。《吕氏春秋》记载邓析教人赎死的事迹,明显展示了邓析名实对立思维模式的长处。载曰:

> 洧水甚大,郑之富人有溺者,人得其死者。富人请赎之,其人求金甚多。以告邓析,邓析曰:"安之。人必莫之卖矣。"得死者患之,以告邓析,邓析又答之曰:"安之。此必无所更买矣。"

邓析的逻辑可以这样演示出来:得死者与富人代表对立双方,相当于互相责求的君臣。君制名,则臣当以实合名,否则名实不符;同时君所制之名,当基于实,符合实际。(1)若得死者为君,独擅制名,富人(臣)当以实(购死)

合得死者(君)之名,若富人(臣)不购死(非实),则名实不合。(2)若富人为君,独擅制名,得死者(臣)当以实(赎死)合富人(君)之名,若得死者(臣)不赎死(非实),则名实不合。得死者与富人,互为君臣,各有其名,对方皆有合名之需。双方都把握了对方的底线,谁也不可从中得利,但是谁也不会受到欺骗。在这个案例当中,邓析无论站在哪一边,皆有可为,可获主动,或者说不被对方占得优势。这种情形有点像今天的律师,各种诉讼,皆有可为,可为之辩护。邓析能够明察对立(诉讼)双方的有无、利弊,非常清醒地审视和对待双方的强弱、长短,不能不说得益于这种名实二元对立、互相参验的思维模式。

二、区别名分、探因究变

对于名实不符的情况,尹文子主张以形定名,以事检名。"有形者必有名,有名者未必有形。形而不名,未必失其方员白黑之实,名而不可不寻,名以检其差,故亦有名以检形,形以定名,名以定事,事以检名。"名家思想认为,名实对照可以明察事形,端正名号。单就名不符实而言,关键的部分在于如何获得事形。若能把握事形,名之不当,将一目了然。问题存在于面对潜在的、可能的名实不符,如何得到事形,用以检验名号?怎样才能识破错误的名号,从而发现事情的真相? 对于这个问题,尹文子提出两个策略:

其一,名分相分。名属物,分属我,物我分离,名分不杂。尹文子认为,人们在名实问题上的失误,往往因为混淆了名分,混淆了物我。辨明、区别名分是尹文子刑名参验思想的精华所在。《尹文子·大道上》曰:

> 名称者,别彼此而检虚实者也。自古至今,莫不用此而得,用彼而失。失者,由名分混;得者,由名分察。今亲贤而疏不肖,赏善而罚恶,贤不肖善恶之名宜在彼,亲疏赏罚之称宜属我。我之与彼,又复一名,名之察者也。名贤不肖为亲疏,名善恶为赏罚,合彼我之一称而不别之,名之混者也。

名归于物,分出于我,二者不容混杂。赏善罚恶包含名、分两个部分。善恶是名,归属于事物,名要客观、准确、超脱、隔绝,不能与赏罚混淆,是纯然客观的对象。赏罚是分,出于我分要严格、克制、清醒,不能逸出主体,变成客体的性质。善就是善,不可因为获得奖赏,即谓之善;恶即是恶,不可因为遭到惩罚,即谓之恶。赏罚可以随善恶,但不可因为我欲赏罚或者经历赏罚,径谓之善恶。不明名分之理者,往往混淆名分,混淆物我,善即是赏,赏即是善,罚即是恶,恶即是罚。因此,必然导致两种弊病:一方面难以识别真正的善恶,看不到事形的真相,错把赏罚当成善恶;另一方面善恶没有得到应有的对待。

又如，尊贤黜不肖也包含名分两个部分。贤与不肖是名，归属于物，应该客观、准确、隔绝，不能与尊重疏远混淆。尊重与黜远是分，属于我。分应该克制、清醒，不可忘掉自己主体的特性，误把自己当成物之本性。如果将尊、黜视为贤不肖的表现和证据，那么两败俱伤：既找不到真贤，又使贤者受伤。国家与个人都遭到损失与伤害。尹文子的名分相分法，有点类似于今天的主客两分法。在认识外在事物的时候，要严格地划分主观和客观的界限，不能互相混淆。主客混淆的最大恶果，就是不能正确发现、把握事物的真相，以己代物，看朱成碧，匪莪伊蒿，从而影响正确的决策和处置。

其二、探因究变。不用静态的眼光看待现实，而应该采用一种动态眼光，考察事形的由来，看透事形的现实形态，看到它的过去甚至形成的历程。比如，尹文子对人情的考察就展现了这个策略。孔子曰："贫而无怨难，富而无骄易。"说明普通人生在不同处境中，会有不同的感情倾向。贫则易怨，富则易骄，然而仔细考察，骄易避免而怨难克制。这句话有没有道理？是不是事形的真相？孔子没有接下去进行论述。尹文子接续了这个话题，对之进行讨论。其言曰：

> 人贫则怨人，富则骄人。怨人者，苦人之不禄施于己也，起于情所难安而不能安，犹可恕也。骄人者无苦，而无故骄人，此情所易制而弗能制，弗可恕矣。

尹文子认为，贫穷之怨所以难以克制，在于内外两个方面的因素。在外面，缺衣少食，捉襟见肘，饥寒难御，苦痛迫体。在内心，不及于人，相形见绌，难免自惭形秽，羞愧难堪。外有物欲，不得救济，内有不安，无复慰藉，两相夹击，故而情不能已。至于富贵之骄，则由内心恣发，无有外物压力，故而易于制止。透过尹文子的这一层分析，可以发现其主要思路在于探究怨、骄之情生发的原因、经过。在探因溯源的过程中，怨、骄二者的区别，得以展现。换句话说，尹文子没有将孔子之言视为一个平面的结论，而是采用动态的眼光看透这两种情绪，把握其由何而生又如何演化。这是动态的视角，而这种独特的视角，得益于其归本黄老的思想特色。要知道，黄老道家思想对于世间事物大多采用动态的、由无入有的视角。

三、审察名号、对照考察

与其他刑名家相比，公孙龙子的思想带有更多的思辨味道。反映在他的名实参验上，他更多地对名号的本性、通变及其与事物的关系等理论问题进行深入的讨论。这些讨论又与其对本体论、知识论等问题的思考紧密结合在一起。因此，公孙龙子论名实参验有着更加鲜明的理论性、深刻性和反思性。

在《白马论》中，公孙龙子提出自己最著名、也是最有代表性的论题："白马非马。"大多数情况下，学界主要从种名与属名的角度，对"白马非马"进行理解，认为这是一个纯粹形式逻辑的论题。"白马"是种名，指谓特殊的马类，其形为马，其色为白。"马"是属名，指谓普遍的、整体的马。"非"是判断词，表示不同、不等的意思。"白马"体现了"马"的共性：有四足，有鬃尾，善奔跑，无角，但是在共性的基础上增加了"白色"这个内涵，而这个表示颜色的规定却超出"马"的内涵。内涵的增加，导致外延的缩小，所以"白马"比"马"的外延要小很多。因此"白马"不等于"马"。"马"的共性主要在形类，加进色类，自然不等值。"马者，所以命形也；白者，所以命色也。命色、形，非命形也，故曰白马非马"。

但是，从深层次分析"白马非马"的思想，会发现它并不完全是一个形式逻辑的问题。也就是说，公孙龙子并不是在讨论静态的、理论的思维形式的问题，不仅仅是对概念进行分析。这个论题有着很强的现实指向性，它在概念讨论的同时，也关注着事物，关注着事物与概念之间的关系。这个论题实际上浓缩了公孙龙子整个思想体系的精华。站在公孙龙子的角度，白马非马的本质在于：白马是现实世界的存在事物，可以为我们感官所感知，是实在之物。而"马"是我们无法用感官感知的事物，是我们应该悬而不论的事物。也许在一个我们无法触及的世界可能有"马"这种事物存在，但是只要进入我们的意识世界，它就必须以白马、黄马、黑马这样形态出现。公孙龙子对于本质、客观、实在悬而不论的处理，与西方现象论思想颇有几分相像。这种对事物实在性的认识，属于今天哲学所讲的本体论范围。事物的存在等于我们对它的感知，这种对人类感知与知识来源的讨论，属于今天哲学所讲的认识论范围。正是因为公孙龙子对"白马"与"马"的区分背后有这样的本体论和认识论的支撑，所以不管在什么情况下，也不管辩者如何设论，公孙龙子都能坚守住自己的立场。具体的、特定的、能够为我们感知的"白马"，在任何情况下都不可能等于那个抽象的、普遍的、我们无法感知的"马"。不但是"马"的情况如此，"白"亦然。抽象的、没有任何附着的"白"，是我们无法触及、也无法确认的事物，最好悬而不论。我们能够把握的、进入我们现实世界的"白"，毫无疑问皆有附着。"白马非马"的真正精神就在这里，不只是形式逻辑的问题，更大程度上是认识与实在的问题。

《吕氏春秋·应言》记载了公孙龙子与燕昭王的一段交往，见出其名家的特点。曰：

> 公孙龙说燕昭王以偃兵，昭王曰："甚善。寡人愿与客计之。"公孙龙曰："窃意大王之弗为也。"王曰："何故？"公孙龙曰："日者大王欲破齐，诸天下之士其欲破齐者，大王尽养之；知齐之险阻要塞、君臣之际者，大王尽养之；虽知而弗欲破者，大王犹若弗养。其卒果破齐以为功。今大王曰：我甚取偃兵。诸侯之士在大王之本朝者，尽善用兵者也。臣是以知大王之弗为也。王无以应。"

《吕氏春秋·审应》也记载了一则公孙龙的事迹，与燕昭王偃兵之事相似。曰：

> 赵惠王谓公孙龙曰："寡人事偃兵十余年矣，而不成，兵不可偃乎？"公孙龙对曰："偃兵之意，兼爱天下之心也。兼爱天下，不可以虚名为也，必有其实。今蔺、离石入秦，而王缟素布总；东攻齐得城，而王加膳置酒。秦得地而王布总，齐亡地而王加膳，所非兼爱之心也。此偃兵之所以不成也。"今有人于此，无礼慢易而求敬，阿党不公而求令，烦号数变而求静，暴戾贪得而求定，虽黄帝犹若困。

从这两则材料当中，可以非常清楚地看到公孙龙确实是刑名大家，识力惊人，擅长名实对照，这是名家思想学术的精神所在。现将两则材料放在一起，列表如下（表 11-1）。

表 11-1　公孙龙名实对照表

案例	名	实	对照
燕昭王	(1)甚善。寡人愿与客计之。(2)我甚取偃兵。	(1)欲破齐者……大王尽养之；(2)知齐之险阻者大王尽养之；(3)在大王之本朝者，尽善用兵者也。	名实不符
赵惠王	寡人事偃兵十余年矣。	(1)今蔺、离石入秦，而王缟素布总；(2)东攻齐得城，而王加膳置酒。	名实不符

第三节　卑俗务实

刑名思想重视名实对照，运用到政治实践，大致有两种情形。当考验者与被考验者分属两方时，君主对群臣之言行进行考验；当考验与被考验集于一身时，君主对自己的政令措施进行考验。但是无论君臣对待，还是君主一人，所谓考验，主旨皆在于同异。君察臣，主要考验是否存在言行不一、前后不一、表里不一、居位与贡献不一的情况；君自察，亦主于诸种政令是否存在冲突、矛盾，各种与为政相关的资源、因素是否存在彼此对立、相互抵触的情况。可见，刑名参验主要是静态的、行迹的考校。对于人群的教化、内在的提升则相对漠然。刑名考验之术对于政治理想的追求是有限的，对卓越的追求也是有限的。下面从三个方面对刑名之术卑俗的特点，进行分析。

一、务实

孔子的名分思想，要求各阶层的人安守本分。本分从何而来呢？是周礼。周代礼乐文明博大精深，是孔子心目中理想的社会政治图景。因此，孔子名分思想的实质在于要求行为举止、社会政治向一种理想的图景靠拢，是一种社会改良思想，有着强烈的理想色彩。孔子名分思想的最终目标在于重现周代的礼乐文明，从而实现道德提升、政治有序、社会和谐的理想。后来，孟子进一步提出仁政思想，主张君主推恩，与民同乐，实现民之养生丧死无憾。主张制民之产，使民有恒产恒心，使民知德义礼让，实现一种祥和理想的社会图景。"五亩之宅，树之以桑，五十者可以衣帛矣。鸡豚狗彘之畜，无失其时，七十者可以食肉矣。百亩之田，勿夺其时，八口之家可以无饥矣。谨庠序之教，申之以孝悌之义，颁白者不负戴于道路矣。老者衣锦食肉，黎民不饥不寒。"

与孔孟不同，邓析论政，极少谈论高远的理想图景，有一种务实的精神。首先，邓析觉得为政当基于现实，而不是理想的图景，"智者量涂而后负，明君视民而出政"。其次，邓析觉得应该制定合理的目标，采取可能的手段。对于邓析而言，依靠名实对照，实现君臣有序，上下不乱，即为治世。至于和谐、道德，非在追求范围。因此，"治世位不可越，职不可乱，百官有司，各务其形，上循名以督实，下奉教而不违"。对于邓析而言，懂得名实考验，树立权威，即为明王，至于民生、礼俗与教化，非在论求范围。因此，"循名责实，察法立威，是明王也"。对于邓析而言，最适合的治道是君主无知少为、守虚责实、刑名对照而已，不需要躬行忠信、标榜德义、教导感化；最为成功的政治是少事自然，不需要以礼饰情、文质彬彬；甚至人为愈少愈好，清静自然，才是至道。"夫达道者，无知之道也，无能之道也"。

与儒家思想宪章文武、追踪三代不同，邓析对于古今社会的变化非常清醒，不愿意将尧舜之治视为理想的目标。在邓析看来，人君为政，当量力而行，务实理性，不可一味虚慕。"今之为君，无尧舜之才，而慕尧舜之治，故终颠殒乎混冥之中,而事不觉于昭明之术。是以虚慕欲治之名,无益乱世之理也"。虽然不及三代,但是人君懂得因循众才、刑名考验,尚不失为明君善政。"言有善者,明而赏之;言有非者,显而罚之。塞邪枉之路,荡淫辞之端。臣下闭口,左右结舌,可谓明君"。

韩非子在《用人篇》中,表达了一种非常务实的治国理性。他认为人心难知,而法术易表;仁德高远,而法治浅近。所以他主张人君从近做起,由易入手,而不是好高骛远。其言曰:"当今之世,为人主忠计者,必无使燕王说鲁人,无使近世慕贤于古,无思越人以救中国溺者。如此,则上下亲,内功立,外名成。"在为政务实的态度上,邓析与韩非子达成某种共识。名家思想关于政治的这种务实态度,毫无疑问与他们总体归本黄老的特点有关。因为归本黄老使得他们对于人力不及之事有更多的关注。也正是因为归本黄老,他们对人性的能量,有着比较低的评价。这两个方面的原因加起来,容易导向一种务实的倾向。

二、轻贤

邓析对于政治前景这种务实的预期,使得他对群臣贤能的价值,也有着不同于儒家的认识。儒家主张人君治国离不开举贤授能,为政在人,"其人存,则其政举;其人亡,则其政息"。《中庸》言治国九经,"尊贤"列于其二,社会政治之理想寄载于贤能。贤人君子之可贵,在于他们代表了人格修养的卓越境界:面对危险,不惧代价;面对物欲,不失忠正;面对挫折,坚守信念;面对屈辱,笃于操守。这种卓越坚固的品行,成为社会政治的坚强骨干。贤人之贤,在于忠君利民,在于美政善俗。然而,在邓析那里,君臣关系却呈现出另外一种面貌,"势者君之舆,威者君之策,臣者君之马"。儒者将君臣关系常常描绘成腹心手足、肝胆相照、君臣一体,邓析却认为大臣只是一种工具,与牛马无异,仅有使用功能,并无其他重要价值。儒家思想讲究不耻下问,礼贤下士,"与师处者王",视臣佐为师傅。但是邓析却不这样认为,他认为最好的策略是根据群臣的表现,给予相应的处置。君主不必宠遇大臣,相反大臣要根据自己的表现求得相应的待遇。君主对待大臣,犹如对待身边事物一样,理性而又淡漠。

不但如此,邓析在一定程度上还将贤能与君威对立起来。他认为,贤能负民人之望,而君威基于仰戴。二者性质不同,但却时有冲突。政治权威要求民人顺于行,服于心,崇尚贤能者则顺从道理。事实情况常常是,权威所欲未必合乎道理,因此贤能与君威之间,常有某种不谐。正是基于这样的认识,邓析把贤能与君威的关系,演变成公私的对立。扬立君威者,必须裁抑贤能。"立君而尊贤,是贤与君争,其乱也甚于无君。故有道之国,法立则私议不行,君立而贤者不尊"。既然贤能与君威对立,在邓析看来,君主就应该独用明察,不可依赖贤能。其言曰:"自见之明,借人见之暗也。自闻之聪,借人闻之聋也。明君知此,则去就之分定矣。"邓析甚至认为,人主任贤,颇有危患,"君人者不能自专而好任下,则智日困而数日穷"。危患严重,以致杀身亡国,"不慎喜怒,诛赏从其意,而欲委任臣下,故亡国相继,杀君不绝"。面对此种危险,君主除了自行明察,还应该发动民众,帮助监督。"以天下之目视,则无不见;以天下之耳听,则无不闻;以天下之智虑,则无不知"。

三、从俗

与孔子相似的是,尹文子也讲名分,但是其内在本质却有不同。孔子讲名分,在于实现政治稳定、社会有序、人际和谐,而尹文子讲名分却重在君臣不杂。"大要在乎先正名分,使不相侵杂,然后术可秘,势可专"。又曰:"君不可与臣业,臣不可侵君事,上下不相侵与,谓之名正。名正而法顺也。"孔子言名分,在于输入较高的规约,作为修行的准则,是一种引领,体现了一种改良和理想的精神。而尹文子言名分却在于约束大臣与俗众,是一种禁止,使其不敢纵心过分。"名定则物不竞,分明则私不行。物不竞,非无心,由名定,故无所措其心。私不行,非无欲,由分明,故无所措其欲。然则心欲人人有之,而得同于无心无欲者,制之有道也"。

孔子与弟子谈论德行,常主全德,不偏一端。论勇,必以义,"君子有勇而无义为乱,小人有勇而无义为盗"。论义,必以礼,"君子义以为质,礼以行之"。论礼,必以仁,"人而不仁如礼何,人而不仁如乐何!"论仁,必以敬,"知及之,仁能守之,不庄以莅之,则民不敬"。孔子论仁德甚高,然而仁德需要诸种德行合力促成,亦为全德,"温良者,仁之本也;敬慎者,仁之地也;宽裕者,仁之作也;孙接者,仁之能也;礼节者,仁之貌也;言谈者,仁之文也;歌乐者,仁之和也;分散者,仁之施也"。孔门论德行修养,又常主中庸,不过激,不极端。如"君子贞而不谅","过犹不及","廉而不刿";又如五美,"君子惠而不费,劳而不怨,欲而不贪,泰而不骄,威而不猛"。全德与中庸讲究德行修养的综合性、全面性与适中性,不激诡,不片面,不狭隘,不固执,代表了德行修养极圆融的境界。正是因为中庸、全德的主张,儒家之道德修养常有超越世俗的卓越性,仁人君子也因此成为道德水准极高的典范。

与孔门论道德修养不同,尹文子既不主张中庸至德,也不强调全德。比较起来,尹文子对于具体行业的操守更为注重。用今天的话讲,孔子在意崇高的、至善的、完备的德行,而尹文子在意各行各业的操守。"全治而无阙者,大小多少各当其分,农商工仕不易其业,老农长商,习工旧仕,莫不存焉"。尹文子所言操守,是今天职业道德之先导。这种操守是社会道德在具体行业中的体现,不再追求崇高而全面的品质,而是强调特殊性与适用性。

尹文子所以强调行业操守,源于他对社会治政的理性观察。在尹文子看来,社会治理仅仅推荐贤能是不够的,需要各种人才,共相努力。他对社会治理的难度有着深入的认识。一个庞大的社会治理工程,既需要栋梁,也需要螺丝钉。种类不同、层级不同的各种人才都应该加以利用,使其各有其位,各得其用,这样才能把社会治理好。

正是基于这样的认识,尹文子对贤能的卓越独善,评价并不高。在他看来,贤能可贵与否,要以俗众接受情况作为评判标准。毕竟,社会治理不能只是依靠少数的精英人士。尹文子认为,人群确有贤愚之分,但是贤者数量偏少,而愚众数量极多。社会治理应该充分考虑人数极多的群体,因此为政手段应该适合俗众的实际情况。不倡导礼义转而注重名利,也正是出于这种考虑。"今天地之间,不肖实众,仁贤实寡,趋利之情,不肖特厚,廉耻之情,仁贤偏多。今以礼义招仁贤,所得仁贤者,万不一焉。以名利招不肖,所得不肖者,触地是焉。故曰礼义成君子,君子未必须礼义;名利治小人,小人不可无名利"。

以名利导俗众,难免争执纷乱,刑法因此不可少。不过与儒家重德教、轻刑法的基调不同,尹文子对于刑法的认识却相当积极,看到刑法的许多优势。首先,刑法如同衡量器具,客观公平而又简单易行。"故人以度审长短,以量受少多,以衡平轻重,以律均清浊,以名稽虚实,以法定治乱,以简治烦惑,以易御险难,以万事皆归于一,百度皆准于法,归一者简之至,准法者易之极"。因为简易,要求较低,尽人可行,"如此,顽嚚聋瞽可以察慧聪明,同其治也"。其次,刑罚适中,则效果甚佳,"凡民之不畏死,由刑罚过,刑罚过则民不赖其生,生无所赖,视君之威末如也。刑罚中则民畏死,畏死由生之可乐也。知生之可乐,故可以死惧之"。最后,刑法之治当行,根本原因在于适合俗众之人情。"法行于世,则贫贱者不敢怨富贵,富贵者不敢陵贫贱,愚弱者不敢冀智勇,智勇者不敢鄙愚弱"。又曰:"今使由爵禄而后富,则人力争尽力于其君矣;由刑罚而后贫,则人咸畏罪而从善矣。故古之为国者,无使民自贫富,贫富皆由于君,则君专所制,民知所归矣。"尹文子基于人性观察,对法治给予正面的评价。

第四节　明察是非

汉代采用名实考验之术治国著名的代表是汉文帝和汉宣帝,通过分析二位帝王的治政,我们可以更深入地了解名家思想的实践意义。

一、汉文帝好刑名

《汉书·儒林传》曰:"孝文本好刑名之言。"今观其政,此言不虚。事实上,汉文帝是一个对人事非常明察的人,并不像前人所言识暗见庸,明断不足。

后人评议汉文帝操执刑名之术,首推薄昭一案。《汉书·文帝纪》载薄昭之死曰:"十年冬,行幸甘泉。将军薄昭死。"《外戚恩泽侯表》载薄昭死于自杀并且提及原因,曰"枳侯薄昭……十年坐杀使者自杀,帝临为置后"。颜师古《注》引郑氏之言,具体地交代了当时的情形。汉文帝开始派公卿劝薄昭引咎自裁,但是薄昭不肯接受,于是汉文帝派人丧服往吊,薄昭不得不自杀,以明罪责。"昭杀汉使者,文帝不忍加诛,使公卿从之饮酒,欲令自引分,昭不肯,使群臣丧服往哭之,乃自杀。有罪,故言死"。至于薄昭为什么要杀汉朝使者,如淳提供了较为详细的描述,乃是酌饮罚酒与睚眦之怨,"一说昭与文帝博不胜,当饮酒,侍郎酌,为昭少,一侍郎遣呵之。时,此郎下沐,昭使人杀之,是以文帝使自杀"。

汉文帝因为侍郎之死,而杀掉外戚重臣,后世引发不少争议。魏文帝曹丕对汉文帝为君之宽仁玄默、以德化民、贤圣之风与大人之量皆极为钦慕,唯独对杀薄昭、幸邓通、俭而无法三事甚感遗憾。以为薄昭一事,尤为失当,《三国志·魏书·文帝纪》裴注曰:"舅后之家,但当养育以恩而不当假借以权,既触罪法,又不得不害矣。"唐代李德裕认为,文帝诛薄昭,虽然彰显法度之明,却并不合乎道义,"汉文帝诛薄昭,断则明矣,于义则未安也。秦康送晋文,兴如存之感,况太后尚存,唯一弟薄昭,断之不疑,非所以慰母氏之心也"。

汉文帝杀薄昭一事,前人多聚焦于道义之得失。然而,从这件事情上,我们可以非常清楚地看到汉文帝对于贵族居位严守本分,非常看重。薄昭为周勃游说,越职杀人,在本质上都是不安守本分的行为。杀人者死,不因为薄昭是贵戚而有丝毫松动,严格按照罪名罪责加以处罚,尽管太后依然在世。这是一种严格的名实考验的精神,既体现了居位与行为之间的考验,也体现了行迹赏罚之间的名实考验。

　　当我们考察汉文帝一朝官员群体的时候,会发现有两个现象尤为突出,让人印象深刻。其一,官员晋升困难,仕途不易;其二,在位官员安守本分,不务私交。这两个现象的背后,有一个共同的原因,那就是汉文帝精于刑名之术。唯其精通刑名之术,故而浑水摸鱼、瞒天过天、鱼目混珠等现象,不易出现,不易泛滥;唯其精通刑名之术,故而官吏晋升一以功勋、资历为准,称誉浮华,不能干扰晋升秩序;唯其精通刑名之术,故而渎职受罚,越职遭谴。因此,汉文帝一朝,虽然能吏不多,但是矫伪之徒亦不多见。当时官吏,大多能够纯谨自持,不思越分。这里不妨结合李广的身世,进行分析。据班固记载,因为李广擅长骑射,汉文帝喜欢带着他去打猎,"数从射猎,格杀猛兽"。虽然经常一起打猎,汉文帝却不起用李广,不使担任大将,而是为之感到惋惜。"惜广不逢时,令当高祖世,万户侯岂足道哉!"一代帝王,竟然为李广感到遗憾,见出怜惜,更见出刑名之术的精神:官吏起用与晋升,一以功劳为准,不以个人好恶败坏规矩,得其位,必先有其功勋。这是严格的名实相符。李广郁郁不得志,终生"不遇时",在不同的时期,情形不一。与后世帝王恣意封赏相比,汉文帝恰恰用严格的名实相符,给李广一生的悲剧命运开了个头。

　　如果认为李广在汉文帝朝生不逢时仅仅是特例,那么将会错误地理解这个时代。又如,张释之因为为吏不易,曾经打算放弃仕途。"与兄仲同居,以赀为骑郎,事文帝,十年不得调,亡所知名。释之曰:久宦减仲之产,不遂。欲免归。"又如,郑当时后世与汲黯齐名,喜好推荐士人。尽管在文帝时期已经颇有名气,"声闻梁楚之间",但是郑当时在汉文帝朝并未有真正任职。至汉景帝时期,才担任太子舍人。这其中的原因值得玩味。汉文帝是一个严格考案名实的人,不轻易违背常规拔擢官员。所以,汉文帝时期官吏的晋升,大都遵守常规。比如卫绾,乃汉文帝代国故人,又得文帝喜欢,但是其升迁过程,同样遵守常规,"卫绾,代大陵人也,以戏车为郎,事文帝,功次迁中郎将"。窦婴后世显赫,但是在汉文帝时期,仕途困蹇,"窦婴字王孙,孝文皇后从兄子也。父世观津人也。喜宾客。孝文时为吴相,病免"。至孝景即位,方为詹事。

　　正是因为汉文帝时期严格的刑名考验的精神,使得各级官吏大多具有纯谨安分的特点。申屠嘉为人廉直,"门不受私谒"。石庆担任太子太傅,非常重要的原因是"无文学,恭谨,举无与比。东阳侯张相如为太子太傅,免。选可为傅者,皆推奋为太子太傅"。恭谨者,安分也。官吏各守本分,不私相交结，正是刑名之术用力的地方。刑名对于破除结党有着特别的意义。卫绾因为恭谨安分，甚至得罪了孝景帝，"（卫绾）醇谨无它。孝景为太子时，召上左右饮，而绾称病不行"。

二、汉宣帝执刑名

对于许多读者来讲，汉宣帝操持刑名之术比汉文帝更加有名。班固在《汉书·宣帝纪》末，曰："孝宣之治，信赏必罚，综核名实，政事、文学、法理之士咸精其能，至于技巧、工匠、器械，自元、成间鲜能及之，亦足以知吏称其职，民安其业也。"《汉书·魏相传》曰："宣帝始亲万机，厉精为治，练群臣，核名实，而相总领众职，甚称上意。"名实考验，各守本位，正是刑名之术的典型特征。在《汉书·元帝纪》，班固直接用"刑名"二字概括宣帝治术，"（孝元皇帝）壮大，柔仁好儒，见宣帝所用多文法吏，以刑名绳下"。王应麟《通鉴答问》曰："宣帝好观《申子·君臣篇》，而为刑名绳下。"申不害是刑名之术的代表。今观汉宣帝一朝政事，其操执刑名之术主要表现在三个方面：重考课、明赏罚与用宦官。

首先，与前代帝王相比，汉宣帝尤重官吏考课之事，而考课正是刑名之术的重要环节。刑名之术不太讲究内在的动机、理想与追求，更加看重外在的行为事实与客观效果。汉宣帝地节二年五月，宣帝躬亲政事，提倡考课之事。《汉书·宣帝纪》曰："令群臣得奏封事，以知下情。五日一听事，自丞相以下各奉职奏事，以傅奏其言，考试功能。侍中尚书功劳当迁及有异善，厚加赏赐，至于子孙，终不改易。枢机周密，品式备具，上下相安，莫有苟且之意也。"考课能否，陈列功绩，必定排出名次。汉宣帝亲政之后对此名次排列尤为在意。地节四年，汉宣帝下诏对狱事进行考案，要求排出名次，"其令郡国岁上系囚以掠笞若瘐死者所坐名、县、爵、里，丞相、御史课殿最以闻"。比如，尹翁归严明刻酷，狱事排名常在前列，甚得宣帝欣赏。"京师畏其威严，扶风大治，盗贼课常为三辅最。"

其次，与前代帝王相比，汉宣帝尤为注意赏罚的运用。汉宣帝为政多用赏罚，地节二年霍光死后，汉宣帝躬亲政事。宣帝所为第一件事，即是表彰王成，"盖闻有功不赏，有罪不诛，虽唐、虞犹不能以化天下。今胶东相成劳来不怠，流民自占八万余口，治有异等，其秩成中二千石，赐爵关内侯"。汉宣帝元康四年八月，奖赏尹翁归之子黄金百斤，以示对尹翁归的表彰。"秋八月，赐故右扶风尹翁归子黄金百斤。以奉其祭祀。"神爵四年四月，奖励和表彰黄霸，"夏四月，颍川太守黄霸以治行尤异秩中二千石，赐爵关内侯，黄金百斤"。五凤四年,表彰和奖励耿寿昌,"大司农中丞耿寿昌奏设常平仓,以给北边,省转漕。赐爵关内侯"。

最后,汉宣帝尤其重视宦官的使用。使用宦官本身不是刑名之术的要点,汉代宠幸宦官也不是从汉宣帝开始,但是将宦官置于治政核心地位,使其发挥重要作用,汉宣帝却是第一人。汉宣帝五日一听事,日常与宦官为伍。汉宣帝不多接触士人官吏,并不全是因为嬉戏,而是将大量的时间用到宦官和文档上面。汉宣帝时期,宦官不再是宠幸的对象、游宴的伴侣,而是政事的辅佐。宦官角色所以出现这种转变,有两个重要的因素:(1)汉宣帝垂意政事,经常熬夜审阅章奏。因此在生活上和工作上需要有人照顾和服务,宦官的特殊身份使得他们能够比较方便地侍从在皇帝周围。(2)汉宣帝时期重视文档的建设,"故事"档案、诏奏资料众多。常人接触,一者不易保密,二者极不方便。这批材料由宦官这种特殊人员接触保管,使得汉宣帝使用起来既方便又安全。大凡重视名实考验的君主对于档案资料都非常重视。他们往往以诏书、奏疏、法令作为标准和依据,用以对士人百官的言行表现进行考案参验。

王应麟曾经对汉宣帝遭人欺骗,颇有讥讽,"帝号为核名实,黄霸议以鹖雀为神雀,无异野鸟之为鸾,上之所好,欺伪从之。颍川之凤盖可知矣"。汉宣帝垂意政事,锐意刑名,却屡遭欺蒙,不得清静。其原因何在呢? 首先,刑名之术讲究名实参验,明察名号与事形,然而要做好明察和考验,主体必须内心清静,少有嗜欲。唯有清静之心,方能明察是非得失与真伪。然而汉宣帝嗜欲深厚,虽不及汉武帝纵欲妄为,然而欲深足以败智。清静的另一层意思,是虚怀若谷,能够容纳各种异己的意见,作为评判的依据和参照,但是汉宣帝骄罔过甚,难以听进不同的意见,其驳斥汉元帝行宽政、用儒生之言即是明证。与汉文帝清静寡欲、广开言路相比,汉宣帝确有不及。其次,刑名之术强调持身端正,不倾险偏颇。唯有至为方正者,才能保持恰当的距离以观察对象,才能创造最自然的环境使对象展现真实的本性与事形,从而更好地刑名考验。然而汉宣帝却不能维系朝纲,重用外戚,宠幸故人。魏相因许氏奏事,见出外戚之重;杨恽因太仆戴长乐而死,见出故人干政。汉宣帝所为与汉文帝不用外戚、严察故人相比,确有较大差距。汉宣帝情欲见于外,朝臣附于上,故而难以识辨真伪与是非,也难以识别真正的贤能。最后,汉宣帝为政,用心躁急,急功近利。汉宣帝时期治术驳杂,用人混杂,从本质上讲是急切功名的表现。汉宣帝急于超越前人,一意追踪圣明。唯其用心急功近利,故而众端杂进,图取眼前一切之效,无暇细究其中异同冲突,汉元帝时期能吏与儒生互绌、宦官与士人争斗、聚敛与爱民冲突，皆从汉宣帝时期开始。唯其用心急功近利，故而奖罚过甚，操持过度，导致官吏用心浮躁，狭隘卑俗。上行下效，能吏表里不一，心术不正，欺蒙成风，皆与考课过度、赏罚过甚有紧密关联。荀子言王道纯粹，霸业驳杂，汉宣帝则安于驳杂。行王道者根本德行仁义，从容不迫，而汉宣帝数十年间，惶惶不可终日，或杀伐，或重赏，或重罚，或诏告，或考课，或亲见，或督察，虽可谓用心吏事，亦为急切躁竞之流露。正是从这三个角度来讲，汉宣帝比起汉文帝实有差距，不是优出而是不及。也正是从这三个角度讲，汉宣帝虽然号称执刑名，却并未领略刑名之术的精髓。

第十二讲　法家思想选讲

　　法家是中国历史上提倡以法治为核心思想,以富国强兵为己任的重要学派。法家成熟很晚,但成型很早,按照《汉书·艺文志》的说法,法家者流最早可追溯于夏商时期的理官,成熟在战国时期。代表人物包括李悝、吴起、商鞅、慎到、申不害、乐毅、剧辛等人。战国末期,韩非对他们的学说加以总结综合,集法家之大成。

第一节　法术势

　　法家思想对于法术势的推崇与固执,是后世遭到批评的主要原因。汉代儒生批判遵行法家思想的官吏,常用"俗吏"加以蔑称。儒生说法家思想俗,是说他们不以修身为本,不重视教化,不主张德政,只知提倡法术势。法是法令,术是权术手段,势是权力权势。

第十二讲法家思想选讲
上

　　法家思想认为法治高效安全,道德太复杂,教化太艰难。法家思想认为,尊贵的身份、显赫的名声、贤能的品性等都不重要,最重要的是功过。有功必赏,不管他是否出身卑贱;有过必罚,不管他是否出身尊贵。一切都以眼前的、可以考案的事实为依据。这是法治。纵观《韩非子》一书,可以发现法作用于政治领域、军事领域、经济领域甚至外交领域。法首先作用于政治领域,《韩非子·用人》曰"释法术而心治,尧不能正一国;去规矩而妄度,奚仲不能成一轮;废尺寸而差短长,王尔不能半中",这里的"规矩""尺寸"都用来指法制,喻指法的公平、公正和客观。韩非子之前的管子曾说:

"尺寸也,规矩也,衡石也,斗斛也,角量也,谓之法。"用法可以走向政治清明,树立威名。贤巧与法度之间,韩非子选择了法度,因为法度可以正国,即使是中主,也可以万无一失。法对于国家安危有重要影响,《韩非子·亡征》是一篇很有气势的文章,其中列出国家将亡的征候达四十七种之多。具体情况各有不同,然而其中却多次提到法令。对于治理国家,诸子百家见解互异,《韩非子·有度》曰:"国无常强,无常弱,奉法者强则国强,奉法者弱则国弱"。强弱问题在"饥召兵,疾召兵,劳召兵"的年代往往转化为存亡问题,可见韩非子把法与国家安危存亡联系起来,别有历史背景。

为了论证法治的重要性,韩非子对殷周之际的革命进行了独特的思考。《韩非子·安危》曰:"桀,天子也,而无是非,赏于无功,使谄谀以诈为贵;诛于无罪,使伛以天性剖背。"所以,"周之夺殷也,拾遗于庭,使殷不遗于朝,则周不敢望秋毫于境,则况敢易位乎?"殷革桀命,周革纣命,诸家立场不同,因而解释也就纷纭复杂。《诗经》《尚书》以天命解之,而当时贤哲多以人心向背为原因。把政权更替、朝代换主与法度联系起来,把赏罚无度视为夏商灭亡的原因,韩非子重视法治,溢于言表。

法所以能影响国家安危存亡,是因为战争的成败决定国家的存亡,而战争始终受法的影响。战争是一种集体行为,为了取胜,需要有严明的纪律,要制定军法来约束每个成员的行为。在韩非子法治思想里,法制约着战争全过程。《韩非子·外储说右上》曰:"晋文公问于狐偃曰:然则何足以战民乎? 狐子对曰:令无得不战。公曰:无得不战奈何? 狐子对曰:信赏必罚,其足以战。"战争的起始阶段,严明的纪律可以统一斗志,众志成城。战争最为艰苦的相持阶段,更加需要法律的支持。法制严明,深入人心,就可能走向胜利。否则每战必溃。《韩非子·初见秦》认为,如果赏罚不明,执行不力,就会导致战争失控,"白刃在前,斧锧在后,而却走不能死也"。法治决定士气和战斗的精神,而这往往决定最终的成败。可见,法治全面维系国家政权的稳固。

法以治民,消除权贵、故旧、亲戚等对法制的干扰。术以防臣,防止部下、左右、亲近的诡诈阴谋。韩非子曾公然宣称君主对于大臣,可以使用包括窃听、暗杀在内的各种手段。《韩非子·内储说上七术》载曰:"卜皮为县令,其御史污秽,而有爱妾,卜皮乃使少庶子佯爱之,以知御史阴情。"为求刺探消息,不惜破坏伦理维系。又载曰:"卫嗣公使人为客过关市,关市苛难之,因事关市,以金与关吏,乃舍之。嗣公为关吏曰:某时有客过而所,与汝金,而汝因遣之。关吏乃大恐,而以嗣公为明察。"为求震慑部下,无所不用其极。

　　韩非子在书中总结历来的权术,分为左右内外诸篇。举两个例子,有一个县令叫庞敬,有一次他派人到集市上,采购物资,但是担心布者会从中作假。于是加派了一个公大夫,让他监督市者。即便如此,他还是担心这两个人合伙欺骗自己。于是,他想出一个方法,在市者和公大夫准备出发时,庞敬把公大夫叫到一边,一句话不说。过了一会,他让公大夫上车,跟市者一起去市场采购。这就是术,驾驭手下、防范手下的手段。我们想象一下,市者在车上等公大夫了,等他上车后,一定会问他,庞县令跟你交代了什么?公大夫说,没说什么。市者不相信。但是,不管他怎么问,公大夫都说没说什么。这样一来,市者就不相信公大夫了。两个不能互相信任的人,不会合伙干欺骗上级的事情。对于庞敬来讲,这是一件可以放心的事情。

　　再举一个例子,商太宰有一次派少庶子到集市上去。回来之后,他问少庶子在市场上有何发现?少庶子说,没有特殊情况。商太宰说,你好好想一想,总归有一些情况发生?少庶子仔细回忆,"对了,集市的南大门外,有很多牛等在那里,道路被拥堵起来了"。听完之后,商太宰跟少庶子说,刚才的谈话不要跟任何人讲。然后,他把管理市场的官吏召集起来,"你们怎么回事?怎么维持市场的?为什么集市南门外,会有那么多牛粪?"这批官吏惊呆了。这个情况太宰也知道,消息如此灵通!从此以后,这批官吏再也不敢对他有所隐瞒了。这就是术,用来震慑部下的权术。

　　法术之外,韩非子也非常看重势,认为权势犹如老虎的利爪和牙齿,老虎之可怕正在于此。君主如果不懂得守权专权,将会非常危险。韩非子书中讲了许多权力被骗走抢走的例子,结果令人触目惊心。在韩非子看来,君臣一日百战,上级下级围绕权力永远在斗争,永远在互相防范。

　　若论重视时势,韩非子受道家思想影响尤深。在著名的《五蠹》,韩非子首先抛出自己的社会发展观,古今变异,盲目崇古,实为可笑。"今有构木钻燧于夏后氏之世者,必为鲧禹笑矣。有决渎于殷周之世者,必为汤武笑矣。然则今有美尧舜汤武禹之道于当今之世者,必为新圣笑矣。是以圣人不期修古,不法常可,论世之事,因为之备"。接着,韩非子又言人口增加与社会变异,"古者丈夫不耕,草木之实足食也;妇人不织,禽兽之皮足衣也。不事力而养足,人民少而财有余,故民不争。是以厚赏不行,重罚不用而民自治。今人有五子不为多,子又有五子,大父未死而有二十五孙,是以人民众而货财寡,事力劳而供养薄,故民争,虽倍赏累罚而不免于乱"。在韩非子看来,古今社会大不相同,历史与现实之间有条巨大的鸿沟,讲求复古,存续传统,毫无意义。不懂古今之变,犹如守株待兔。韩非子割裂传统与现实的联系,否定历史传统的现实意义，激进之处，自不待言。不过从这种主张中，我们可以清晰地看到韩非子对于时变异常敏感。因为时变，所以明君应该懂得时移事异，不可一味鼓吹仁义。

韩非子论势，主要见于《难势篇》。因为这篇文章，韩非子被郭沫若先生认为是典型的"势治主义"。此文以慎子的主张开始，慎子认为势比贤更为重要，因为仅有贤的品质，没有势作为凭借，不可能治理国家。然而，如果拥有势的凭借，即便不肖如桀纣，也可以身居治人者之列，势足以致治。在《功名篇》，韩非子认为人君建立功名有四要素，其中之一便是形势。"夫有材而无势，虽贤不能制不肖。故立尺材于高山之上，下临千仞之溪，材非长也，位高也。桀为天子，能制天下，非贤也，势重也；尧为匹夫，不能正三家，非不肖也，位卑也"。在论述齐景公治政时，韩非子认为德行效率太低，过于危险，难以成功，不是理想的选择。明君应该懂得重势，势如乘马利足。《韩非子·外储说右上》曰："国者，君之车也；势者，君之马也。夫不处势以禁诛擅爱之臣，而必德厚以与天下齐行以争民，是皆不乘君之车，不因马之利，释车而下走者也。"当齐景公向孔子问政时，孔子告以君君臣臣之道，而韩非子却力主势治。孔子言君臣父子各守其分，关注点在于社会有序，君臣和谐；而韩非子重势，重在君主固权，抑制大臣，防止篡权。儒法分殊，可见一斑。韩非子之势，乃人为架设之势，为君主利益而设，并非自然之势，与黄老道家思想言势，亦有不同。不过，二者仍然有相同之处，皆体现了驰心于外，相信仁义礼让之外的力量。他们都不相信人心人为，转而相信异质的、外在的力量。

儒家思想认为，唯有自律，发自内心的克己复礼，才是道德的真义，是真正可靠的服从，否则都是假象，都是人前的掩饰，不能持之以恒。

尽管儒家学派对法家思想有过各种各样的负面评价，但是，我们也必须清醒地认识到，法家思想的出现，其实有着深刻的社会政治的原因。

首先，法家思想的出现，源于社会本身的演变。随着社会人口的增加、井田制度的破坏、社会维系的松弛，随着生活水准的提高、物质的匮乏，生存的竞争越来越强烈，各国之间的争斗越来越残酷。这个时候，各国更加在意存亡强弱，关注国家的调遣力度，民众的发动程度。与道德仁义相比，法制赏罚的速度更快，力度更大。诉诸仁义、良知与感动，可能都不如诉诸利害、赏罚等更为有效。恶劣的环境下，"奉法者强，不奉法者亡"。

其次，法家思想的出现，源于人际温情的难以为继。人性的维护，本来就非常艰难，三代之民，所以直道而行，有温情仁义，是因为有教化、井田、礼乐等制度进行维系。孟子说,民无恒产,斯无恒心。社会制度巨变,生计艰难,礼乐废弃,这些都与人性的演变、温情的失落、道德的滑坡有着密切的关系。"古之民朴以厚,今之民巧以伪"。在这种情况下,"以刑治则民威,民威则无奸,无奸则民安其所乐。以义教则民纵,民纵则乱,乱则民伤其所恶"。法家思想的出现与人性的普遍状况,是有关系的。

最后,法家思想的出现,源于效率的追求。《韩非子·有度》曰:"夫为人主而身察百官,则日不足,力不给。"人主专权,精力不济,效率不高,所以需要运用法术。韩非子说:"释法术而心治,尧不能正一国;去规矩而妄度,奚仲不能成一轮;废尺寸而差短长,王尔不能半中",这里的"规矩""尺寸",都是法制的代名词。以韩非子为代表的法家思想认为,从效率的角度讲,用法术就可以走向政治清明,可以树立威名。

第二节　参验之术

参验是韩非子思想的重要组成部分,"参"有排比、对照、考校之意,指不同的事物放到一起进行考校,或者同一事物不同阶段的状态进行比照考校,见出差异高下。"验"有验证、复核之意,指在得到认可之前,对事物加以审慎的核查。学界论及韩非子的参验思想,多重视其认识论意义,视为检验认识正确性的一种方法,即通过考查比较,对认识进行验证。从认识论角度研究参验思想固然可行,不过,韩非子的参验思想主要是一种政治管理思想。从根本上讲,这种思想是传统社会君主管理国家政事经验的总结,是对政治管理实践的理性思考。参验管理思想的前提是明察时势,是对传统政治管理方式的主动求变。管理主体的清静自守,节制欲望,是管理活动正常开展的基本要求。在管理实践中,韩非子的参验论与刑名论多有耦合,参验管理的主要方法即参合名实,考其异同。参验管理的主要任务是化解和调谐政治管理中的各种冲突,达到系统高效的管理目的。

一、明察时势:参验的前提

《史记·老子韩非列传》载:"韩非者,韩之诸公子也。喜刑名法术之学,而其归本于黄老。"在司马迁看来,韩非子的学术思想,以刑名法术为其主干,而以黄老为根本。这个论断非常精到。儒家思想主张敬德尽己,看重人心、人为的力量与价值,强调自我修行的意义。与之相对,黄老思想却看到自我的局限,主张体道悟道,强调顺应道化,清静自然。韩非子的参验管理思想以黄老道家思想为根本。

道在天下,往往展现在时空的维度,故而体道又必须明察时势。"时"有起讫关节之义,也有持续绵延之义,前者指节点,后者指长度。所谓明时见机,就是明察事变开始、转折、结束的节点,明察事物起伏的历程与反复。"势"有内在本性的必然之势,也有外在耦合的因缘之势。事物的发展变化既受到必然之势的规定,同样也受到因缘之势的影响。懂得时势之学,懂得顺势得时,方能体悟道化,无为而无不为。

事实上,明察时势乃是韩非子参验管理思想的理论前提。韩非子认为,古今变异,盲目崇古,实为可笑。《韩非子·五蠹》曰:"今有美尧、舜、汤、武、禹之道于当今之世者,必为新圣笑矣。是以圣人不期修古,不法常可,论世之事,因为之备。"在韩非子看来,古今社会大不相同,历史与现实之间有条巨大的鸿沟,讲求复古,存续传统,毫无意义。不懂古今之变,犹如守株待兔。韩非子割裂传统与现实的联系,否定历史传统的合理价值,其激进之处,自不待言。不过,从此种主张中,我们也可以清晰发现明察时势的特质。

因为时势变异,所以明君应该懂得时移事异,不可一味鼓吹仁义。"故文王行仁义而王天下,偃王行仁义而丧其国,是仁义用于古不用于今也。故曰:世异则事异。"时势不同,社会变迁,因此,韩非子不主张推贤,不看重仁义,而是力主让贤才投靠君主,然后采用参验管理思想去任用他们。

二、清虚自守:参验的要求

道家思想讲究清虚自守,"虚其心,实其腹"。反对欲望过甚,主张"不贵难得之货","五色令人目盲,五音令人耳聋,五味令人口爽,驰骋畋猎,令人心发狂,难得之货,令人行妨"。黄老道家思想反对欲望过甚,主要基于三种考虑。其一,欲望过甚,损害精神。感官皆为门户,驰于外欲,则内在精神耗散,与养生相违,影响寿命,无法长生久视。其二,欲望过甚,损害神明。嗜欲深者天机浅,欲深则智慧神明受阻,思虑受到影响,无法见机谋事,难成功业。其三,欲望过甚,招致祸败。欲深则行止失度,违背君臣、上下之分理,引发灾祸,难守安道。

韩非子受此影响,对于欲望的危害认识得非常清楚。其论嗜欲伤身,《韩非子·解老》曰:"处乡不节,憎爱无度,则争斗之爪角害之。嗜欲无限,动静不节,则痤疽之爪角害之。"其论欲利之祸,兼赅养生、智慧两层意思,"故欲利甚于忧,忧则疾生;疾生而智慧衰,智慧衰则失度量;失度量则妄举动,妄举动则祸害至"。虽然偶尔言及养生与精神,但从总体来看,韩非子对欲望损害智慧神明更为在意。对欲望损害智虑的情形,韩非子曾有深刻的认识。他认为,人有智识,然而常被外欲牵引,失掉分寸与理性。在韩非子看来,众人与圣人的区别,主要在于一者牵于外欲,一者清虚自持。用今天的话讲,管理者如果欲望过甚,不仅伤害精神,而且妨碍智识,妨害管理。

　　管理者多欲,改作过度,则影响尤大。"治大国若烹小鲜",即言此理,"凡法令更则利害易,利害易则民务变,民务变谓之变业。故以理观之,事大众而数摇之则少成功,藏大器而数徙之则多败伤,烹小鲜而数挠之则贼其宰,治大国而数变法则民苦之。是以有道之君贵虚静,而重变法"。韩非子言贪欲之过,见出管理者尤当检欲,清静自守,使得管理实践始终走在合理、正确的道路上。

三、名实对照:参验的方法

　　韩非子的参验论常与刑名论耦合。刑名即名实,韩非子所言名实,含义较广,扩散到社会政治的各个领域。名可指群臣的任职与地位,实指作为与贡献;名可指群臣的言议与建策,实指行为与实效;名可指对象以往的表现,实指之后的变更;名可指表象,实指真相。名实之义不一,随语境而异,然而大旨存于两处:名实相对,并非一事,故可参合;名实分殊,时有不一,故需考验。总观韩非子所谓名实,实有四种类型:法令之名与作为之实,言议之名与行为之实,人臣言行之名与君主需求之实,前令之名与后政之实。可见,名实有言行表里、前后左右、君臣上下等意蕴,构成二元、主客对峙的格局。参验即参合刑名,验其同异,较其分合。可以说,韩非子的参验管理思想立足于二元对峙格局,以多重名实为对象,进行同异分合的对照与考验。下面以结党为案例,考察韩非子如何在政治管理实践中使用刑名参验之法。

　　韩非子对于大臣结党尤为注重,以为是君主管理国家政事的最大妨害,故而再三论述。《有度》言人主若不能以法度御臣,则群臣结党,为患至大,"交众与多,外内朋党,虽有大过,其蔽多矣"。《扬权》言群臣之利在于结党,"度量之立,主之宝也;党与之具,臣之宝也"。韩非子言大臣结党之害,最为深切著名者要数《孤愤》与《奸劫弑臣》。前者言法术之士处境孤危,结局悲惨,极为沉痛,令人绝望;后者言重人结党,孤立君主,步步惊心,令人危惧。结党之害,如此严重,人主治国不得不高度警惕。对此顽症,韩非子主张可以名实参验之法加以抑绝与防范。

　　事实上,韩非子认为结党之患所以形成,恰与君主不懂参验管理有关。可以说,正是因为君主丢掉参验管理,才导致结党之患。《韩非子·奸劫弑臣》曰:"夫奸臣得乘信幸之势以毁誉进退群臣者,人主非有术数以御之也。非参验以审之也,必将以曩之合己信令之言,此幸臣之所以得欺主成私者也。故主必蔽于上,而臣必重于下矣。"如果要根除结党祸患,还需回到参验管理的正确道路,《韩非子·人主》曰:"明主者,推功而爵禄,称能而官事,所举者必有贤,所用者必有能,贤能之士进,则私门之请止矣。"

大臣结党,三种要素不可缺少:请谒、名誉、权力。结党通过请谒打开制度的缺口,党人获准进入权力阶层,与之成立小团体。结党依靠名誉铺平党羽晋升之路,从而与之接触和勾结。汉世以浮华指称结党,从另一个角度道出结党对名誉的倚重。结党依靠权力维护小集团肌体,完善结构,壮大力量。"臣者,非名誉请谒无以进取,非背法专制无以为威,非假于忠信无以不禁,三者,慭主坏法之资也"。因此,明主应当从三方面加以防闲,不听虚誉,不违制度,不许专制。

韩非子认为君主在与人臣交往中,常常会遇到两种陷阱:其一,"诱于事者",群臣用事来制约君主。犹如钓鱼,人臣用美诺、廉价,引诱人主上钩,然后逐渐展现狰狞的面目,人主此时将进退两难。《韩非子·南面》曰:"人臣易言事者,少索资,以事诬主。主诱而不察,因而多之,则是臣反以事制主也。"其二,"壅于言者",人臣先用伎俩堵住身边人的嘴,使得人主无由接近正确的意见。"人臣为主设事而恐其非也,则先出说设言曰:议是事者,妒事者也。人主藏是言,不更听群臣;群臣畏是言,不敢议事。二势者用,则忠臣不听而誉臣独任。如是者谓之壅于言,壅于言者制于臣矣"。

针对上述两种情况,韩非子主张用名实参验加以应对。对于第一种陷阱,韩非子主张以前责后,以言责事,严格地按照当初的承诺加以考验,使之不敢言少以进,言易以取信。经此名实参验,人臣必不敢轻许承诺,妄言好坏,诱骗人主。"其进言少,其退费多,虽有功,其进言不信;则群臣不敢饰言以慭主。主道者,使人臣前言不复于后,后言不复于前,事虽有功,必伏其罪,谓之任下"。面对第二种陷阱,韩非子主张两种名实参验同时进行。用端末前后考验有言责者,用言位名实考验缄默不言者。前后考验用以管理妄言欺诈,言位对照用以管理畏惧避祸。二者皆属名实参验,前者是前后不一的督责,后者是言位不一的督责。《韩非子·南面》曰:"主道者,使人臣有必言之责,又有不言之责。言无端末,辩无所验者,此言之责也;以不言避责,持重位者,此不言之责也。人主使人臣言者必知其端以责其实,不言者必问其取舍以为之责,则人臣莫敢妄言矣,又不敢默然矣,言、默则皆有责也。"

一般来讲,结党出现必定有三个方面的复杂原因。结党者方面:劫夺权势资源,拉拢党羽,组建小团体;通过声誉浮华、请谒荐举等手段壮大、完善党人壁垒;欺蒙君主,私行恩惠,私立威权,实现奸谋。君主方面:权力集中,不懂分权,辅佐力量虚弱;昏庸糊涂,不明忠奸,助长奸人气势。普通群臣方面:持默不言,明哲保身,甚至附和求容,背君向臣。古往今来,结党出现大多离不开这三个方面的因素。韩非子主张名实参验,明察结党者,教导君主,鞭策普通群臣,可谓思虑周到,防范全面。

四、相诡冲突:参验的对象

韩非子认为,人君治理国家有三种资源可以利用,"一曰利,二曰威,三曰名"。人性逐利避害,喜赏恶罚,好荣厌耻,所以三者成为人君为政的重要凭借。《韩非子·诡使》曰:"利者所以得民也,威者所以行令也,名者上下之所同道也。"换言之,利关乎需求,指向外物;威关乎行止,指向人为;名关乎荣耀,指向内心。韩非子认为,人君若能善用此三者,由表及里,由近前而长远,则民人听于调遣,服从统治,自不待言。然而,实际情况却远非韩非子所设想,"今利非无有也而民不化,上威非不存也而下不听从,官非无法也而治不当名"。

人君握有三种宝贵的资源,却不能将国家治理好,原因何在呢?韩非认为是"相诡",亦即冲突。"常贵其所以乱,而贱其所以治,是故下之所欲,常与上之所以为治相诡也"。人君治国,应该将利、威、名三者整合一体,形成合力,全面推进。如果使其互相冲突,彼此抵消,则民不知所从,政令之合力近乎零,甚者欲益反损。

韩非子认为当时政教与社会舆论之间,冲突非常严重。名号、威利、官爵、刑罚本来用以道民,然而世间舆论却每每与之相对立,抵消国君政治管理的效力。《韩非子·六反》曰:

> 畏死远难,降北之民也,而世尊之曰"贵生之士";学道立方,离法之民也,而世尊之曰"文学之士";游居厚养,牟食之民也,而世尊之曰"有能之士";语曲牟知,伪诈之民也,而世尊之曰"辩智之士";行剑攻杀,暴憿之民也,而世尊之曰"兼勇之士";活贼匿奸,当死之民也,而世尊之曰"任誉之士";此六民者,世之所誉也。赴险殉诚,死节之民,而世少之曰"失计之民"也;寡闻从令,全法之民也,而世少之曰"朴陋之民"也;力作而食,生利之民也而世少之曰"寡能之民"也;嘉厚纯粹,整谷之民也,而世少之曰"愚戆之民"也;重命畏事,尊上之民也,而世少之曰"怯慑之民"也;挫贼遏奸,明上之民也,而世少之曰"谄谗之民"也;此六者,世之

所毁也。奸伪无益之民六,而世誉之如彼;耕战有益之民六,而世毁之如此。

民间舆论与评价,代表社会倾向,国君实难操纵。但是问题在于人君治国如果不能调谐政治需求与社会倾向,那么必定伤害为政效率。

不过,韩非子认为人君管理国家,最大的问题不是来自社会倾向与政治需求之间的冲突,而是管理者自身政令的昏乱与冲突。《韩非子·诡使》曰:"世之所以不治者,非下之罪,上失其道也。"君主自身的昏乱,影响极坏,可谓为虎傅翼,"是教下乱上以为治也"。君主犯昏,主要表现在三个方面:其一,尊贵者非其人,"令之所以行、威之所以立者恭俭听上,而岩居非世者显"。其二,利厚者非其人,"悉租税、专民力所以备难充仓府也,而士卒之逃事状匿附托有威之门以避徭赋而上不得者万数。夫陈善田利宅所以厉战士也,而断头裂腹播骨乎平原野者无宅容身,死田亩,而女妹有色,大臣左右无功者,择宅而受,择田而食"。其三,显誉者非其人,"上之所以立廉耻者,所以属下也。今士大夫不羞污泥丑辱而宦,女妹私义之门不待次而宦"。韩非子论名、利、威三者不一,论社会倾向与政治需求的冲突,皆是参验管理思想的体现。

参验既讲究前后纵向的审核,也强调左右横向的考察。前者重在名实相符,防止演变与欺骗,后者重在协调系统,防止冲突与相诡。虽有方向上的差异,但是在排比众端、参验异同方面又有一致。韩非子考察社会倾向与政治需求的矛盾,考察名誉、利益、赏罚之间的冲突,都是横向参验的体现。君主治国涉及众端,仔细考察其间协调与否,正是参验管理的体现。韩非子不主张三令五申,一味加大奖惩力度,而是深入社会政治系统内部,统筹资源、规整政令,协调系统,这是政治管理精细化的体现。一个理想的政治制度,必须解决好与社会资源的关系,尽量让社会舆论、社会潮流、历史传统等成为政治制度的助力,而不是阻力和消耗;一个有效的政治制度,也必须解决好自身诸多政令、措施、作为之间彼此协调、互相统一的问题,尽量形成系统的、整体的优势,而不是互相隔阂,彼此冲突。

作为一种政治管理思想,参验有其深刻的思想原因。从管理主体来讲,人有理性,能够识别真伪虚实,判别善恶美丑。然而,心术不得其正,则所谓善恶难免偏颇;理有未识,则所谓是非难免舛误。从管理对象来讲,事物不经参验,则其差谬难以彰显,以其似是而非。从纵向维度来讲,世事变迁,政令沿革,前后不一,不经参验,则前后冲突,名实乖违。从横向维度来讲,治世繁杂,牵涉众多,利害不一,不经参验,则左右冲突,互相消耗。

　　作为一种政治管理思想,参验还有其深刻的现实原因。韩非子认为,参验在当时是一种非常有效的管理方法。战国末期,奸伪之行,托以掩饰,似正实邪,参验强调异同考稽,名实对照,则可以洞悉诡诈,防闲欺骗。春秋战国,社会巨变,事变之初,微细渺茫,忽略不察,渐至不可收拾。参验强调执本察末,对照考校,则可以见事之几,防患未然。

　　正是基于这些思想的、现实的原因,韩非子对于参验管理思想尤为重视。在他看来,参验首先可以避免主观误判,制约臆断,避免犯错;参验极具效率,不必费心思虑;参验可以确保前后一致,安全持久。

第三节　极端急切

　　嬴秦二世而亡,后世多归于任法之弊。汉代张耳曰:"秦为乱政虐刑,以残贼天下,数十年矣。北有长城之役,南有五岭之戍,外内骚动,百姓罢敝。"陆贾曰:"秦任刑法不变,卒灭嬴氏。"张释之曰:"秦任刀笔之吏,争以亟疾苛察相高,以故不闻其过,陵夷至于二世,天下土崩。"董仲舒曰:"师申商之法,行韩非之说,憎帝王之道,以贪狼为俗,赋敛亡度,竭民财力,群盗并起,死者相望而奸不息。"吾丘寿王曰:"秦废王道,立私议,去仁恩,而任刑戮,至于赭衣塞路,群盗满山。"虽然,秦亡有复杂的原因,不能全盘归到法家思想上面,但是嬴秦政权固执法术,不能与时俱进,确也是重要原因。下面,我们以商鞅、韩非子为主要代表对法家思想极端、狭隘的倾向进行分析。

第十二讲法家思想选讲下

一、极端

　　关于法家思想,今天的读者常常感到疑惑,很难想象在中国的文化传统中竟然出现韩非子这样极端的思想家。说他极端,主要因为韩非子对于人际关系的看法较为偏激。韩非子认为,人性不可相信,人与人之间关系也不能相信,丈夫甚至不能相信妻子,父亲不能相信儿子。韩非子的这个观点见于《备内篇》,他说人主的危险就在于相信人,哪怕这些人是他的妻子和子女。中国传统社会,基本上是一个伦理社会,以家庭为本位,千方百计地维护家庭的伦理道德。比如《礼记·昏义》就说:"夫妇有义,父子有亲。"但是以韩非子为代表的法家思想却如此贬低家庭伦理。确实,让人感到难以想象。

不过韩非子说这句话,并非出于激愤不平,他不像有些女子所说的"男人没一个好东西",他也不像孔子所说的"唯女子与小人难养也",明明在说小人,却偏偏把女子也一起带上了。韩非子是很认真地在说这句话,体现了他一贯的冷峻和深刻。韩非子的逻辑有三个要点:首先,人主有权,作威作福,施加利害,高处不胜寒。其次,从生理规律的角度来讲,男女衰老的周期不一样。男人五十一朵花,韩非子的说法是"丈夫年五十而好色未解也"。另一边却是女人三十豆腐渣,韩非子的说法是"妇人年三十而美色衰矣"。再次,从人性的角度来讲,男人都是好色的。韩非子说,"其母好者其子抱"。好是漂亮的意思。妈妈长得漂亮,孩子被抱的机会多一些;妈妈长得难看,孩子被抱的机会要少一些。我们可以想象一下,一个握有权力资源的、形象尚可的、本性好色的中年男子,面对一个年老色衰的妻子,会是什么样的结果?休妻在所难免。对于这个女人及其子女而言,她们最好的结果是什么呢?毫无疑问是丈夫或者父亲早点去世,暗杀毒害也就随之而来。对于她们而言,丈夫或父亲死了,荣华富贵,男女之爱,丝毫不会减少。韩非子的原话是:"唯母为后,而子为主,则令无不行,禁无不止,男女之乐不减于先君。"

从韩非子的观点和逻辑中,我们可以看到以韩非子为代表的法家思想具有某些共同的特质。正是这些共同的特质,使其带有某种极端的倾向。

首先,法家思想对人性的看法极低。在韩非子看来,不但男人好色的本性根深蒂固,难以改变,妇女和子女的本性同样自私自利,冷酷无情。妻子、子女为了自己的安全、地位和权势,也会奋起投毒,组织暗杀。韩非子的人性观点,当然受到他的老师荀子的影响,荀子也因此蒙受千年的骂名。不过,荀子虽然讲人性本恶,但是毕竟没有完全放弃人性自我救赎的希望。人性虽然本恶,但是通过化性起伪,通过礼义修行,通过接近贤人,仍然可以成为君子。荀子讲劝学,讲积累,讲蓬生麻间,讲涂之人可以为禹,都是我们非常熟悉的内容。其实,人性的问题与物质生活环境分不开,与社会教化状况也分不开。韩非子抽象的规定人性是恶的,既不符合他老师的原意,也不符合大多数人的实际情况。

其次,以韩非子为代表的法家思想对文化传统,极为隔膜。其实,细考古代礼制,虽然有"七去",七种情况下男子可以休妻,但是也规定有三种情况不能休妻,叫做"三不去"。"有所取无所归,不去",女方父兄不在,不能休妻,不能让人流离失所,无依无靠。"与更三年丧,不去",女子侍奉过公婆,而公婆后来又去世了,这种情况下,不能休妻。婚姻制度归根到底受到宗法制度,受到孝道的制约,男子并不能为所欲为。"前贫贱后富贵,不去",就是常说的糟糠之妻不下堂的意思。婚姻制度,说到底,并不能完全脱离社会舆论、社会风俗的影响。韩非子熟悉战国时期的乱制,以为从来如此,以致对于男女关系、父子关系持有如此悲观的、灰色的看法。

二、狭隘

秦人焚书坑儒,今天的读者常归咎于李斯逢君之恶。其实,秦人焚书坑儒的背后,自有法家思想偏激狭隘的影响。正是这种促狭的文化视野,使得商鞅、韩非子等人对于传统的道德仁义采取蔑视的态度。

商鞅站在用民的立场,认为诗书礼乐、仁义诚信等皆为治国之害。虱虫不除,耗费气血,伤身败体。仁义不除,民不可用,兵败国贫。《商君书·靳令》曰:"六虱:曰礼乐,曰诗书,曰修善,曰孝弟,曰诚信,曰贞廉,曰仁义,曰非兵,曰羞战。国有十二者,上无使农战,必贫至削。"《商君书·农战》亦曰:"诗、书、礼、乐、善、修、仁、廉、辩、慧,国有十者,上无使守战。国以十者治,敌至必削,不至必贫。"商鞅整个思想主张皆是为着农战,农战是其思想主张的出发点,也是理论终结点。征战需要战士,农作需要劳力,所以商鞅不愿意潜在的兵力和劳力受到诗书礼乐、仁义辩慧的影响,不愿意民众受到其他的思想文化的冲击。对于商鞅而言,理想的局面是民众愚昧,唯上是听;民众朴实,易于调遣;民事单纯,思想专一。以商鞅为代表的法家思想对仁义道德、诗书礼乐的否定,正是迫于战争与贫穷的压力,出于专一和效率的考虑。

儒家思想继承西周"民为邦本"的思想,主张"百姓足,君孰与不足? 百姓不足,君孰与足?"主张"保民而王,天下莫之能御也"。与之相对,商鞅则倡导一种国民对立之说,臭名昭著。《商君书·弱民》曰:"民弱国强,民强国弱,故有道之国,务在弱民。"既然国家与民众在利益上相反,那么要求国家强大,就必须弱民。商鞅所谓强弱,是站在君主的立场,唯法令是从者是为弱,不听法令调遣者是为强,《商君书·去强》曰:"民不从令曰强,从令曰弱。治国在去民之强。"在商鞅看来,治国要务在于制民与胜民。因为"民富而不用",所以君主应该竭力使民众处于一个弱势的地位,使得他们不得不听从法令调遣。在政治上,商鞅主张不能让民众有足够的空间,从事自由选择的活动,不给百姓改变产业、规避农战的机会。在精神上,则尽力使民众变得愚昧朴质,便于控制。

商鞅对民朴,尤为期待。他认为,朴则不淫,《商君书·农战》曰:"善为国者,其教民也,皆从壹空而得官爵。是故不以农战,则无官爵。国去言则民朴,民朴则不淫。"朴则易治,朴散则难使,"圣人知治国之要,故令民归心于农。归心于农,则民朴而可正也。纷纷,则不易使也。"商鞅之前,老子喜言返朴归淳。《道德经》曰:"敦兮其若朴,旷兮其若谷。"又曰:"见素抱朴,少私寡欲。"又曰:"为天下谷,常德乃足,复归于朴。"朴有原始、本真而又自然之意蕴。老子所言之朴,代表形质未分、古朴纯一、少私寡欲、无知无虑的状态;而商鞅所言之朴,则指民蒙未开、愚昧易制的状态。老子喜言朴,因为其与道本有某种契合,原始与道行悠远相合,本真与道化无为相合,自然与道法淳朴相合。老子言朴,又与其体道精神契合,朴质与反对巧伪相合,古朴与清静寡欲相合。与老子相比,商鞅希冀之朴,虽然少了那份自然、无为的意蕴,却保留朴质的本色。因为朴质原始,所以易于控制,易于调遣;因为朴质少欲,所以安于耕战;因为朴质,民智未开,所以唯上是听,没有冲突与阻力。如果说老子之朴,可谓古朴,那么商鞅之朴,则为愚朴。因为喜言古朴,所以老子反对进化,主张小国寡民,反对智慧,主张什佰之器不用;因为推崇愚朴,所以商鞅反对仁义礼乐,反对诗书教化,甚至反对一切有利于开发民智的文化事业。正因为有了这种国民对立、民朴易制的观念,所以仁义礼乐等文化传统,在商鞅为代表的法家思想那里,皆成为社会的蛀虫臭虫,必须加以清除。

　　韩非子也是菲薄文化传统的代表,对于道德仁义的文化传统,十分蔑视。在韩非子看来,(1)道德仁义乃是人心之自然,不得不然。既然是自然而然,没有人为动机在内,所以谈不上高尚,也不值得尊重。只有人类自觉的事情,才能见出伟大。山之高耸,水之湍急,皆自然而然,没有人性的光辉,故而不必推崇。当然,孔子之意并不在此,仁之所以可贵,在于它是天性美好的流露,是人类理想品质的展现,并非寻常易事。(2)韩非子归本黄老,推重自然道化,认为德仁义礼相对于道,皆是社会衰变的产物。《韩非子·解老》曰:"道有积而德有功;德者,道之功。功有实而实有光;仁者,德之光。光有泽而泽有事;义者,仁之事也。事有礼而礼有文;礼者,义之文也。故曰:失道而后失德,失德而后失仁,失仁而后失义。"(3)仁义无能为也,犹如小孩玩泥戏,可以娱情,却无实用。《韩非子·外储说左上》曰:"夫婴儿相与戏也,以尘为饭,以涂为羹,以木为胾,然至日晚必归饷者,尘饭涂羹可以戏而不可食也。夫称上古之传颂,辩而不悫,道先王仁义而不能正国者,此亦可以戏而不可以为治也。"(4)仁义温情,实是姑息苟且,经不住现实艰辛的考验,是乱亡之术。《韩非子·六反》曰:"今家人之治产也,相忍以饥寒,相强以劳苦,虽犯军旅之难,饥馑之患,温衣美食者,必是家也;相怜以衣食,相惠以佚乐,天饥岁荒,嫁妻卖子者,必是家也。故法之为道,前苦而长利;仁之为道,偷乐而后穷。圣人权其轻重,出其大利,故用法之相忍,而弃仁人之相怜也。学者之言,皆曰轻刑,此乱亡之术也。"(5)仁义适合匹夫之私,却不合于君国之公利。"以公财分施谓之仁人,轻禄重身谓之君子",因此,"仁人者公财损也,君子者民难使也"。所以仁德之人,对于匹夫而言是赞誉,对于人主而言,却是大败。

法家思想这种促狭的文化视野,极有弊端。首先,过于急功近利,失之长远。商鞅变法,看重眼前功利,不能从根本做起,不能维持长久的治效。商鞅看重征战的胜负,看重垦田的数量,看重粮食的储备,将一切与耕战没有直接联系的人事都看成障碍和蛀虫,必欲除之而后快。殊不知,社会演变是一个长期的过程,政权维持也是一个系统的工程。一味关注眼前,势必失掉后劲。竭泽而渔,并非无得,不过后续为难。世上许多事务,虽然与耕战并无直接关联,但是对于人类社会健康运行却必不可少。商鞅为了耕战,打击工商业,排挤文教事业,鄙弃道德风俗,这些都是竭泽而渔的行径。没有工商业的发展,农耕之事亦不能正常维持下去;没有文化教育事业,人类沦为禽兽,人类社会将陷于无序与混乱;没有道德风俗的建设,法律亦不能正常运行。秦人无耻,背叛成风,正是商鞅以来法家思想独尊的恶果。其次,过于偏激,失之全面。商鞅变法,重视效率,推崇开塞之术,强调利出一孔。其言曰:"圣人之为国也:壹赏,壹刑,壹教。壹赏则兵无敌,壹刑则令行,壹教则下听上。"所谓壹赏,就是说利禄官爵,专出于兵。所谓壹刑,就是说刑无等级,自卿相将军以至大夫庶人,有不从王令,犯国禁,乱上制者,罪死不赦。所谓壹教,就是说博闻辩慧,信廉礼乐,修行群党,都不可以获得富贵,富贵之门,专在于战。商鞅所行,近期未必无效,不过却自断血脉,难以维持健康的肌体。社会治理不可能完全抛开人心,不能完全割断历史传统,不可能遗弃贤能,也不可能完全放弃卓越的追求。治政过于狭隘,使得社会资源日渐萎缩,社会发展陷于迟滞。若要维持健康肌体,维持社会有机体的有序运行,必须尊重传统,尊重现实,尊重规律。同时必须注意各个方面、各个领域协调并进,互相促进;必须注意尊重贤能,不断开拓新的卓越的境界,引领社会的发展。

第十三讲　纵横家思想选讲

　　纵横家,是战国时期以从事外交活动为主的诸子学派。《汉书·艺文志》将其列为"九流十家"之一。后世考论纵横家思想,常常提到鬼谷子,以为他是纵横家学派的创始人。然而鬼谷其人,异常神秘。刘劭《风俗通义》以为鬼谷子其人出于六国时期,"鬼谷先生,六国时纵横家"。《隋书·经籍志》言鬼谷子乃周世隐士,"鬼谷子,周世隐于鬼谷"。《史记集解》引徐广之言,也认为其人以地名自号,出于颍川阳城。"颍川阳城有鬼谷,盖是其人所居,因为号"。《史记索隐》却言鬼谷之地不一,难以确指,"鬼谷,地名也。扶风池阳、颍川阳城并有鬼谷墟,盖是其人所居,因为号"。《鬼谷子》一书,不见于《汉书·艺文志》,《隋书·经籍志》载有两种注本,一为皇甫谧注本,"《鬼谷子》三卷,皇甫谧注";一为乐一注本,"《鬼谷子》三卷乐一注"。唐代柳宗元曾经根据早期目录著录的情况,论定《鬼谷子》后出,"汉时刘向、班固录书无《鬼谷子》,《鬼谷子》后出"。今天看来,《鬼谷子》一书可以作为纵横家思想研究的参考材料,但要真正讨论该派思想学术,尚须从《战国策》入手,从当时的策士活动着手研究。

第一节　时代原因

　　纵横家思想兴盛于战国时期,较诸家思想为更晚。战国时期特殊的社会文化环境是纵横思想兴盛的重要原因。

　　首先,社会巨变是纵横家思想出现的环境因素。历史进入战国阶段,王纲解纽,无复统绪。以强凌弱,以众暴寡,蚕食鲸吞,愈演愈烈,直至赢秦消灭诸国，一统天下。当此情形，各国面临的最大任务是图生存，防欺凌。维护国家安全与利益，既要军战征伐，也要外交游说。诸国君主思贤若渴，急需良谋，擅长权衡谋略与游说结交的纵横家因此时运而出现。

其次，礼制解体、社会松动是纵横家出现的社会因素。战国时期，士人在国家之间流动更为方便，更少约束，这与此前的情形大有不同。即便在春秋时期，士人游说尚有诸多约束与不便。公子重耳以贵族公子之身，不得国君礼遇，即陷于绝粮困境。孔子以仁贤之资，不得礼遇，即陷于断粮被攻之窘迫。春秋诸公子贵族离开家国，常有无处为家、无处为臣之感。战国时期，士人流动更加容易，既有政治资源方面的原因，亦有传统观念方面的影响。从政治资源的角度来讲，进至战国时期，无论是西方的秦国，还是东方六国，政治权力集中的趋势都越来越明显，公族势力影响日益缩小。公族势力衰微，意味着许多爵位不再由世袭贵族垄断，使得士人得到任用和晋升的资源空间增大。从传统观念的角度来讲，战国时期任贤举能的观念深得人心，"亲亲""贵贵"的观念遭到极大的冲击。传统观念的改变，使得大批出身寒微但是身怀才能的策士，得到了任用和晋升。当时的策士，往往游历众国，任职多方。这是纵横家思想及策士出现的社会原因。

再次，文化教育的普及是纵横家出现的文化原因。教育由官学向私学的演进，在春秋时期已经开始。进至战国时期，这种趋势更加明显，所以更多寒族子弟有机会接触各家学术思想，砥砺修习。纵横家之游说活动，知识技能要求较高，既要懂历史、政治等学问，论辩时能够信手拈来；也要懂人心与社会，善于把握时机；还要懂修饰与包装，能以恰当得体的形象和方式，出现在特定的场合。纵横家的学问，如果放到今天的学科体系，将会涵盖历史学、地理学、修辞学、政治学、经济学、军事学、逻辑学、心理学、服饰与表演学等领域。如此全面的知识技能的要求，只有在文化学术向社会扩散、教育学习机会向各阶层延伸的情况下才能实现。可以说，纵横家的出现是社会向前发展的结果，有复杂的社会文化方面的原因。

第二节　权变诡诈

司马迁在《苏秦传》末，以"权变"概括苏氏学术，"苏秦兄弟三人，皆游说诸侯以显名，其术长于权变"。在《张仪传》末，太史公重申权变与纵横家紧密相连，"三晋多权变之士，夫言从衡强秦者大抵皆三晋之人也"。《汉书·艺文志》总结纵横家的思想学术，曰："其当权事制宜，受命而不受辞，此其所

长也"。"权事制宜"与"权变"意义相近。可见,权变正是纵横家
的重要特点。

一、权变释义

"权变"之"变",指灵活机动。"权变"之"权",《汉书·律历
志》曰:"权者,铢、两、斤、钧、石也。所以称物平施,知轻重也。"
权作名词,相当于秤锤。由此秤锤之义引申,权又可作动词,表
示衡量比较与考虑谋划。秤锤之为物,处势特殊,轻而博重,小
而衡大。所以权字有势重之义。处得其位,虽小可以起大,虽轻
可以博重,犹如得势则易于成功,施力少而收效巨。

第十三讲纵
横家思想选
讲上

秤锤称物,往返移动,为求平衡。所以在古代汉语中,权又有变义。《春
秋公羊传·桓公十一年》言:"权者何? 权者反于经然后有善者也。"《韩诗外
传》言"常谓之经,变谓之权",权与经相对而言,后者意为至当不移的道理,
而权则指灵活机动而又不损害事物根本利益的变通。如果说经代表一种理
想的、静态的、稳定的定则,那么权就可以理解为受制于现实环境的、必须因
时因地而变动的、较为灵活机动的策略。

"权变"包含了上述权、变两字的意蕴。"权变"有变义,犹如秤锤之移动
往返。"权变"之变,不是随意乱变,变动发生乃是基于轻重利弊的权衡。变
动的方向在于趋利避害,以轻博重,渡过难关,占得优势。"权变"一词所含
有的这种根据利害关系进行变动的意思,与今天"随机应变"一词非常吻合。
事实上,"权变"在现代汉语中常常被解释为"随机应变"。

《汉书·艺文志》所言,按照字面解释,就是说纵横家施展平生所学,根
据事情实际形势的变化,采取合适的举措。只要能够完成这个任务,到达最
终的目的,并不需要完全按照君主的言辞逐条落实。达到目的最重要,而不
必拘束于中间的途径和方法。《汉书·艺文志》对纵横家的行事方式的总
结,实际上与"权变"的含义非常吻合。

二、权衡应变

纵横家活动以权变为主要内容,这是纵横家区别其他思想学术的主要
特质。纵横家以权变为基本技能,他们首先善于权衡轻重,较量长短,揆度
利害;在权衡的基础上,再做出相应的改变和调整。事实上,纵横家之所以
活跃在战国历史的舞台,主要原因就在于他们长于权变。当时各个国家、君
主、贵族面对纷乱动荡的局面急需一批能谋善断且善于游说经营的士人,为
其决断利弊祸福,为其转危为安。社会的纷繁与动荡,使得祸福得失瞬间转

变，难以把握。纵横家依靠他们广博的学识、精明的头脑，往往可以识别轻重，看穿迷雾，避免陷阱，获得优势。翻检《战国策》一书，不难发现纵横家平日所为，皆在权变：考虑时势，权衡得失，应时而动，随机而变。

战国时期，纵横家的权变常常用在个人利害祸福上面，权衡得失轻重，实现趋利避害。甘茂率兵攻打宜阳，三鼓之而士卒不肯上前。于是甘茂自己出资，为将士行赏。《战国策》载曰："于是出私金以益公赏。明日鼓之，宜阳拔。"甘茂当时处境艰难，"内攻于樗里疾、公孙衍，而外与韩侈为怨"。若不能攻下宜阳，必定陷入困境。面对此种情形，甘茂一方面勉力作战，不遗余力，另一方面损己之财，犒赏将士。以损私财换取功业，以轻博重，可谓善于权变。

善于权变，对于个人而言，有时候意味着增加收益。吕不韦资助公子异人，受益巨大，"子楚立，以不韦为相，号曰文信侯，食蓝田十二县"。吕氏活动之根本正在于权变，其所收成，实在源于善权。吕氏在资助公子异人之前，先有一番权衡。《战国策》载吕氏父子衡量得失之言，曰："耕田之利几倍？曰：十倍。珠玉之赢几倍？曰：百倍。立国家之主赢几倍？曰：无数。曰：今力田疾作不得暖衣余食，今建国立君，泽可以遗世。愿往事之。"当赵国不放公子异人回国，吕不韦又替赵国权衡得失，说服赵人，达到目的。吕氏曰："使秦而欲屠赵，不顾一子以留计，是抱空质也。若使公子异人归而得立，赵厚送遣之，是不敢倍德畔施，是自为德讲。"赵国于是放了公子异人。

当然在更多的时候，纵横家权变还是用于筹划国家形势。苏秦、张仪等纵横家曾经游历诸国，庭说诸侯，取将相之印，得封爵之赏，其作为正在于权衡利弊，巧于应变。苏秦游说楚威王，认为"从合则楚王，横成则秦帝"，劝其莫释霸王之业，"而有事人之名"。苏秦游说韩王，劝其宁为鸡口，莫为牛后。苏秦认为"天下之强弓劲弩皆自韩出"，以为韩国交臂事情，乃是市怨买祸，"大王之地有尽，而秦之求无已。夫以有尽之地而逆无已之求，此所谓市怨而买祸也，不战而地已削矣"。苏秦游说齐宣王，认为齐国乃四塞之国，民富国实，"天下不能当"，劝其莫要西面事秦。苏秦认为齐国形势与韩、魏不同，韩、魏两国与秦国接壤，犬牙交错，在实力大小悬殊的情况下，确实不利。"韩、魏之所以畏秦者，以与秦接界也。兵出而相当，不至十日，而战胜存亡之机决矣。韩、魏战而胜秦，则兵半折，四境不守；战而不胜，以亡随其后"。与韩、魏不同，齐国远在东方，相隔遥远，重重险阻，高枕无忧。"秦虽欲深入，则狼顾，恐韩、魏之议其后也。是故恫疑虚猲，高跃而不敢进，则秦不能害齐，亦已明矣"。只有善权轻重，才能懂得治政要领，避免本末倒置。这也是权变之术对于治国为政的意义。

三、权衡方法

纵横家善于权衡利弊,随机应变,与他们有条不紊、层层分解、逐一分析的考量方法有紧密关系。《战国策》载无名使臣为齐国献书赵王之事,极有技巧。他首先逐一分析大臣反对赵王接见自己的动机和原因,或因为私欲加以阻止,或因为识见不够加以阻止,或因为另有所图加以阻止,条分缕析,面面俱到。使臣没有一起指责,而是逐一分解,极有思路。然后,使臣使用对比法、换位法以及假设法论证拥有齐国之重要。"齐先重王,故天下尽重王;无齐,天下必尽轻王也。"无论秦、赵、韩、魏,有齐无齐,差别甚大,对比明显;秦、韩、魏有齐与赵有齐,结果迥然不同;假如赵果真无齐,后果将不堪设想。这是纵横家的特点,权事谋变,条分缕析,逐一分解。其分析阻止者的动机,分析接见自己的利益,穷形尽相;其言有齐无齐,对比明显,利弊自见。

权衡并不是一件容易的事情,它不是静态的比较,而是动态的考虑;它不是单维度的计算,而是复杂因素的综合考虑。楚国景鲤曾经展示了这种功夫。《战国策·楚王使景鲤如秦》载曰:

> 楚王使景鲤如秦。客谓秦王曰:"景鲤,楚王使景所甚爱;王不如留之以市地。楚王听,则不用兵而得地;楚王不听,则杀景鲤,更不与不如景鲤留。是便计也。"秦王乃留景鲤。景鲤使人说秦王曰:"臣见王之权轻天下,而地不可得也。臣之来使也,闻齐、魏皆且割地以事秦。所以然者,以秦与楚为昆弟国。今大王留臣,是示天下无楚也,齐、魏有何重于孤国也?楚知秦之孤,不与地,而外结交诸侯以图,则社稷必危。不如出臣。"秦王乃出之。

景鲤之权衡所以高明,在于他认识到天下并非只有秦楚关系。秦楚关系,乃是动荡复杂国际环境中的一维而已。得失利弊,不仅仅发生在单维度的线上,更在于国际环境的复杂空间。秦国扣留景鲤,无论楚王出地与否,秦王固然皆能占得优势。但是秦楚关系有一个更大的国际空间,对秦国有影响者并不只是楚国,利害得失亦不完全系于一个楚国。秦人在此单维关系中所得,恰恰导致国际空间中的更大损失。得之一隅,却失去天下之利。

四、危险诡诈

《汉书·艺文志》评议纵横家思想,以为权事制宜是其长处,然而,"邪人为之,则上诈谖而弃其信"。这是说纵横家容易流于欺诈而不守诚信。班固在汉初纵横家蒯通传末,有一个评论,将蒯通视为利口覆家的小人,与栾书、竖牛等人同伍,"仲尼恶利口之覆邦家,蒯通一说而丧三俊,其得不亨者幸也"。这是说纵横家便辟利口,奸诈阴险。

纵横家游说,权变是根本,言辞却是最重要的工具。纵横家对于措辞、表述与修饰等多有用心,对于如何通过言语触动、震撼对象并使其发生改变,特别讲求。他们善用排比、对比、比喻、夸张等修辞手段,善用典故、俗语、寓言等材料,增强表达的效果。这些都是有效达到游说目的的重要方法。

苏秦游说列国君臣,分析形势利害,言辞整饬,极有气势。苏秦论事,罗列证据,反复枚举。比如其言功业必须成于战伐,竟然列举九事,尤其雄辩。《战国策·苏秦始将连横》曰:"昔者神农伐补遂,黄帝伐涿鹿而禽蚩尤,尧伐骧兜,舜伐三苗,禹伐共工,汤伐有夏,文王伐崇,武王伐纣,齐桓任战而伯天下。由此观之,恶有不战者乎?"排比之外,苏秦又多用夸张。苏秦曾经游说楚国,三天之后才见到楚王,故而心有不满。待到与楚王见面,苏秦曰:"楚国之食贵于玉,薪贵于桂,谒者难得见如鬼,王难得见如天帝。今令臣食玉炊桂,因鬼见帝。"这是对楚王难见的夸诞,极有表达效果。楚王听罢,曰:"先生就舍,寡人闻命矣。"

言过其实,形成谬误,如果刻意为之,居中得利,则是欺诈。纵横家巧言利口,往往出于欺骗。不过,纵横家行欺骗,千变万化,不限于巧言利口一端。他们在游说过程中,常常以偏概全,以假乱真,表里不符,有一种狡诈的特点。

纵横家善于权变,对于利害得失看得非常清楚,但是在游说、经营过程中,他们却常常言利不言害,挂一以漏万,以利诱导对方,使其接受自己设定的结果,而不是做出合理的、自由的选择。庸芮骗秦宣太后,即是此类。《战国策·秦宣太后爱魏丑夫》载曰:

> 秦宣太后爱魏丑夫。太后病将死,出令曰:"为我葬,必以魏子为殉。"魏子患之。庸芮为魏子说太后曰:"以死者为有知乎?"太后曰:"无知也。"曰:"若太后之神灵明知死者之无知矣,何为空以生所爱葬于无知之死人哉?若死者有知,先王积怒之日久矣。太后救过不赡,何暇乃私魏丑夫乎?"太后曰:"善。"乃止。

按照逻辑推导,死后是否有知跟魏丑夫是否应该殉葬,或者说,死后是否有知跟殉葬有无意义,可以搭配成四个结果,但是庸芮仅仅从中挑选了两个对魏丑夫有利的选项,欺骗秦宣太后。其中道理可以这样表述:如果人死之后没有知觉,那么,(1)魏丑夫不必殉葬,因为没有益处;(2)魏丑夫可以殉葬,因为没有坏处。如果人死之后,尚有感觉,那么,(3)魏丑夫不能殉葬,因为害怕秦宣王在地下追究太后背叛一事;(4)魏丑夫应该殉葬,因为有知觉的宣太后在地下会感到落寞,有此需要。庸芮站在魏丑夫的立场,从中选择(1)和(3),用以对付宣太后,使其放弃殉葬的要求。而对于选项(2)和(4),却始终不提,此即欺诈。

纵横家对于世俗人情有深刻的体认,熟知人际交往的许多道理,他们深知暗中出力,出其不意,易得先机,取得优势;假借他力,不自操作,藏身幕后,效果更好;不表立场,假装公正,更易为人信服;手法间接委曲,比起直接急躁,更易成功。所以,纵横家在谋事求利过程中,常常有一种处心积虑的、阴险的特点,让人防不胜防,难以抵御。甘茂为秦国攻下宜阳重地,韩国公仲为此仇恨甘茂。宜阳之战以后,甘茂因为特殊的原因,曾经力劝秦王将武遂归还韩国。秦王当时已经怀疑甘茂之举出于讨好韩人,缓解仇恨。之后,公仲派杜赫跟秦王说,自己愿意通过甘茂向秦王效劳,给秦王造成公仲跟甘茂交好有私的印象,进一步加深秦王对甘茂的怀疑和猜忌。秦王中计,甘茂果然受伤,"大怒于甘茂"。公仲对甘茂的仇恨很深,持续很久,但是公仲却一直隐忍等待,伺机而发。直到他找到了一个合适的机会,才一举中的,陷害了甘茂。这种隐藏起仇恨、暗中使劲的手段,极有阴险的特质,让人很难防范。

纵横家谋事,为求自保,常常转嫁灾祸,视他人、他国为工具。纵横家为求荣利,常将无辜之人作为跳板,或杀戮之,或摧残之。前者可谓"苟患失之,无所不至",后者可谓利之所在,人尽可除。纵横家这种视他人、他国为无物的倾向,极为狠毒。仇恨因此而弥漫,残杀因此而扩散。《韩非子》载有战国时期的几则史实,见出纵横家视人为物的狠毒本色。司马喜与季辛有怨,为了栽赃陷害季辛,他暗中派人杀害爱骞。因为爱骞与季辛有矛盾,爱骞被杀,季辛成为首当其冲的嫌疑犯。中山君根据季、爱之间的矛盾,以为季辛杀害了爱骞,将其诛杀。真正的凶手司马喜不但逍遥法外,而且借中山君铲除了仇人。在司马喜与季辛的仇怨中,爱骞是一个无关的人,但是为了铲除仇人,司马喜不惜滥杀一个无辜又无关之人。这就是狠毒。与司马喜的狠毒相似,陈需也通过残杀一个与自己素无恩怨的旁人,达到铲除对手的目的。"犀首与张寿为怨,陈需新入,不善犀首,因使人微杀张寿。魏王以为犀首也,乃诛之"。在这里,嫉妒、仇恨已经泯灭了一切良知与人性。人尽为物,是达到目的的棋子,可以任意处置,随意杀戮。

第三节　善识人心

纵横家庸俗的人生观和价值观,常常遭到诟病,然而也正是因为他们游走世主权贵之门的经历,加上这种庸俗的人生取向,使得他们对于人情人心等有着深刻的体认,有着高超的把握能力。对人心的深刻认识,又反过来帮助他们在游说过程中更加容易获得成功。可以这样说,纵横家庸俗的人生观和价值观,让他们遭到批判,也使他们精通世道人情,方便其游说权变。

甘茂任秦相期间,秦王宠幸公孙衍,甘茂很有压力。秦王有一次对公孙衍说,自己将要起用他担任秦相。不巧,此话被甘茂属吏听到。甘茂得到这个消息,马上晋见秦王,祝贺秦国新得贤相。秦王问其消息来源,甘茂诡称公孙衍告知。秦王之言,本为密语,不欲甘茂知晓。秦王以为,公孙衍竟然将此事告知甘茂,可见其人不可任用。于是,"王怒于犀首之泄也,乃逐之"。甘茂伪托公孙衍之言,固是诡诈,但是也见出他对君主心思有精准的把握。战国时期,君王治国,必须任用能人,但又担心遭人蒙蔽与暗算,不会放心一人独揽大权。若能使大臣互相牵制,互相督察,对于君主而言,是较为理想的选择。因此,君主对于大臣,常有隐秘不宣之事,大臣漏泄隐秘,则是大忌。甘茂陷害公孙衍,如愿以偿,见出他对于君主之用心颇有了解。

纵横家对于人心的观察,有时极有穿透力。齐、韩、魏三国曾经联手对抗秦国,攻入函谷关内。为了缓解危机,秦王考虑割让河东之地。楼缓认为此事较为棘手,所以自己不表态,而让秦王找公子池商量。公子池认为讲亦悔,不讲亦悔,"王割河东而讲,三国虽去,王必曰:惜矣,三国且去,吾特以三城从之。此讲之悔也。王不讲,三国入函谷,咸阳必危,王又曰:惜矣,吾爱三城而不讲。此又不讲之悔也"。可见,公子池对于人心极有了解。从本质上讲,秦王易悔,乃是物欲难穷的体现。有生之属,人力弱小,既无利足,又无猛爪。因为个人不能自存,不能随时自给,必须储存待乏,以应后需,故而人欲最深,最难满足。知足常乐,然而人心常常难以自足。当忧患来临,为求解脱,不惜一切代价,祈求改善,有所获得;当忧患已除,又会恋恋不舍,对失去耿耿于怀。能自足者,得失自在,顺时而变,既不贪得无厌,也不视财如命。然而常人之性,却苦于不得自足。正因为人心不足,所以与人谋事极为不易。有所得,嫌其少;必有失,嫌其多;永无止息,难以惬怀。楼缓所以回避,公子池所以认为最终结果都是后悔,说明的正是这层道理。从中,也可以看出纵横家对人心了解之深。

人心不易满足，固然导致贪欲无穷，酿生许多悲剧，然而也正是因为不自足，所以才有多多益善，精益求精，百尺竿头，更进一步，才有不断超越的实践。欲求本身难言善恶，要在抉择所事所为。儒家思想所以不赞同清空人心欲求，主张"礼义以为器，人情以为田"，正是因为看到人心欲求是修身的根本，是不断超越的源泉。纵横家未必对人心欲求有如此辩证的认识，对其顺势引导，但是他们对于人欲难穷却有深刻的认识，对于如何利用这种本性达到目的，有着高超的把握能力。

人欲难穷，源于人力微弱，这是人心的一个方面。人欲不一，需求多元，则是人心的另外一个方面。人类结群，构建社会，依以存续，故而衣食安全之外，又有荣名、尊严、超越诸种需求。随其贫贱尊贵不同，欲求各有侧重，然而人欲不一，确然不疑。亚伯拉罕·马斯洛（Abraham Maslow）以人类需求之层级加以描述。从本质上讲，人类需求多元，人欲不一，源于人类结群生活的现实。人类立足社会，不可凭借一己之力，人格卓越，人际信赖，人群认可，皆为必须。因此，人生在世，既有利诱，又有名惑，既有物欲，又有骄傲，既有近利，又有远求，可谓多元不一。纵横家对人心的深刻认识，也包括这一层内容。《战国策》载张仪之楚之事，即可见出纵横家有这种洞察力。潦倒穷困的张仪，曾以中原美女引诱楚王，"王徒不好色耳？"楚王稍有兴趣，张仪于是极度夸张中原女子之美貌，"彼郑、周之女，粉白墨黑，立于衢间，非知而见之者以为神。"楚王被张仪之言打动，"乃资之以珠玉"。离开之前，张仪请求楚王安排与夫人共饮，楚王乃"召南后、郑袖而觞之"，张子此时认罪，亲承欺骗楚王，"仪行天下遍矣，未尝见人如此其美也。而仪言得美人，是欺王也"。楚王闻此赞美，大度地表示不予追究，"子释之。吾固以为天下莫若是两人也"。张仪以中原美女引诱楚王，因为人有色欲。张仪欺骗楚王，却能逃脱惩罚，因为人有荣名之欲。张仪虽然没有满足楚王好奇之色欲，却迎合了他的虚荣心。正是因为张仪对人心需求不一有深刻的认识，所以他能开能合，收纵自如。

人心深藏难测，纵横家所以能够探得幽秘，与其独到的体察方法有关。人心虽然不可触见，然而善于观察，却能从日常生活的细节中，寻觅到蛛丝马迹。这叫做一叶知秋，纵横家特别精于此道。比如薛公察齐王之心，即为实例，"齐王夫人死，有七孺子皆近。薛公欲知王所欲立，乃献七珥，美其一，明日视美珥所在，劝王立为夫人"。内心有所倾向，必然表征于外，善于察微，自可得其中情。或谓昭鱼识楚王之心，亦同此理。《战国策》记载，楚王后死后,有人建议昭鱼劝立新王后,但是昭鱼担心如果自己的倡议没有得到楚王采纳,将使得自己处于尴尬的境地。建议者认为,可以买来五双珥,"令其一善而献之王,明日视善珥所在,因请立之"。与薛公之术,异曲同工。

察微知著之外,纵横家又擅长反躬自省,探得人心。"人心不同,各如其面",这是在说差异;"人同其心,心同此理",这是在说相同。欲得人心之真相,必须兼顾二者,察同存异,否则走向极端,不得人心之本来面貌。既然人心本有趋同一端,因此反躬内省,自可实现"他人有心,予忖度之"。这方面最有名的事例来自龙阳君讽魏王,《战国策·魏王与龙阳君共船而钓》载曰:

> 魏王与龙阳君共船而钓,龙阳君得十余鱼而涕下。王曰:"有所不安乎?……曰:"臣为王之所得鱼也。"王曰:"何谓也?"对曰:"臣之始得鱼也,臣甚喜,后得又益大,今臣直欲弃臣前之所得矣。今以臣凶恶,而得为王拂枕席。今臣爵至人君,走人于庭,辟人于途。四海之内美人亦甚多矣,闻臣之得幸于王也,必褰裳而趋王。臣亦犹曩臣之前所得鱼也,臣亦将弃矣,臣安能无涕出乎?"魏王曰:"误!有是心也,何不相告也?"于是布令于四境之内曰:"有敢言美人者族。"

龙阳君以自己钓鱼的心境,探得魏王贪求美人之心境,极为高妙。从本质上讲,得小望大与得陇望蜀、见异思迁、喜新忘旧一样,皆是人欲难穷之体现。龙阳君由己及人,他人有心,我自度之,手法巧妙。

第四节　熟谙世情

根据《战国策》的记载,纵横家游说诸侯基本上不涉及鬼神之事,他们的游说活动主要基于利害权衡,关乎世俗人情。这是纵横家区别于儒家、法家、名家、道家以及宗教学派的地方。

第十三讲纵横家思想选讲下

第一,纵横家游说诸国,尤重利害。纵横家之权变,主干在于利害权衡。苏秦、张仪诸辈游历众国,皆是以利动人,以害禁止。齐宣王曾经乘燕国有丧事,袭击燕国,得到十城,苏秦为此游说齐王。在游说过程中,苏秦不谈乘人之危乃是不道德,没有谈不伐丧、不虐孤的传统,只讲利害祸福。"人之饥所以不食乌喙者,以为虽偷充腹而与死同患也。今燕虽弱小,强秦之少婿也。王利其十城而深与强秦为仇。今使弱燕为雁行,而强秦制其后,以招天下之精兵,此食乌喙之类也"苏秦认为齐宣王偷袭燕国,犹如食乌喙以充饥,得眼前之小利,却招致事后的大害。

十城是小利，遭强秦进攻是大害。

君主治国，儒家思想尤重仁义道德，慎言利害。孟子将这种倾向发展到极致，其说梁惠王曰："何必曰利？亦有仁义而已矣。"孟子反对说利，一者基于自己对仁政的推崇，以为仁政至善和谐，仁者无敌；另一方面也因为看到为政以利，危害甚大，"上下交征利，而国危矣！万乘之国弑其君者，必千乘之家；千乘之国，弑其君者，必百乘之家。万取千焉，千取百焉，不为不多矣；苟为后义而先利，不夺不餍"。《礼记·大学》则主张治国应当以义为利，"国不以利为利，以义为利也。长国家而务财用者，必自小人矣。彼为善之，小人之使为国家，灾害并至。虽有善者，亦无如之何矣！此谓国不以利为利，以义为利也"。

纵横家谋事本于利害，恰有急切功利之弊。《战国策·秦王谓甘茂》载曰：

> 秦王谓甘茂曰："楚客来使者多健，与寡人争辞，寡人数穷焉，为之奈何？"甘茂对曰："王勿患也，其健者来使者，则王勿听其事，其需弱者来使，则王必听之。然则需弱者用，而健者不用矣，王因而制之。"

甘茂帮助秦王摆脱困境，在秦楚交涉当中取得优势，固然是权变狡诈的体现，但是也见出纵横家谋事具有世俗的一面。秦国少有杰出的外交人才，与楚国谈判常处于劣势。假如儒者面对这个问题，他们会强调本末兼治，主张兴教化，举贤能。假以时日，秦国外交人才匮乏的现状必定得到改善，其与楚国相较之劣势得以扭转。然而，作为纵横家的甘茂却选择对现有资源作好调配与整合，从中获得暂时的、相对的、竞争的优势。这正是纵横家谋事急切功利、世俗权宜的体现，他们未必在意实力的真正提升和改善，只在意眼前竞争、较量的胜出与优势。

第二，纵横家不但对于人心有深刻的认识，对于人世的道理也有很深的体认。纵横家在长期游说过程中，接触到人事的盛衰变化、人情的变化无常，所以他们对于适可而止有着深刻的认识。可以讲，在不过节度这一点上，纵横家与儒家在某些场合能够殊途同归。"读万卷书，行万里路"，读圣贤书，聆听教诲，固然可以修行大道；熟察世务，人事练达，有时候同样可以识得道理。比如说，纵横家陈轸言"画蛇添足"，即表达了这种适可而止的意思。《战国策》载其言曰：

> 楚有祠者，赐其舍人卮酒。舍人相谓曰："数人饮之不足，一人饮之有余。请画地为蛇，先成者饮酒。"一人蛇先成，引酒且饮之，乃左手持

卮,右手画蛇,曰:"吾能为之足。"未成,人之蛇成,夺其卮曰:"蛇固无足,子安能为之足?"遂饮其酒。为蛇足者,终亡其酒。今君相楚而攻魏,破军杀将得八城,不弱兵,欲攻齐。齐畏公甚,公以是为名居足矣。官之上非可重也。战无不胜,而不知止者,身且死,爵且后归,犹为蛇足也。

陈轸为齐游说,固有立场,但是在昭阳个人的立场,陈轸所言不无道理,适可而止也是值得考虑的明智选择。

为什么要适可而止呢?纵横家有多种理由,首先在于人事无常,盛衰变化,因此,见好就收,适可而止,方能善始善终,不至于因为过度而前功尽弃,自贻灾祸。蔡泽劝应侯分功,便是这种意思。"日中则移,月满则亏,物盛则衰,天之常数也。进退盈缩变化,圣人之常道也"。又曰:"秦之欲得矣,君之功极矣,此亦秦之分功之时也!"纵横家对于人事无常、盛衰不定有着很深的认识。所以,他们一方面强调及时建功,把握时势,甚至急功近利。另一方面他们也强调时过境迁,见机识变,适可而止,不要过度执着,自取烦恼。

适可而止,落实到人事,首先表现为保存实力,不要竭泽而渔,不要拼死一搏。淳于髡劝齐王表达的正是这种意思。《战国策·齐欲伐魏》曰:"韩子卢者,天下之疾犬也。东郭逡者,海内之狡兔也。韩子卢逐东郭逡,环山者三,腾山者五,兔极于前,犬废于后,犬兔俱罢,各死其处。田父见之,无劳倦之苦,而擅其功。今齐、魏久相持,以顿其兵,弊其众,臣恐强秦大楚承其后,有田父之功。"不懂得适可而止,耗尽力量,必定遭人暗算,从而使第三方轻易获利。

纵横家对于人世事物的复杂性,有着深刻的认识。事实上,人本身就是复杂的,有人表里如一,有人则内外不齐,有人德才兼备,有人偏偏有所欠缺。了解人世事物的复杂性,才懂得不拘一格,灵活变通,才能够察其本质。人世事物的复杂性,还表现在人事会前后变化。有时候前忤而后合,有时候前合而后忤。善于权衡轻重者,自有选择。《战国策·韩赵相难》曰:"韩赵相难。韩索兵于魏曰:愿得借师以伐赵。魏文侯曰:寡人与赵兄弟,不敢从。赵又索兵以攻韩,文侯曰:寡人与韩兄弟,不敢从。二国不得兵,怒而反。已乃知文侯以讲于己也,皆朝魏。"可见,魏文侯对于人情反侧、人事变化有很深认识,其待韩、赵借兵,即有此意。

第十四讲　文学概论

　　今天我们接着来讲传统文学,文学史在论述文学发展时,标准往往是文学性的,看重作品在艺术感染力、审美创造性方面的特质。作品选在遴选作品时,看重那些注重形象性、叙事性的文字,看重感情色彩浓烈、行文富于气势的篇章,看重表现手法多样、写作技巧灵活的文章,看重语言生动、讲究修辞方法的选篇。实际上,中国古代文学的分期在很大程度上正是体现了文学本位的眼光。基于这种标准,《尚书》和《春秋》在历史散文部分只是语焉不详地被提及,因为在叙事艺术上,它们只是比甲骨卜辞、殷周铭文稍进一步。《左传》《国语》《战国策》则标志着叙事散文的成熟,各种文学史予以重点介绍,大量作品被选入作品选。《荀子》和《韩非子》被视为诸子散文的成熟阶段,而《论语》《老子》只是初级阶段,这种定位的标准也是纯文学的,因为无论文风浩然、形象感人、诗意盎然,还是犀利峭刻、周密严谨,都不涉及这些经典著作在思想文化史上的价值,不涉及它们在道德伦理、思想教化层面对后世的巨大影响。

第一节　文学的概况

　　中国传统的经史子集四部分类,既是图书的分类,也是学术的分类。有经部之书,也就有经学;有史部之书,也就有史学;有子部之书,也就有子学。古人常说经史之学,经史诸子之学,就是这个道理。有集部之书,也就有集部之学。今天我们常将集部之学说成是文学。虽然集部也有古人的经学文章,史学文章,但是就其总体情况而言,还是以文学为主。

经学在汉代走向极盛,汉魏之际走向衰弱,不过一直存在,到清末民初,西学涌进学校教育,考核方式改革,经学失去了最后的根据地。史学从魏晋开始走向繁荣,然而进入当代,史学也开始出现种种弊端,比如庸俗化,成为官方、权威理论的注解,失去探索真相的追求;比如琐细化,沉迷于局部的、细小的考证和讨论,失去全局的视野,宽广的眼界;比如僵化,史学成为知识的记忆与复述,失去开拓新知、发掘真相的努力;还有方向的迷失,在西方一波又一波史学思潮的冲击下,中国的史学开始迷失,丢掉自己的传统,拥抱迎合西方的思潮,放弃求善的传统。子学,在中国历史上有战国、汉初两个时期较为辉煌,其他时候基本处于萎缩和蛰伏的状态。与这些学问相比,中国文学似乎一直比较稳定,没有太多起伏。特别是进入现代以来,随着中国语言文学学科的建立和强化,文学的创作与文学的研究,一直拥有得天独厚的条件。文学的意义与价值,也少有质疑。

不过,中国传统的文学,与现代语境下的文学,毕竟有不尽相同之处,值得指出来。现代的文学概念,更多的时候受到学科语境的影响,刻意保持与哲学、历史、科学、艺术、伦理学等学科的距离,突出语言文字、审美感染、情感抒发等特质。现代文学的概念,是一个分割的、相对的概念。文学要尽量回避实用的、理论的、抽象的特质,要彰显形象的、生动的、感人的特性。

第二节 当前的文学观念

这种文学观念,带来的问题,首先是视野狭小。带着这种文学观念,去审读中国古代的文学,首先会去掉一大批经学、史学、子学著作,因为它们或者讲伦理道德,或者讲哲学思想,或者讲历史变迁,都不是纯粹的文学作品。然后集部之学中许多论学、论政的文章也会遭到淘汰。即便有些作品被保留下来,研究的

第十四讲文学概论上

时候,也主要讨论其形象性、艺术性、感染力,运用意境、意象、修辞等术语进行解剖和分析,常常忽略它的思想价值,它的学术价值,它的社会政治意义。

这种文学观念,带来的另一个问题,就是割裂传统。从追溯文学发展的角度,视《诗经》为中国最早的诗歌总集无可厚非,但是我们要知道,在中国的学术传统中,《诗经》并不属于文学一类。今天的读者如果去找《诗经》及其研究著作,不要指望能从收录文学的"集部"有所发现。《诗经》一直就在"经部",它是儒家重要经典之一。无论我们去查阅"四分法"系列的目录学著作,还是其他分类系列的目录学著作,《诗经》的研究著作始终归在经部。

从中,我们可以看到自汉至清的研究著作。这些著作涉及诗序、诗教、引诗、用诗等问题,涉及以诗论世、以诗观世、以诗证史等研究。不但《诗经》的内容广博,无所不包,历代对《诗经》的解读和研究也是众流皆备,异彩纷呈。这些研究和解读无疑有益于文学的学习。但是,专门从文学角度解读《诗经》,"诗人之义""兴观群怨""温柔敦厚"等主题势必遭到忽略,而这些主题曾经是《诗经》传统中至为重要的元素。

这种文学观念,带来的第三个问题就是蜻蜓点水,未能发掘经典的全部底蕴。这方面,问题最严重的是《春秋》。孟子曾说:"孔子成《春秋》而乱臣贼子惧。"后世学者论《春秋》"有贬无褒",有嫌极端。"褒贬赏罚"的结论,今天也须审慎对待。但是《春秋》不是对历史事件的单纯记录这一点却是可以肯定的。《春秋》一书寄托了孔子的政治理想,书中表达了对时势的认识和批判,表达了反对篡夺僭越、诸侯兼并、天下分裂的主张,这就是"春秋大义",很难说这种思想已经完全过时。然而当前文学界却是弃经讲传,抛开《春秋》讲《左传》,甚至以《左传》叙事之富美来对照《春秋》之简陋,对于"春秋大义"基本上不加涉及。严格地说,这种文学观念在春秋学领域是见小不见大。《左传》得名缘于注经,《左传》五十凡例与"春秋大义"密切相关,《左传》叙事之完整与《春秋》之奖善罚恶分不开,因为完整的兴衰历程适可窥见德行礼义之价值。《左传》写人叙事之"言止而意不尽"与《春秋》笔法之"寓褒贬于叙事"分不开。背离春秋学的传统,甚至连疏通文本都很难做到,比如《左传》经常提到"不书,不告也","不书,亦不告也",这些内容离开经传的传统,无法阐释清楚。

黄霖教授曾感叹,"对于近代文学与文论的研究,抛开了经学这条线,虽不能说全都如瞎子摸象,也免不了时或隔靴搔痒"。其实又何止是近代文学和文论,离开经学、史学与子学,中国传统文化的精神从何谈起,文学研究又如何能够登堂入奥,得其精髓呢?

第三节 大文学观念

其实中国传统社会的文学观念,很多时候是大文学观念,并不排斥实用、伦理、教化,也不与史学、思想隔绝。文学也不只少数人吟风诵月的工具,它更是社会生活的能力,是一种生活的方式,与社会人生紧密相关。《左传》僖公二十三年,秦穆公宴享晋公子重耳,重耳的舅舅狐偃,说自己的文采不如赵衰,让赵衰陪重耳前往。重耳见到秦穆公先点了一首《河水》,让乐工演奏,赋诗言志,表示自己犹如百川归海,忠于秦穆公。秦穆公点了一首《六月》,也是《诗经》中的作品,表示自己已经将重耳视为诸侯。赵衰这个时候让重耳赶紧下台阶,拜谢秦穆公的美意。这就是文采,用合适的方式表达自己的感情和意象,用得体的方式与人交往。文学应该走进生活,走进社会,有益于社会人生。

《左传》襄公二十五年,郑国子产,面对霸主晋国人的层层质询,子产极尽雄辩之能事,使得晋人难以诘难。事后,孔子说,"言之无文,行而不远",说话没有文采,不会传之久远,不会有很好的效果。文采、文学才华,不只是几首小诗,几篇小说,文学更是维护主权、维护尊严的手段,文学是生活,文学是奋争。

其实,孔子本人说话,在表述自己思想的时候,也非常有文采。他说,岁寒知松柏之后凋也,说苗而不秀者有之,秀而不实者有之,说君子之德风,小人之德草,草上之风,必偃,说朽木不可雕也。这些都是文采斐然的例子。孟子、庄子、墨子、韩非子,多有如此,很多比喻,非常精妙。

汉代以来诸家学者的研究,多使用大文学的观念。从这种观念来研究古代文学,或有不同的发现。举个例子来说,长期以来,《离骚》的教学留给学生的常常是几句名言,谈不上深刻的体认。今天甚至出现各种对《离骚》的歧解、戏说和怪论。其实,要让《离骚》走进读者的心坎,必须让它进入兼善独修的文化传统,扩大文学的视野。须知屈原的忧愁并非一己之愁,并非单纯的故国之思,它更具有普遍、永恒的人生意蕴。从屈原的忧愁中,我们可以看到人生困境的多重内涵:(1)理智与情感的冲突:"余固知謇謇之为患,忍而不能舍也";(2)自我与他人的冲突:"众皆竞进以贪婪兮";(3)内修与遭际的冲突:"苟余情其信姱以练要兮,长顑颔亦何伤";(4)及时努力与人生易老的冲突:"汨余若将不及,恐年岁之不吾与";(5)身与心的冲突:或"南征",或"上征",或"远逝",然其魂牵梦绕之用心所在,无时无刻不在"旧乡",一个永远逃不出的故乡。这些困境今天依然以不同的面目存在于我们的时代与生活,每当我们要成就卓越时,这些心路历程依然摆在每个人面前。这些发挥不能说是纯文学的分析,它以人生修行为关注点,从社会的视野看待个人,从个人的角度体认社会,它更是大文学的观念。

第四节　文学的价值

孔子关于《诗经》的价值,曾有一个论述。"诗可以兴,可以观,可以群,可以怨"。这就是有名的兴观群怨说。今天看来,孔子的这个说法,完全可以用来说明整个文学的价值。诗可以兴,是说文学可以激发情感。文学描写美的、善的、真的事物,又用美的语言,特别容易激发人心中向善的、向上的情感。孔子说:"诗三百,一言以蔽之,思无邪",其实又何止是《诗经》呢?中国古代的文人在创作诗歌的时候,在撰写文章的时候,常常立意中正,文章千古

第十四讲文学概论下

事,有人伦教化的使命感,所以中国传统的文学作品常常激发人性的光辉,或者使人刚健有为,或者使人直面挫折,或者使人充满温情,或者使人宽容待物。

诗可以观,是说文学的认识作用。通过文学作品我们可以认识社会现实,体察风俗民情,考察政治得失。中国古代文学绵延千年,记载历朝历代的人情世故,许多作者又是博学多闻,因此古代文学常常给人以历史的知识、人情的学问、社会的智慧。

诗可以群,是说文学的交流功能。人们可以在社会生活中赋诗言志,互相沟通思想感情。经典的文学作品,代代传诵,成为人际交往的平台。生活在同一个文化传统下的人们,对于某些古典文学的意象、典故,有共同的、心照不宣的默契。春秋时期,赋诗可以言志,《诗经》成为人们交往的工具和凭借。今天,古代文学也已经成为人们交往的工具,柳树代表挽留,荷花表示高洁,松竹代表清高,曹操的奸,关羽的忠,都是具有象征意味的符号,供人们交流之用。如果有人说他是郑庄公,说他是曹操,实际上是在说他奸诈。如果有人说他一片冰心在玉壶,那是在赞美。这就是文学的交流作用。

诗可以怨,是说文采的价值,是说诗歌可以用来讽刺不良社会政治,批评某些社会现象,发挥讽谏和怨诉的功能。孔子所说的怨,范围广泛。社会生活的各个方面,人际关系的各种面相,情感要求得不到实现时的各种忧伤、感叹都是怨,需要表达。但是言之不文,行之不远。好的倾诉,让人内心震颤,好的表达,让人心有戚戚。多读优秀的文学作品,对于表情达意的能力提高,毫无疑问具有价值。

第十五讲　传统国学总论

　　这是本书的最后一讲。首先,对本书的内容,简单做一个总结。本书旨在通过较为系统的讲论,增进读者对中国传统国学的了解,因此,讲授了传统国学相关的知识;旨在加深对中华优秀传统文化的体悟,因此,我们对国学的要义、礼学的精神、史学的传统、文学的价值、诸子学的思想要旨等进行分析和讨论。从总体上讲,传统国学,无论经史之学,还是诸子百家之学,对于社会人生都有深切的关注,从个人的角度关注社会,从社会的角度体悟人

第十五讲传统国学总论

生。因此,我们希望这个教材能够培养读者对祖国文化的温情,提升个人的修养,从而更好融入社会。

　　本书重视原典的阅读,内容较多使用原典材料。读者会有许多机会直接面对原典。本书还比较重视学术史的材料。对于《汉书·艺文志》等材料使用较多,对各家思想学术的概括分析,较多使用通行的、常见的学术史资料。

　　本书以社会人生为线索贯穿全部内容。本书不是专门的概念的阐释,不是纯粹的学理讨论,而是重在发掘经学、礼学、史学、子学、文学等在社会治理、政治改良方面的观点和主张,在修己立人方面的见解和智慧,恢复传统国学的要义,让传统国学走进现实的社会人生。

　　我们相信传统国学有益于社会人生。学过儒家思想、道家思想、法家思想与名家思想之后,我们在思考社会问题、个人问题的时候,不可避免地站在他们的角度进行重新地审视,借用他们的方法进行分析。因此,传统国学丰富了我们看问题的角度,宽阔了我们的视野,提供了更多的解释方案与解

决思路。学过传统国学,使得许多原本以为理所当然的事情,原本以为不容置疑的现象,现在变得复杂起来,在判断处置的时候,多了一层审慎和反思。

学过传统国学之后,我们或许可以跳出固定的视角,站在古人的角度,思考今天的社会人生的相关问题。比如怎样审视现代社会?对于一个儒者来说,他可能觉得这个世界老少不分,尊卑不分,世风日下,简直混乱不堪。他们会觉得这个时代的人,没有了精神追求,不在意仁人君子,不希望成为圣人。现在的人,全力追求物质财富,求财求利。孔子说"君子喻于义,小人喻于利",孟子说"王何必曰利?亦有仁义而已",董仲舒说"惶惶求财利,常恐乏匮者,庶人之意也;惶惶求仁义,常恐不能化民者,君子也"。儒者也会批判这个时代,他会认为这个时代过于追求效率,追求利益最大化、利润最大化,完全从经济财利的角度考虑问题,不能从社会整体的角度进行思考。站在董仲舒的角度,他可能非常反对一个单位或者一家企业,过多赚取市场利润。"彼有遗秉,此有滞穗,伊寡妇之利",一定要留一些利益给其他人。老虎身上不能再装上翅膀,不能一支独大;稻谷收割之后,一定要给别人留些颗粒,给老无所养的人一些求生的机会。董仲舒也特别反对国家与官府谋求太多利益,反对官府让民间的资源变得枯竭,让地方没有活力,让百姓经不住疾病、失业、变动的打击,没有抗击打能力。

对于一个道家学派的思想家来说,他可能会觉得这个世界本末颠倒,不分轻重。道家思想认为,对于一个人来说,最重要的是生命。但是我们现在常常用生命去换财富,去换官位。许多人猝死,过劳死,还有人陪酒陪死。情况各有不同,但是这个时代的人,对于养生实在不够重视。我们在电视上常看到养生讲座,在书店里常看到养生书籍,但是真正的养生尤其重视养心,清心寡欲。

对于一个法家思想的人来说,这个时代最大的问题,就是法律的威严没有树立起来,法治讲究公平,但是"官二代""富二代"现象的出现,都在冲击着法律的公平。层出不穷的徇私舞弊行为与按功行赏、按罪定罚的精神相违背。冤假错案太多,也会使得人们对法律失去了信心。

不过,当我们站在传统国学的立场上,运用传统国学的知识与要义进行分析和思考的时候,也应该知道传统国学毕竟产生于传统社会,有它自己赖以成长的土壤和环境,对现实的社会人生而言,它自有限度,不要食古不化,奉若神明。要知道,传统国学未必就是解决现代社会问题的灵丹妙药。比如当代的中国,正处在全面发展的关键期,处于深化改革的关键期,处于社会矛盾的凸显期,新的社会民生问题此起彼伏。想要从容应对,游刃有余,光啃传统国学的"老本",是行不通的。

从时代变革的角度来说,中国传统社会基本上是一个熟人社会,社会流动性有限。人与人之间依靠血缘、地缘纽带,结成大小不同的圈子,因此容易产生深厚的、真实的情感。所以,儒家的仁义温情也就比较容易推行。但是现代社会人口流动性大,陌生化现象非常明显,人与人之间多是角色交往,不像过去那样四民聚集,农民跟农民住在一起,士人跟士人住在一起,商人和商人住在一起。因此,彼此利益不同,追求不同,背景不同,再要提倡温情,全面推行仁义,就显得比较困难。这个时候,能够遵守社会底线,不害人骗人,坚持诚实守信、爱国守法等准则,已经是比较理想的结果,不能照搬传统国学中的思想观点。

从社会治理的角度来说,传统社会弘扬、培植、维护道德,发扬道德的作用,强调自律,重视移风易俗,并不完全仰仗政府的管理功能,乡村治理的权力常常下放到基层。到了乡村,彼此之间又有其他的纽带在维系,所以道德也比较容易发挥作用。但是到了现代社会,人与人之间多是利益往来,形成竞争、合作的复杂关系,而且竞争、冲突越来越激烈,所以法律制度的作用越来越明显。

从社会演变的角度来说,中国社会在过去几十年经历了巨大变化,给这一代人影响最大的是"教育产业化"、"住房商品化"、"医疗市场化"。因此,金钱的作用越来越大,社会生活的节奏越来越快,人心也越来越浮躁。教育、健康、安居、出行都要用钱,所以必须要尽全力去谋财谋利。在这种背景下,我们再来看中国古人安贫乐道的思想,富贵如浮云的思想,就显得非常难以接受,实践起来非常困难。这些都是我们在学习、运用传统国学时,应该注意的问题。传统国学有价值,但是也有限度。要懂得取舍,懂得与时俱进。

参考书目

[1]赖炎元.春秋繁露今注今译[M].台北:台湾商务印书馆,1984.

[3]何休.春秋公羊传注疏[M].徐彦,疏.北京:中华书局,1980.

[4]范宁.春秋穀梁传注疏[M].杨士勋,疏.北京:中华书局,1980.

[5]钟文烝.春秋穀梁经传补注[M].骈宇骞,郝淑慧,点校.北京:中华书局,1996.

[6]左丘明.春秋左传正义[M].杜预,集解.孔颖达,疏.北京:中华书局,1980.

[7]童书业.春秋史[M].上海:上海古籍出版社,2003.

[8]王聘珍.大戴礼记解诂[M].北京:中华书局,1983.

[9]邓析.邓析子[M].文渊阁四库全书本,上海:上海古籍出版社,1987.

[10]王夫之.读通鉴论[M].北京:中华书局,1975.

[11]程颢,程颐.二程遗书[M].潘富恩,导读.上海:上海古籍出版社,2000.

[12]黎翔凤.管子校注[M].梁运华,整理.北京:中华书局,2004.

[13]韦昭.国语注[M].明洁辑评,梁谷,整理.上海:上海古籍出版社,2008.

[14]王先慎:韩非子集解[M].诸子集成本.上海:上海书店,1986.

[15]班固.汉书[M].北京:中华书局,1962.

[16]刘文典.淮南鸿烈集解[M].北京:中华书局,1989.

[17]范晔.后汉书[M].北京:中华书局,1965.

[18]皮锡瑞.经学历史[M].北京:中华书局,2008.

[19]王应麟.困学纪闻[M].翁元圻,注.栾保群等,校点.上海:上海古籍出版社,2008.

[20]王弼.老子道德经注校释[M].楼宇烈,校释.北京:中华书局 2008 年版。

[21]郑玄.礼记正义[M].孔颖达,疏.十三经注疏本.北京:中华书局,1998.

[22]佚名.历代名贤确论[M].文渊阁四库全书本.上海:上海古籍出版社,1987.

[23]钱时.两汉笔记[M].文渊阁四库全书本.上海:上海古籍出版社,1987.

[24]何晏.论语注疏[M].邢昺,疏.十三经注疏本.北京:中华书局,1998.

[25]黄式三.论语后案[M].南京:凤凰出版社,2008.

[26]许维遹.吕氏春秋集释[M].北京:中华书局,2009.

[27]赵岐.孟子正义[M].北京:中华书局,1980.

[28]孔颖达.毛诗正义[M].北京:中华书局,1980.

[29]孙诒让.墨子间诂[M].孙启治,点校.北京:中华书局,2001.

[30]赵翼.廿二史札记[M].王树民,校证.北京:中华书局,1984.

[31]洪迈.容斋随笔[M].孔凡礼,点校.北京:中华书局,2005.

[32]蒋礼鸿.商君书锥指[M].北京:中华书局,1986.

[33]孔颖达.尚书正义[M].北京:中华书局,1980.

[34]刘起釪.尚书学史[M].北京:中华书局,1989.

[35]黄式三.尚书启幪[M].续修四库全书本.上海:上海古籍出版社,2002.

[36]王先谦.诗三家义集疏[M].吴格,点校.北京:中华书局,1987.

[37]司马迁.史记[M].北京:中华书局,1959.

[38]永瑢等.四库全书总目[M].北京:中华书局,1965.

[39]陈寿.三国志[M].上海:上海古籍出版社,2002.

[40]王应麟.通鉴答问[M].文渊阁四库全书本.上海:上海古籍出版社,1987.

[41]袁枢.通鉴纪事本末[M].北京:中华书局,1997.

[42]夏曾佑.夏曾佑讲中国古代史[M].南京:凤凰出版社,2010.

［43］王利器.新语校注［M］.北京:中华书局,1986.

［44］王先谦.荀子集解［M］.沈啸寰,王星贤,点校.北京:中华书局,1988.

［45］贾谊.新书校注［M］.阎振益,钟夏校注.北京:中华书局,2000.

［46］郑玄.仪礼注疏［M］.贾公彦,疏.王辉,整理.上海:上海古籍出版社,2008.

［47］尹文.尹文子［M］.钱熙祚,校.诸子集成本.上海:上海书店,1991.

［48］刘向.战国策［M］.上海:上海古籍出版社,1985.

［49］章太炎.章太炎讲国学［M］.长春:吉林人民出版社,2008.

［50］朱维铮.中国经学史十讲［M］.上海:复旦大学出版社,2002.

［51］李道平.周易集解纂疏［M］.北京:中华书局,1994.

［52］孙诒让.周礼正义［M］.王文锦,陈玉霞,点校.北京:中华书局,1987.

［53］黎靖德.朱子语类［M］.北京:中华书局,1986.

［54］钱穆.庄老通辨［M］.北京:生活·读书·新知三联书店,2002.

［55］宋濂.诸子辩［M］.文渊阁四库全书本.上海:上海古籍出版社,1987.

［56］高似孙.子略［M］.文渊阁四库全书本.上海:上海古籍出版社,1987.

图书在版编目(CIP)数据

传统国学与社会人生/余全介著. —杭州:浙江
大学出版社,2020.11
ISBN 978-7-308-20733-1

Ⅰ.①传… Ⅱ.①余… Ⅲ.①中华文化—通俗读物
Ⅳ.①K203-49

中国版本图书馆 CIP 数据核字(2020)第 213403 号

传统国学与社会人生

余全介　著

责任编辑	王　晴	
责任校对	诸寅啸	
封面设计	雷建军	
出版发行	浙江大学出版社	
	(杭州市天目山路 148 号　邮政编码 310007)	
	(网址:http://www.zjupress.com)	
排　　版	浙江时代出版服务有限公司	
印　　刷	杭州高腾印务有限公司	
开　　本	710mm×1000mm　1/16	
印　　张	13.75	
字　　数	250 千	
版 印 次	2020 年 11 月第 1 版　2020 年 11 月第 1 次印刷	
书　　号	ISBN 978-7-308-20733-1	
定　　价	58.00 元	
